Goldmann GELBE
Band 2910

Jean-Paul Crespelle · Picasso

Zu diesem Buch

Diese Biographie schildert das bewegte Leben eines der berühmtesten Künstler unseres Jahrhunderts. Das Buch öffnet erstaunliche Einsichten in das Schaffen Pablo Picassos. Der Kindheit in Spanien folgen die ersten, von stetem Existenzkampf beschatteten Jahre in Paris. Es ist die Zeit der ›Blauen‹ und der ›Rosa Periode‹. Der Autor zeigt den Maler als Bohemien und Freund, als Liebhaber und Ehemann, schließlich als berühmten Künstler, der immer wieder das Zeitgeschehen in seinem Werk spiegelt. Dabei entsteht ein lebendiges Bild der künstlerischen Welt, in der Picasso lebt. Doch Picassos Leben ist vor allem ein Leben mit Frauen. Sieben Frauen haben die Stadien seines künstlerischen Werdegangs geprägt. Ein faszinierendes, noch zu Lebzeiten Picassos geschriebenes Buch, das dem Leser die Tief- und Höhepunkte eines Genies unmittelbar erleben läßt.

JEAN-PAUL CRESPELLE

Picasso

Seine Frauen, seine Freunde, sein Werk

WILHELM GOLDMANN VERLAG
MÜNCHEN

7041 · Made in Germany · I · 1110

Genehmigte ungekürzte Taschenbuchausgabe. Titel des französischen Originals: Picasso, Les Femmes, Les Amis, L'Œuvre. Deutsch von Peter Kamnitzer. Gesamtdeutsche Rechte bei Marion von Schröder Verlag GmbH, in Hamburg und Düsseldorf. Umschlagentwurf: Ilsegard Reiner. Foto: Bildarchiv Süddeutsche Zeitung. Gesetzt aus der Linotype-Garamond-Antiqua. Druck: Presse-Druck Augsburg. Verlagsnummer 2910 · St/Str

ISBN 3-442-02910-4

Inhalt

I

Gewitterstimmung

Gegen Abend brach das Gewitter, das den ganzen Nachmittag gegrollt hatte, mit jener tropischen Heftigkeit aus, wie man sie in Paris zum Frühlingsende gelegentlich beobachtet. Ein Windstoß zerzauste die weißen und rosaroten Kerzen der Kastanienbäume, der Himmel überzog sich mit schwarzen Wolken. Fernande, die sich aus der Schwüle ihrer Künstlerwerkstätte auf den kleinen Place Ravignan geflüchtet hatte, trat eiligst zurück ins Haus. Sie war völlig durchnäßt, als sie das niedrige Gebäude erreichte, und ähnelte mit ihren aufgelösten Haaren, dem an ihrer Brust haftenden dünnen Seidenmieder einer aus dem Wasser gezogenen Ophelia; im Flur stieß sie auf einen jungen Mann, der ihr entgegengekommen war. Im Arm trug er ein kleines, auf der Straße aufgelesenes Kätzchen, das er der jungen Frau mit einem etwas feierlichen Lächeln entgegenstreckte. Die Frau wußte nicht recht, was sie tun sollte, und brach in helles Lachen aus, als sie das Tier in ihre Hände nahm. Der kleine, breitschultrige Mann im blauen Arbeitsanzug war für sie kein Unbekannter; sie war ihm schon mehrmals am gemeinsamen Brunnen begegnet, wo die Bewohner von Hausnummer 13, Place Ravignan, ihr Wasser holten. Auch beim Farbenhändler hatten sie gelegentlich Blicke ausgetauscht. Fernande, eine biblische Schönheit, ein wenig massiv und doch leichtfüßig, wie man sie zur Zeit des Präsidenten Loubet schätzte, wußte sehr wohl, daß sie dem bleichgesichtigen, dunkelhäutigen Jüngling mit dem schwarzen Haarschopf ins Auge gestochen hatte.

Als Fernande Olivier sich später der Anfänge dieser Liebe erinnerte, schrieb sie in ihrem schlichten und doch eleganten Stil: »Als er meine Bekanntschaft zu machen begehrte, kam sein Wunsch dem meinen entgegen: er zog mich in sein Atelier ... Wir waren jung, wir zählten zusammen keine vierzig Jahre!«

So begann an einem gewittrigen Junitag des Jahres 1904 eine stürmische Liebschaft, die ganze zwölf Jahre lang die »Saga« um Pablo Picasso unterhalten sollte. Das Dasein Picassos stand im Schatten seiner legendären Liebeshändel, denn Leben und Werk sind bei ihm unzertrennbar mit den Frauen verbunden, denen er seine Zuneigung schenkte.

Max Jacob wollte wissen, daß Picasso lieber ein Don Juan als ein großer Künstler geworden wäre; zu behaupten, daß er beides in seiner Person vereinigte, ist gewiß keine Übertreibung. Denn wenn er auch nur sieben ernstere Liebschaften einging, so ist sein ganzes Leben von unzähligen flüchtigen Abenteuern durchwirkt, von der »käuflichen Venus« ganz zu schweigen, die er keineswegs verschmähte.

Sieben Frauen sind es also, welche die großen Etappen seiner Laufbahn als Künstler bestimmten: Einer jeden entspricht ein Abschnitt seines Schaffens. Fernande steht über der ausgehenden »blauen Periode« bleicher und verzweifelter Menschlichkeit, über der »rosa Periode« der zierlichen Harlekine; Eva über den verschachtelten Volumen und Prismen des Kubismus; Olga über den eleganten Ballettänzern, Hanswursten, Pierrots und üppigen Matronen; Marie-Thérèse über den Schnörkeln und Arabesken der Akte am Spiegel; Dora über *Guernica* und den »desartikulierten« Frauenporträts, die einen Entsetzensschrei zu verkörpern scheinen; Françoise über den tanzenden Faunen und Satyren der »Lebensfreude«; Jacqueline über den Variationen zu den *Femmes d'Alger* und zum *Déjeuners sur l'herbe*.

So waren die Frauen, die er im tiefsten Grunde nicht schätzte – bezeichnete er sie nicht einmal Françoise Gilot gegenüber als »Göttinnen oder Strohsäcke«? – und die er mit einer Art Sadismus liebte, paradoxerweise die Eingeberinnen seiner Werke, die ihnen den unauslöschlichen Stempel des Menschlichen und der Sinnennähe aufdrückten. Sabartès, der Vertraute und immer wache Beobachter Picassos, meinte dazu: »Nie zeigt sich seine schöpferische Kraft mit solcher das eine klatschmohnfarbene, gefranste Flanellschärpe an den Lenden zusammenschnürt...«

Georges Besson: »... der kleine, blasse Mann schien sagen zu wollen, daß man vom Leben manchmal eine trockene Kehle bekommt. Was an ihm auffiel, waren die dunkle Locke, die – wenn er keine Schirmmütze trug – auf seiner Stirn baumelte, seine großen, kohlschwarzen Augen, die grellen Farben seiner Hemden und Halsbinden. Er kam mir vor wie ein Akrobat aus dem *›Medrano‹-Zirkus*, der unter einem zu langen Regenmantel sein Trikot versteckte.«

Roland Dorgelès: »Sein Mund mit den schmalen Lippen nahm manchmal einen heiteren Ausdruck an, seine Augen nie! Sie glänzten sonderbar schwarz, schienen zu groß für sein Gesicht und brachten den Gesprächspartner durch ihre Starre in Verlegenheit.«

Gertrude Stein: »Er trug seinen Kopf hoch und frei wie der Torero an der Spitze eines Festzuges.«

Und schließlich Fernande: »Picasso war klein, schwarz, untersetzt, unruhig, beunruhigend, seine Augen dunkel, tief, durchdringend, sonderbar, beinahe starr. In seinen Bewegungen lag etwas Linkisches, seine Hände glichen Frauenhänden, er kleidete sich schlecht, schien ungepflegt. Eine dicke, schwarze, glänzende Locke zeichnete seine kluge, eigenwillige Stirn wie mit einem Schmiß. Seine Kleidung erinnerte an die eines bummelnden Künstlers oder eines Arbeiters, seine zu langen Haare streiften den fadenscheinigen Kragen seiner Jacke...«

»Trotzdem«, fügt Fernande hinzu, »hatte er etwas Aristokratisches.« Der ungepflegte Malschüler im blauen Mechanikeranzug verbreitete eine Atmosphäre überragender Vornehmheit um sich: Das darf nicht wundernehmen, denn er war tatsächlich aristokratischer Herkunft, besaß aristokratische Fähigkeiten, hatte eine aristokratische Erziehung genossen. Seine väterliche Familie, die mehrere adelige Zweige zählte, war von besonders erlauchter Herkunft. Ihre ersten Spuren finden sich in Altkastilien zu Beginn des 16. Jahrhunderts. Seine Eltern ehrten das Gedächtnis Almogueras, Erzbischof von Lima und Vizekönig von Peru, der 1776 im »Rufe der Heiligkeit« gestorben war. Seine Onkel und Vettern hatten in Malaga leitende Posten inne, Onkel Salvador, der Leibarzt der Königin Isabella, war eine Berühmtheit am Ort. Von seinem Bruder, Don José Ruiz-Blasco, dem Vater Pablos, kann man dasselbe nicht behaupten. Geistreich und sympathisch, glich der große, rotblonde Mann – in Spanien und besonders in Andalusien ist dieser Typ keine Seltenheit – einem Engländer: Er war eine Art »Playboy«, der für Stierkämpfe und Frauen etwas übrig hatte und gern mit guten Freunden in Clubhäusern Zigarren rauchte. Man erzählt sich heute noch in gewissen Gesellschaftskreisen von Malaga seine Jugendstreiche. Don José – seine Vertrauten nannten ihn »Pépé« 8 war von seinem älteren Bruder Pablo, einem Domherrn der Kathedrale, aufgezogen worden; da er sich von den Künsten angezogen fühlte, hatte man ihn Kunstmaler werden lassen. Doch er war nicht sonderlich begabt und tat auch wenig, um sich weiterzubilden, so daß er zeitlebens als Dilettant galt. Zu seinem Unglück heiratete er auf den Rat seiner Verwandten und Freunde, als er das vierzigste Lebensjahr bereits überschritten hatte: Bald mußte er für eine achtköpfige Familie sorgen, für seine Frau, drei Kinder, seine Schwiegermutter und zwei alte Tanten, die die Reblausplage an den Bettelstab gebracht hatte; sein bescheidenes Talent reichte in keiner Weise aus, um so viele Menschen zu ernähren. Um sich zu den unsicheren Einnahmen, die ihm aus dem Verkauf seiner Stilleben erwuchsen, etwas dazu zu verdienen – er hatte sich auf Jagdszenen, Picasso nannte es »Felle und Federn«, und auf Fliedersträuße verlegt –, gab er Zeichenstunden und bewarb sich um die Stellung des Kustos der städtischen Gemäldegalerie.

Pablos Mutter, Dona Maria Picasso-Lopez, eine Kusine Don Josés, war eine kleine, dunkelhaarige Frau, der ihr Sohn von Ansehen glich; sie entstammte einer aus Mallorca ansässigen, vormals wohlhabenden Goldschmiedfamilie. Das Doppel-S, das im Spanischen nicht vorkommt, deutet auf eine italienische Herkunft des Namens; eine solche Vermutung liegt um so näher, als im 17. Jahrhundert in Genua – das mit Mallorca stets rege Handelsbeziehungen unterhielt – ein ziemlich angesehener Maler namens Matteo Picasso lebte. Pablo Picasso hat diese Erklärung niemals gelten lassen und behauptet, sein Name leite sich von dem kastilianischen »picazo« her, das ein Pferd mit einem weißen Stern auf der Stirn bezeichnet.

Trotz ihres dunklen Ursprungs genoß die Familie Picasso-Lopez einen bedeutenden Ruf; ihr berühmtester Vertreter war General Picasso, der Sieger der Schlacht bei Tetuan, dem man geistige Unabhängigkeit und Mut nachsagte. Im Familienkreis, besonders aber bei den Vilatos, erzählt man noch heute eine amüsante Anekdote über diesen originellen Militär. Nach der Niederlage von Anual beauftragte ihn Alfons XIII. mit der Ausarbeitung eines Berichts: »Am soundsovielten können Sie aufhören, über das weitere bin ich im Bilde.«

Einige Wochen später meldete sich der General mit einem umfangreichen Rapport. Der König öffnete ihn und stellte fest, daß mit Ausnahme einiger weniger Seiten am Anfang alle Blätter unbeschrieben waren.

»Was soll das heißen?« fragte der König verwundert.

»Majestät, auf den beschriebenen Blättern steht, was ich weiß, auf den unbeschriebenen, was Sie wissen!«

Bald darauf wurde der General in den Ruhestand versetzt; man schätzte und fürchtete ihn mehr den je. Picasso, der ihn bewunderte, hat ihn beim Angriff an der Spitze seiner Reiterei dargestellt.

Während der Besetzung Frankreichs haben Übelgesinnte behauptet, Picassos Mutter sei jüdischer Abstammung. Eine solche Behauptung ist völlig aus der Luft gegriffen. Picasso stellte dies, wie er damals sagte, »mit Bedauern« fest.

Schon während seiner Studienzeit in Barcelona pflegten ihn seine Kameraden mit dem Namen der Mutter zu nennen: Ruiz ist in der Tat ein in Spanien überaus geläufiger Name. Im übrigen herrscht jenseits der Pyrenäen der Brauch, daß die Söhne vielfach den Namen der Mutter annehmen; die Geschichte der spanischen Malerei liefert uns dafür zwei berühmte Beispiele: Valdes Leal und Velasquez.

Die väterliche wie auch die mütterliche Familie Picassos zeigten künstlerische Anlagen: Großvater Ruiz, der eine kleine Handschuhfabrik besaß, zeichnete und ... spielte im Großen Theater die Baßgeige; mehrere Onkel und Tanten malten aus Liebhaberei. Die folgenden Generationen blieben dieser Familientradition treu; zwei der Söhne Lolas, der Schwester Picassos, Javier und Fin Vilato, sind begabte und geschätzte Maler.

Picasso wurde am 25. Oktober 1881 um 9 Uhr 30 abends in Malaga im Zeichen des Skorpions geboren. Einen Augenblick fürchtete man, das Kind, das nach einer schweren Geburt nicht atmete, sei tot. Nach einer Legende soll ihn Don Salvador, der als Geburtshelfer fungierte, zum zweitenmal das Leben geschenkt haben. Er kam auf den Einfall, dem Neugeborenen den Rauch seiner Zigarre in die Nase zu blasen; das Kind begann sogleich zu atmen und wie eine aufgebrachte Katze zu jaulen.

Man brachte das durch ein Wunder gerettete Kind zur nahen Merced-Kirche und taufte es auf den Namen seines Onkels Pablo, des Domherrn, der Don José großgezogen hatte. Eine ganze Litanei von weiteren Schutzheiligen wurden dem Namen beigefügt: Diego, José, Francisco de Paule, Juan, Crispin, Crispiniano de Santissima Trinidad.

Als einzigem männlichem Sprößling der Familie sollte ihm eine behütete und verhätschelte Kindheit zuteil werden. Die ganze Familie, die Eltern, die Großmutter, Tanten, Onkel und Kusinen bemühten sich um ihn: »Er war schön wie ein Engel und wie ein Teufel. Man wurde nicht satt, ihn zu betrachten!« erklärte seine Mutter fünfzig Jahre später, als sie mit Gertrude Stein über das Familienmilieu sprach, in dem er aufgewachsen war. Man wußte nicht, wie man sich ihm gefällig zeigen sollte: so führte man ihn zum Beispiel im Alter von drei Jahren zu Stierkämpfen. Das erklärt wohl seine Leidenschaft für die »Toros«, die er sein ganzes Leben lang beibehalten sollte.

Die Dinge nahmen einen weniger glücklichen Verlauf, als er das schulpflichtige Alter erreichte. Großmutters Märchen mußten dem langweiligen ABC weichen. Man schickte Pablo zuerst in die Volksschule: welch ein Schrecken! Seine Schreie versetzten die Passanten in Aufregung, wenn ihn Carmen, die schnurrbärtige Dienstmagd, zur Schule zerrte. Diese Auftritte belasteten den kleinen Pablo derart, daß er krank wurde. Nach seiner Wiederherstellung sah man sich nach einer Privatschule um, wo er lesen lernen sollte. Don José brachte ihn in einer modernen Anstalt unter, die einer seiner Freunde leitete. Pablo ließ sich mißmutig zum Schulunterricht führen, nachdem man ihm erlaubt hatte, eine Taube mitzunehmen, die dem Vater als Modell diente. Er stellte den Käfig mit der Taube vor sich auf die Schulbank und begann zu zeichnen, ohne sich weiter um den Unterricht zu kümmern. Wenn er genug gezeichnet hatte, stand er auf, trat ans Fenster und sah dem Treiben auf der Straße zu, oder er lief in die Küche zur Frau des Schulleiters, in die er sich verliebt hatte ... Unnötig zu sagen, daß er bei diesem Betrieb nichts lernte. Man sah sich gezwungen, ihm Nachhilfeunterricht im Lesen und Schreiben geben zu lassen. Mehr sollte er auf der Schule ohnehin nicht lernen, und wenn er später an seine Freunde Briefe in elegantem Spanisch schreibt, so ist das wohl auf seine überdurchschnittliche Aufnahmefähigkeit zurückzuführen.

Das mag angesichts seiner erstaunlichen Künstlerlaufbahn nicht wundernehmen, aber es ist wichtig festzustellen, daß ihn von frühester Kindheit an nur das Zeichnen und Malen wirklich interessierten. Heute noch bewahrt er in seinem Atelier einen *Stierkampf* auf, den er mit acht Jahren ausführte und der durch die geschickte Mischung der gelben, braunen und rosa Farbnuancen auffällt. Wenn man ihn nach den Anfängen seiner Kunst fragt, stellt er fest, daß er niemals wie ein Kind malte: »Meine allerersten Zeichnungen«, erzählte er einmal Brassai, »hätten niemals in einer Ausstellung für Kinderarbeiten hängen können ... das Kindlich-Linkische und Naive ging ihnen völlig ab ... Ich habe schon sehr früh verlernt, die Dinge im Licht des Wunderbaren zu sehen ... « – »Es ist etwas Schreckliches!« meint er beim Durchblättern seiner frühen Zeichnungen. Seine Begabung brachte ihm neben Liebe auch die Bewunderung seiner Mitmenschen ein, in deren Blickfeld die Kunst an erster Stelle stand. Seine Schwestern Lola und Conchita und seine Kusinen vergötterten ihn. Er erregte ihr Erstaunen, indem er mit der Schere aus dem Nähkasten der Tante Elodia für sie Tiere aus einem weißen Pappdeckel schnitt.

»Womit soll ich anfangen?« fragte er, ehe er einen Hahn zeichnete.

»Mit dem Bein!« antworteten sie schalkhaft, um ihn in Verlegenheit zu bringen. Und er zeichnete, mit den Beinen beginnend, einen Hahn.

Trennung und Tod sollten jedoch bald diese behütete Kindheit trüben. Die Stadtverwaltung von Malaga beschloß, das Kunstmuseum, das nie ein Mensch besuchte, zu schließen und den Kustos zu entlassen: Don José verlor auf diese Weise seine wichtigste Einnahmequelle. Da sich seine Tauben und Fliedersträuße nur schlecht verkauften, mußte er in Coruña eine Stellung als Zeichenlehrer annehmen.

Die andalusische Familie, die das beschwingte Leben im sonnigen Süden gewohnt war, fühlte sich in Coruña, der dunstigen, regenreichen, von Winden geschlagenen Stadt am Atlantischen Ozean nicht nur heimatlos, sondern geradezu verbannt. Der an sich schon charakterschwache Don José, den die Umsiedlung nach Coruña stark mitgenommen hatte, brach moralisch völlig zusammen, als seine Lieblingstochter Conchita, die Jüngste, die mit ihrem blonden Haar als einzige dem Vater glich, von der Diphtherie dahingerafft wurde. Nach diesem Schicksalsschlag war Don José nur noch ein Wrack. Die Überzeugung, es zu nichts im Leben gebracht zu haben, hatte ihn verbittert und enttäuscht. Er nahm an den Geschehnissen um sich nicht mehr teil, verließ das Haus nur noch, um in der gegenüberliegenden Zeichenschule *Da Guarda* Unterricht zu erteilen; die übrige Zeit verbrachte er stehend am Fenster, vor dem ununterbrochen der Regen niederrauschte. Er malte nur noch wenig. Wozu auch? Niemand kaufte seine Sträuße und Stilleben. Wenn er nach dem Pinsel griff, verlor er bald die Geduld und beauftragte seinen Sohn, das Bild zu beenden.

Picasso, der bei der Übersiedlung der Familie nach Coruña zehn Jahre alt war, faßte für sein ganzes Leben Abscheu vor Regen und Nebel, aber im Gegensatz zu seinem Vater entfaltete er sich dank der Fülle seiner jugendlichen Kräfte. Zeichnen war und blieb natürlich seine einzige Leidenschaft. Unter der Leitung Don Josés, der ihn in der Zeichenschule *Da Guarda* untergebracht hatte, machte er erstaunliche Fortschritte. Man steht sprachlos vor den *Beiden Alten* und dem Porträt seiner Tante Peppa, die er mit zehn Jahren ausführte, und mehr noch vor dem mit vierzehn Jahren gemalten *Barfüßigen Mädchen*. Diese Werke tragen noch die Merkmale der akademischen Tradition, aber ihre Technik verrät großes künstlerisches Können. Dieses Können rief die Bewunderung Don Josés hervor, verleidete ihm aber seine eigene Kunst; eines Tages übergab er mit einer theatralischen Geste dem Sohn Pinsel und Palette: »Er reichte mir seine Farben und hörte auf zu malen«, berichtete Picasso Sabartès. Der Künstler war sich trotz seines jugendlichen Alters der Sendung bewußt, die ihm der Vater damit übertrug; er schwor, ein großer Maler zu werden, und blieb trotz wachsender Schwierigkeiten seinem Schwur treu: Von jenem Tag an lebte er nur noch für seine Kunst!

Don José war ein gebrochener Mann, er malte nicht mehr. Um sich zu beschäftigen, dekorierte er Zigarrenkisten; ein einziges Mal raffte er sich auf und verwandelte mit Geschick eine antike Büste in einen Madonnenkopf, indem er einen Gipsschleier und Kristalltränen hinzufügte. Selbst ein unerwarteter Glücksfall, seine Versetzung nach Barcelona im Juni 1895 – er konnte mit einem Kunstlehrer tauschen, der sich seiner in Coruña ansässigen Familie nähern wollte –, heiterte sein Gemüt nicht mehr auf.

Dabei war Barcelona eine sonnige, animierte, lebensfrohe Stadt am Mittelmeer. Aber die galizischen Nebel waren zu tief ins Herz des andalusischen Lebenskünstlers eingedrungen, die südliche Sonne konnte ihm seinen Lebensmut nicht mehr zurückschenken. Ganz im Gegenteil. Er führte ein gänzlich zurückgezogenes Dasein und versuchte, seinen kümmerlichen Lebensstil aus Coruña nach Barcelona zu verpflanzen, wo er eine Wohnung unweit der Lonja mietete, der Kunstakademie, an der er unterrichtete. Da er die Katalanen verabscheute, deren unmittelbare, temperamentvolle Art ihm mißfiel, vermied er ihre Bekanntschaft soweit wie möglich. Um sich gewissermaßen selbst zu bestrafen, besuchte er auch keine Stierkämpfe mehr und verzichtete auf neue Klubfreundschaften. »Alles war weg«, erklärte Picasso in seiner humorigen Ausdrucksweise, »Malaga, die Stierkämpfe, die Freunde, alles ...« Don José fand in seiner Verzweiflung nichts Besseres zu tun, als in der Zeitung wehmütig den Artikeln nachzuspüren, die die Erfolge seiner Freunde und Mitglieder der Königlichen Malerakademie meldeten.

Und dennoch erblühte aus dem Verfall ein großes Gelingen: die Ausbildung des Wunderkindes. Tatsächlich ist der glänzende Aufstieg Picassos zum großen Teil der Erziehungsarbeit des Vaters zu verdanken. Wenn er die natürlichen Gaben seines Sohnes auch nicht geschaffen hatte, so lag es an ihm, sie zur Entfaltung zu bringen; er war es, der die Voraussetzungen für die Riesenfortschritte schaffte, die der junge Mann mit zwanzig Jahren zeitigen sollte. Durch eine Art »Übertragung« hatte er seine eigenen Ambitionen auf den Sohn verpflanzt, und der Erfolg des Sohnes entschädigte ihn für seinen eigenen Mißerfolg.

Die lebenssprühende Hafenstadt Barcelona, an deren Molen das Meer gleichsam ständig neue Ideen anspült, wurde für Picasso eine inhaltsschwere Offenbarung. Nach dem verschlafenen Coruña entdeckte er das intensive, verwirrende, geistige Leben, das die Künstler- und Literatenkreise der katalanischen Hauptstadt durchpulste: Barcelona stand als einzige spanische Stadt mit der Welt in Verbindung, alle Strömungen der modernen Kunst flossen dort zusammen. Als barocke Stadt – sie hatte nicht von ungefähr einen Gaudi hervorgebracht, jenen überspannten Vertreter des Jugendstils – war Barcelona allen Einflüssen aus dem Norden, besonders aber allen deutschen und skandinavischen Einflüssen zugänglich. Man spielte Stücke von Ibsen, man erörterte die philosophischen Theorien von Schopenhauer und Nietzsche. Man schätzte Edgar Allan Poe und Maurice Maeterlinck wie die Gemälde von Burne-Jones und Dante Gabriel Rossetti. Richard Wagner war jahrzehntelang der Held des Tages, und man gründete Vereinigungen von fanatischen Wagnerverehrern.

Als Picasso nach einem Ferienaufenthalt in Malaga bei seinem Onkel Salvador in Barcelona eintraf, entdeckte er durch ausländische Zeitschriften und Zeitungen die avantgardistischen Bewegungen Europas: den deutschen Jugendstil, den englischen »Modern Style«, den skandinavischen Expressionismus, den französischen Symbolismus. Bald hatte er sich mit der Kunst Böcklins und Lenbachs, Maurice Denis' und der Nabis vertraut gemacht; die humoristischen Pariser Blätter offenbarten ihm Toulouse-Lautrec und Steinlen. Sonderbarerweise setzte sich der Impressionismus trotz einiger begeisterter Anhänger, darunter Santiago Russinol und Ramon Casas, die in Paris gearbeitet hatten und Renoir, Pissarro und Claude Monet persönlich kannten, in Spanien nicht durch. Eine ganz auf Nuancen und Lichtreflexen fußende Kunst fand keinen Zugang zu einem Land, in dem die Gegenstände wie Volumen aus Stahl und Kristall in der glasklaren Luft erschienen.

Das mangelnde Interesse am Impressionismus ist um so verwunderlicher, als alles, was aus Frankreich, das heißt, aus Paris kam, leidenschaftlich besprochen und bewundert wurde. Ein Künstler konnte nur in Paris zu Ruhm gelangen, und Miguel Utrillo, Nonel, Casas und Russinol, die lange

Zeit in der Seine-Metropole verbracht hatten, wurden in Spanien wie Hadschis verehrt.

Die Berührung mit einer Welt, von der Picasso bis dahin nichts geahnt hatte, rief bei ihm eine Art intellektuelles Fieber hervor. Aus dem Kind wurde über Nacht ein reifer Jüngling. Der Vater, der die Veränderung irgendwie wahrnahm, beschloß, seinen Sohn beim Aufnahmewettbewerb für die Malerakademie »La Lonja« eine Klasse überspringen und direkt in den Lehrgang am lebenden Modell aufnehmen zu lassen. Picasso bewies, daß er das Zeug dazu mitbrachte, indem er an einem einzigen Tag die Studie ausführte – einen Mann, den er mit viel Akribie, aber nicht ohne Härte und Steifheit porträtierte –, für die den Kandidaten ein ganzer Monat zugebilligt wurde.

Durch diesen Erfolg ermutigt, nahm der junge Künstler im Atelier, das der Vater für ihn unweit der elterlichen Wohnung gemietet hatte, eine Reihe großer Kompositionen in Angriff, die gewissermaßen das »akademische Vorspiel« zu seiner Künstlerlaufbahn darstellen. Einige Bildnisse, wie der *Mann mit der Lampe* oder das *Porträt eines Greises* lassen bereits die Elendsgestalten der »blauen Periode« vorausahnen.

Das Thema zum wichtigsten Werk dieser Reihe *Wissenschaft und Nächstenliebe*, war ihm von Don José geliefert worden: Ein Arzt besucht eine Kranke, an deren Bett eine Pflegerin mit einem Kind im Arm wacht. Ein Thema, das an die schlimmsten Auswüchse des »Salon des Artistes Français« erinnert. Don José hatte für den Arzt, Lola für die Nonne Modell gestanden. Das Kind war ein auf der Straße aufgelesener Betteljunge.

Das mittelmäßige Gemälde war ganz in jenem großartigen Stil ausgeführt, von dem Don José immer geträumt hatte, zu dem sein Talent jedoch zu kurzatmig war; es fand eine gute Aufnahme und erhielt in Madrid und Malaga sogar einige Preise. Einigen Kritikern jedoch waren die Schwächen des Bildes nicht entgangen, und einer von ihnen schrieb für den jungen Maler folgende bissige Verse nieder:

»Es tut mir leid, im Angesicht von so viel Jammer
Lachen zu müssen wie ein Taugenichts;
Doch liegt der Fall ein wenig anders:
Man sieht im Bild einen Arzt,
Der einem Handschuh den Puls fühlt ...«

Das lächerliche Machwerk verdient jedoch unsere Beachtung: Wenn man es zusammen mit ähnlichen Gemälden derselben Schule einer genaueren Betrachtung unterzieht, so erkennt man bereits zwei Merkmale, die das Gesamtwerk Picassos auszeichnen: ein echtes, tiefes Verständnis für alles Menschliche, eine deutliche Neigung zu jenem traurigen Realismus, dem man später den Namen »Miserabilismus« gegeben hat.

Als der junge Künstler nach Malaga reiste, um dort mit den Seinen die Ferien zu verbringen, wurde er mit großem Jubel begrüßt. Onkel Salvador, den der Erfolg von *Wissenschaft und Nächstenliebe* überaus beeindruckt hatte, engagierte für seinen Neffen Modelle, damit jener seine Arbeit fortsetzen konnte. Während dieser glücklichen Sommermonate fand in dem von Künstlern und Intellektuellen besuchten »Liceo« eine Feier statt, die ins Reich der Legende zu gehören scheint. In dem ihm eigenen abgehackten Stil hat Picasso Sabartès davon Bericht erstattet: »Mein Vater fand sich häufig bei einem Kreis von Freunden im Liceo ein; eines Tages war auch Don Joaquin unter den Geladenen (Martinez de la Véga, ein Erfolgsmaler). Man sprach von meiner Tätigkeit und beschloß, die ehrenvolle Erwähnung, die meinem Gemälde *Wissenschaft und Nächstenliebe* in Madrid zuteil geworden war, gebührend zu feiern. Doch Joaquin taufte mich zum Maler, indem er seine Champagnerschale ergriff und mir ein paar Tropfen Schaumwein auf den Kopf goß.« Diese liebenswürdige, wenn auch ein wenig kindische Zeremonie hatte jedoch eine zukunftsweisende Bedeutung.

Die ersten Erfolge Picassos veranlaßten seine Familie, ihn zur weiteren Ausbildung nach Madrid in die »Academia San Fernando« zu schicken, wo die erlauchtesten Künstler seiner

Zeit unterrichteten. Don Salvador setzte eine Studienhilfe aus. Pablos Ansehen bei den Ruiz war so groß, daß man plante, ihn mit seiner Kusine Carmen zu verheiraten. Eltern und Onkel spannen eine ganze Romanze um ein Tamburin, das er dem Mädchen mit einem Blumenstrauß überreicht hatte. Er wollte ihr damit jedoch lediglich seine Freundschaft bekunden. In Wirklichkeit verbanden ihn keinerlei zärtliche Gefühle mit seiner jungen Verwandten, und er verließ die Stadt, ohne ihr einen Heiratsantrag gemacht zu haben.

Sein Aufenthalt in Madrid sollte für seine künstlerische Entwicklung entscheidend sein. Obgleich er ebenso leicht in die »Academia San Fernando« wie seinerzeit in die »Lonja« aufgenommen wurde, so ließ er sich dort äußerst selten sehen und zog es vor, im »Prado« Velasquez und die Holländer zu studieren. Hier sah er zum ersten Mal im Leben Gemälde von Greco, aber erst viel später, in Toledo, ging ihm die Botschaft des Kreters auf.

Dem Einfluß seines Vaters und der streng akademischen Disziplin entronnen, entsagte er – seiner natürlichen Neigung folgend – im Umgang mit den alten Meistern mehr und mehr den Regeln der trügerischen und leeren Kunst, die Don José ihm aufzudrängen suchte. Und so nahm seine »akademische Periode« bald ein Ende: Er malte nicht mehr für Salons und Sonderausstellungen. Um den Bruch deutlich zu machen, signierte er von nun ab die meisten seiner Werke mit »Ruiz-Picasso«. Einige Jahre später benutzte er nur noch den Namen seiner Mutter, aus dem er einen der berühmtesten des 20. Jahrhunderts machen sollte.

Er blieb nur kurze Zeit in Madrid, etwas über sechs Monate. Ernstlich an Scharlach erkrankt, mußte er nach Barcelona zurückkehren, um sich dort gesund pflegen zu lassen. Die Seuche lieferte ihm einen guten Vorwand, sich wieder einmal in den Schoß der Familie zu flüchten; er hatte seine erste Trennung von den Seinen nur schlecht ertragen.

Nach seiner Genesung begab er sich in ziemlich geschwächtem Zustand nach Horta de Ebro zu den Pallarès; er hatte den Sohn der Familie in der »Lonja« kennengelernt und mit ihm nach seiner Ankunft in Barcelona eine seiner ersten Freundschaften geschlossen. Acht Monate Landleben brachten ihn mit der bäuerlichen Welt, ihren primitiven Existenzbedingungen in Berührung. Da er allem ein lebhaftes Interesse entgegentrug, beobachtete er die Arbeiter auf den Feldern und die ländlichen Bräuche. Am Tag arbeitete er mit den Landbewohnern, abends fand er sie im Wirtshaus wieder. Jetzt erst begann er, Katalanisch zu sprechen. »Alles, was ich weiß«, pflegte er zu sagen, wenn er sich an diese Periode seines Lebens erinnert, »habe ich im Dorf der Pallarès gelernt.«

Nach seiner Rückkehr nach Barcelona führten ihn die Freunde in eine Künstlerkneipe, die ihm gewissermaßen die Universität ersetzte. Dort gelangte er zu einer eigenen Meinungsbildung und zu einer regelrechten Entdeckung seiner selbst. »Els 4 Gats« in der Calle Montession war von einem Original, einem gewissen Padre Romeu, gegründet worden, einem zweiten Don Quijote. Er hatte sich als Maler, Turnlehrer und Radrennfahrer betätigt, ehe er seine Laufbahn als Tankstellenpächter beschloß. Nach einem Aufenthalt in Paris war er auf den Einfall gekommen, in Barcelona das Gegenstück zum Pariser »Chat Noir«, einem Künstlerlokal mit Schattenspielen und Marionettentheater, zu eröffnen. Er nannte sein Etablissement »Els 4 Gats«, die »Vier Katzen«, die zugleich an den »Chat Noir« (die »Schwarze Katze« auf dem Montmartre) und seine vier Geldgeber erinnern sollten. Die als Münchner »Bierschwemme« aufgemachte Künstlerschenke glich äußerlich in keiner Weise dem »Cabaret« von Rodolphe Salis, aber die Atmosphäre, die dort herrschte, atmete denselben Geist. Die Kundschaft der »Els 4 Gats« setzte sich aus Literaten, Journalisten, Dichtern und Künstlern zusammen, die sich dort allabendlich zum geselligen Beisammensein einfanden. Man diskutierte über alles und jedes und pflegte eine Art ästhetische Anarchie, die sich auch in der Monatsschrift widerspiegelte, der Padre Romeu den

Namen seines Künstlerlokals gegeben hatte. Der Künstlerzeitschrift war nur ein kurzes Dasein beschieden; nach ein paar Nummern wurde sie an Ramon Casas und Miguel Utrillo abgetreten, die daraus die Zeitschrift *Pel y Ploma* machten.

Damals war Barcelona der Mittelpunkt des neu auflebenden katalanischen Partikularismus, und »Els 4 Gats« wurde bald zur Hofburg des neuen Lokalpatriotismus. Picasso kam dort mit der Avantgarde seiner Stadt in Berührung, mit Gaudi, der damals gerade die verwirrenden Spiralen seiner *Sagrada familia* schuf, mit Nonel, dem Maler der Zigeuner, der armen Leute, die er gern in bläulichen Farben ausführte, mit Ramon Casas, Santiago Russiol, Anglada, Ramon Pichot, Sebastian Junyer, die ihn mit den künstlerischen Strömungen seiner Zeit bekannt machten. Er fühlte sich etwas eingeschüchtert und lauschte stundenlang den Diskussionen über Jugendstil, Impressionismus oder nordische Literatur. Fast schien es, als interessierten ihn die zur Debatte stehenden Themen überhaupt nicht; aber von Zeit zu Zeit lenkte er die Aufmerksamkeit seiner Kameraden durch eine treffsichere Bemerkung auf sich. Damals schon besaß er in hohem Maße eine Gabe, die seine Freunde und Bekannten verblüffte: die der schlagfertigen Antwort, der exakten Formulierung. Nach und nach prägte diese Ausdrucksweise seinen Stil, so daß uns heute seine Bonmots den Schlüssel zu seinen geistigen Konzepten, zu seiner Psyche liefern.

Schon damals war er eine außergewöhnliche Erscheinung; sein Auftreten brachte ihm überall Achtung und Bewunderung ein. Man hatte das Gefühl, daß sich seine Begabung bald in vollem Lichte zeigen würde; seine Meisterschaft fand die Anerkennung erfahrener Künstler, die eine lange Karriere hinter sich hatten. Sabartès, der damals seine Bekanntschaft machte, faßt den Eindruck, den er bei allen hinterließ, in der Schilderung seiner ersten Begegnung mit ihm vortrefflich zusammen: »Ich entsinne mich noch sehr gut an die Umstände, unter denen ich ihn nach meinem ersten Besuch in der Calle des Escudillers Blanc verließ. Es war Mittag. Vor meinen Augen flimmerten noch seine Hefte und Skizzenbücher.

Picasso stand in der Ecke des Korridors, der zu seinem Zimmer und Atelier führte, und vergrößerte noch meine Verwirrung, indem er mich starr anblickte. Als ich mich an ihm vorbeidrückte, um zu gehen, verbeugte ich mich flüchtig, als stände ich im Zauberbann der magischen Kraft, die er ausstrahlte. Sie war wie die Zauberkraft eines Wunderkönigs, dessen reiche Gaben von Hoffnung und Erwartung strotzen.«

Der Freundeskreis, der ihm Verständnis, Verehrung und Zuneigung entgegenbrachte, gab ihm Schwung und Lebensmut wie ehemals die Familie. Pablo sammelte eine Fülle von Kenntnissen und holte mit einem Schlage seinen Bildungsrückstand auf; die Kehrseite dieser glänzenden Medaille war jedoch, daß er bald keinerlei Widerspruch mehr duldete und jeden als seinen Feind ansah, der ihm nicht rückhaltlose Bewunderung zollte.

Damals eignete er sich auch einen ganz bestimmten Lebensstil an. Zwar verschrieb er sich immer mit Leib und Seele irgendeiner ganz bestimmten Aufgabe, aber er lebte nichtsdestoweniger intensiv. Wenn Padre Romeu zu später Stunde die letzten Kunden vor die Tür setzte, konnte er sich nie entschließen, nach Hause zu gehen. Mit seinen vertrautesten Freunden Casagemas, Cardona, Ituro, mit denen er seine Künstlerwerkstätte teilte, mit Sebastian Junyer, der fünfzehn Jahre älter war als er, begab er sich dann ins »Bario Chino«, das sensationelle Vergnügungsviertel Barcelonas, das von ganz Europa die größte Auswahl erotischer Amüsements bot, mehr als Amsterdam oder Hamburg! Man sah ihn beinahe jeden Abend im »Eden« oder im »Paralelo«, zwei volkstümlichen Kabaretts, wo Kastagnettentänzerinnen ihre Künste zeigten. Schon damals liebte er das Animalische der volkstümlichen Tänze und Gesänge, die er sein ganzes Leben lang über Kunstmusik und Kunstballett stellte.

Wenn der Vorhang gefallen war, schleppte er seine Freunde in andere Tingeltangel oder zu den Dirnen. Und daran herrschte in diesem Sündenbabel wahrhaft kein Mangel ... Früh bereits gab man sich sexuellen Vergnügungen hin. Für Picasso handelte es sich um sehr oberflächliche Erlebnisse. Später erklärte er Antonina Vallentin, die ihn über seine Jugend befragt: »Damals war ich noch ganz klein!« und er zeigt mit der Hand die Größe eines kleinen Jungen.

Picasso fühlte sich von Dirnen angezogen; eine Zeitlang bestimmten sie, wie später andere Frauen, seine Kunst. Viele seiner in Barcelona ausgeführten Werke tragen deutlich den Stempel des »Bario Chino«, vor allem die Reihe der *Etreintes (Umarmungen);* sie zeigen ein nacktes Paar, das sich in einer elenden Behausung umarmt. All diese Arbeiten verraten den Einfluß Steinlens, was Picasso nie geleugnet hat. Er gab zu, daß ihm damals die von Eduard von Steinlen im Jahre 1890 unter dem Titel *Dans la Rue* veröffentlichte Sammlung wohlbekannt war.

Vom selben Stil geprägt sind *La Belle qui passe, Le Divan* sowie Picassos Illustrationen in den Zeitschriften *Joventut* und *Catalunya artistica.*

Wenn man Sabartès glauben darf, behält Picasso die glühenden Nächte des »Bario Chino« in schmerzlicher Erinnerung: »Stellen wir fest«, schreibt der treue Freund, indem er einen Augenblick seine vorsichtige Zurückhaltung vergißt, »daß er alle Qualen kennenlernte, die rein sexuelle Beziehungen, seien sie nun flüchtiger oder nachhaltigerer Art, unweigerlich nach sich ziehen . . .«

2

Die blaue Welt

Ende September 1900 kündigte Picasso seinen Eltern und Freunden überraschend an, daß er die Absicht habe, nach Paris zu reisen. Sein Entschluß kam um so unerwarteter, als ihn nichts vorausahnen ließ. Freilich, sowohl in »Els 4 Gats« wie im Familienkreise war Paris in aller Munde. Die Weltausstellung und die damit verbundenen künstlerischen Veranstaltungen lieferten aufregenden Gesprächsstoff.

Jahrelang hatte Picasso seine Freunde von Paris reden hören und war so in den Bann der Seine-Metropole geraten, daß er langsam zu der Überzeugung kam, er könne es zu nichts bringen, wenn er nicht einmal die Pariser Luft atmete. Es ging ihm keineswegs darum, dort Anerkennung oder Bestätigung zu suchen. Er wollte nach Paris, weil sein Werk irgendeiner Orientierung bedurfte.

Sein Entschluß wurde von den Eltern recht unterschiedlich aufgenommen: Dona Maria, seine unverbrüchliche Verbündete, stimmte ihm augenblicklich zu. Don José zeigte sich eher ablehnend. Er träumte für seinen Sohn von einer offiziellen Künstlerlaufbahn in Barcelona und ahnte, daß die Abreise Picassos nach Paris das Ende seiner Hoffnungen bedeutete. Auch er war überzeugt, daß Paris einen befreienden Einfluß auf den jungen Maler ausüben würde, und dieser Gedanke mißfiel ihm. Schließlich gab er jedoch um des lieben Friedens willen dem vereinten Drängen seiner Frau und seines Sohnes nach und erklärte sich bereit, die Reise dritter Klasse zu finanzieren. Mehr konnte er ohnehin nicht tun. Als er Pablo in Begleitung Dona Marias, Lolas und einer Abordnung des »Els 4 Gats« zum Zug gebracht hatte und einen Blick in seine Brieftasche warf, stellte er fest, daß ihm nur noch ein paar Pesetas bis zum Monatsende blieben.

Für Picasso handelt es sich um eine reine Informationsreise; er beabsichtigt nicht, sich in Paris niederzulassen. In seinem Bewußtsein ist Barcelona nach wie vor der Mittelpunkt seines Lebens. Seine Familie, an der er hängt, und seine Freunde bilden eine Welt, auf die zu verzichten er nicht gewillt ist. Wenigstens nicht zu diesem Zeitpunkt! Der Plan einer endgültigen Übersiedlung reift nur langsam in seinem Geist; mehrere Jahre sollten vorübergehen, zwei weitere Informationsreisen unternommen werden, ehe er seinem Heimatland endgültig den Rücken kehrt . . . Fürs erste, möchte man sagen, tut er trotz seiner Begeisterung alles, um seine Bindungen an Barcelona aufrechtzuerhalten. Er hat sozusagen ein Stück Barcelona in der Gestalt seiner beiden Freunde, Pallarès, des alten Kommilitonen aus La Lonja, und Casagemas, eines jungen, unter seinem Einfluß stehenden, ziemlich dilettantischen Malers, in die französische Hauptstadt mitgenommen. Die drei jungen Leute bilden gewissermaßen ein Team, eine »Abordnung« der »Els 4 Gats« in Paris.

Als Picasso an einem nebligen Herbstmorgen auf dem Pariser Bahnhof d'Orsay, nach der langen Reise in der dritten Klasse lendenlahm und wie zerschlagen, aus dem Zuge stieg, bot er den Passanten das typische Bild eines Kunststudenten: Er trug einen langen Kutschermantel, einen breitkrempigen Hut, eine lose Krawatte, unter einem Arm eine Mappe mit Zeichnungen, unter dem anderen eine Tasche mit ein paar Hemden. Er hat uns in einer Reihe von Skizzen den ganzen Ablauf seiner Ankunft festgehalten; einer Gewohnheit treu, die er schon in Coruña angenommen hatte, schickte er seinen Freunden und Verwandten einen Bildbericht seiner Erlebnisse. Auf einer dieser Zeichnungen steht er mit seinen Freunden vor dem Eiffelturm. Er ist ein so leidenschaftlicher Zeichner, daß er sogar die Briefe Casagemas mit seinen Bildern verziert.

Picasso fühlt sich vom ersten Augenblick an verloren; alles kommt ihm anders, sonderbar, unbekannt vor. Zunächst einmal spricht er so gut wie überhaupt kein Französisch. Sein Wissen besteht aus einigen, illustrierten Blättern entnommenen Wörtern, aus ein paar Sätzen, die er seinen Kameraden ablauscht. Das Studium der Sprache Corneilles soll sein ganzes Leben in Anspruch nehmen. Obschon er mit der Zeit all ihre Feinheiten erfaßt, wird er es doch niemals dazu bringen, sie fehlerlos zu sprechen. Außerdem hat er bis heute noch nicht seinen spanischen Vaudeville-Akzent abgelegt.

Unsere drei Reisenden lenken ihre Schritte selbstverständlich Montmartre zu, wo bereits Freunde aus Barcelona wohnen. Der Montmartre, mit dem Picasso Bekanntschaft machte, dessen Häuser jenseits des Boulevard de Clichy am Hügelrand emporkletterten, war noch ein richtiges Dorf, in dessen Straßenmitten das Schmutzwasser in offenen Rinnen abfloß. Mietskasernen waren selten, einige zwei- oder dreistöckige Häuser stammten aus der Zeit Louis-Philippes, den Hauptbestand bildeten jedoch die sogenannten »Pavillons« und Landhäuser, von denen einige zweihundert Jahre und noch länger standen, wie das Haus des Schauspielers Rosimond, ein Mitglied der Truppe Molières in der Rue Cortot. Eine Anzahl dieser Häuser kann man noch heute sehen, besonders im oberen Teil der Avenue Junot. Ein buntes Volk tummelte sich in den Gassen: Angestellte, die in Paris arbeiteten, Handwerker, Krämer, Kunstmaler, wie sie Willette darstellte, unabhängige Künstler aus dem In- und Ausland, verschriene und verpönte Avantgardisten jeder Art und Gattung. Renoir, der während einiger Jahre mit seiner Familie ein ländliches Leben im Château des Brouillards, Rue Girardon führte, hatte Montmartre vier Jahre vor der Ankunft Picassos verlassen, weil ihm die Lebensbedingungen dort zu beschwerlich wurden. Er war in die Rue La Rochefoucauld umgezogen, aber man konnte seine etwas gekrümmte, hagere Gestalt gelegentlich durch die Straßen seiner Jugend pilgern sehen.

Wenn am Südhang der Anhöhe ein reges Treiben herrschte, so war der Nordhang des Montmartre völlig öde. Das Gelände zwischen dem Place du Terre, der Avenue Junot und der Rue Coulaincourt bildete eine Art Niemandsland, einen mit Brennesseln, Gestrüpp, Flieder und Seringen bestandenen »Maquis«, wo ohne jede Bauerlaubnis Lehmhütten und Bretterbuden errichtet worden waren. Dort hausten neben Lumpensammlern und Alteisenhändlern eine Anzahl von »Outsidern« und Boheme-Künstler wie Steinlen, Ten-Cate, Van Dongen, Paco Durio.

Francis Carco, Roland Dorgelès, André Salmon und viele andere haben Montmartre als eine gefährliche Vorstadt beschrieben, in deren engen Gassen Ganoven das Messer zückten und verwanzte Absteigequartiere für zwanzig Sous zusammengelaufenen Liebespaaren für ein paar Stunden Unterschlupf gewährten. Diese auf billige Sensation abzielenden Darstellungen scheinen reichlich übertrieben und machen aus der Ausnahme die Regel. In Wirklichkeit war Montmartre friedlicher als manche andere Pariser Vorstadt.

Seit jeher hatte das Dorf Künstler angezogen. Sie fanden dort billige Unterkunft und Ateliers, die meist in ausgedienten Scheunen und Ställen eingerichtet waren. Auf dem Montmartre konnten sie ein gänzlich unkonventionelles Leben führen; die Weinhändler, über deren Türen »Pferdekraftbrühe und Pferderindfleisch« zu lesen war, verabreichten für wenige Sous substantielle Mahlzeiten. Nicht weit von da boten die »Moulin Rouge« und die »Moulin de la Galette« (deren Glanzzeit um 1900 längst der Vergangenheit angehörte) Motive zum Malen.

Die kleine Künstlerkolonie zerfiel in zwei Gruppen, die sich, ohne sich feindlich gegenüberzustehen, dennoch nicht vermischten: Die eine bestand aus jungen Malschülern, wie sie die »Vie de bohème« schildert; sie stellten im »Salon« aus oder wollten wenigstens dort ausstellen; ihre Kunst war traditionsgebunden und akademisch; die andere setzte sich aus Avantgardisten zusammen; sie waren die Ausgestoßenen der »Belle Epoque«. Man verspottete sich gegenseitig oder mied sich: In der »Moulin Rouge«, bei »Mère Catherine« – ein Bistro am Place du Tertre – und später im »Lapin Agile« setzten sie sich nie an die gleichen Tische. Die Neuerer verließen, wenn ihnen der Durchbruch gelungen war, ihre filzigen Künstlerwerkstätten und mieteten in Paris bequemere Wohnungen, während die Malschüler weiter zur Folklore von Montmartre beitrugen: »Montmartre war wie eine Glucke, die Enten ausbrütete«, bemerkte André Warnod sehr richtig.

Picasso wußte, daß er in Paris eine kleine Gruppe Spanier antreffen würde. Man hatte ihm die Adresse von Pichot, Fontbona und Nonell mit auf die Reise gegeben. Nonell, den er im »Els 4 Gats« kennengelernt hatte und den er nun als ersten in seiner Behausung, Rue Gabrielle Nr. 49, am Abhang, aufsuchte, kündigte ihm an, daß er nach Barcelona zurückginge. Er sei gerade dabei, seine Koffer zu packen. Großzügig bot er seinen drei Landsleuten sein Atelier an: Sie könnten es ohne Entrichtung irgendeiner Miete benutzen.

Nachdem so die Frage der Unterkunft glücklich gelöst war, machte sich Picasso auf, Paris zu entdecken. Seine Freunde begaben sich sofort zur Weltausstellung und besichtigten die Baudenkmäler, während Picasso seine Zeit im »Louvre« verbrachte; seine Vorliebe galt vor allem den griechischen, römischen und ägyptischen Altertümern, die ihm einen Teil seines Stoffes für seine vorkubistischen und viele Jahre später für seine »alexandrinischen« Werke lieferten. Er schenkte jedoch auch der Gemäldegalerie in Luxembourg seine Aufmerksamkeit und studierte die Impressionisten der Sammlung Caillebotte.

Wenn er sich zu Fuß in den »Louvre« begab, entdeckte er die Gemäldegalerien der Rue Laffitte, die damals mit der Rue Le Peletier das Zentrum des Pariser Bilderhandels war. Dort konnte er die Werke Bonnards, Maurice Denis', Toulouse-Lautrecs und Steinlens bewundern, deren Einfluß sich in seinen Arbeiten der folgenden Monate deutlich bemerkbar machte. Sonderbar ist, daß er sich damals überhaupt nicht für Cézanne, Gauguin und van Gogh interessierte. Erst sehr viel später wendete er ihnen seine Aufmerksamkeit zu, erkannte er ihre Bedeutung.

Wenn er abends mit seinen Freunden »Moulin Rouge«

oder ein Boulevard-Tingeltangel aufsucht, findet er dort die ihm aus humoristischen Zeitschriften längst bekannte Welt eines Toulouse-Lautrec oder eines Steinlen wieder. Er fühlt sich in ihr um so wohler, als sie ihn an die Atmosphäre des »Bario Chino« erinnert. An dieser Stelle sei darauf hingewiesen, daß sich der Einfluß Toulouse-Lautrecs in seinem Werk nur kurze Zeit bemerkbar macht, während der Steinlens mehr oder weniger intensiv während der ganzen »blauen Periode« vorherrscht. Im Grunde genommen verbindet ihn wenig mit den Lebemännern Lautrecs, während ihn die Elendsgestalten Steinlens unmittelbar ansprechen. Später stellt er fest, daß »die Zeichnungen Steinlens ihn tief beeindruckt haben . . .«; tatsächlich stehen die armen Proletarier, die erschöpften Frauengestalten, die Vorstadtliebespaare eines Steinlen der ausgehungerten und verzweifelten Menschheit Picassos »blauer Periode« sehr nahe.

Wenn Picasso auch die Nächte mit seinen Freunden fröhlich in Tanzlokalen und Kneipen verbringt, so läßt er sich dennoch auf keinerlei ernsteres Liebesabenteuer ein; leichte Mädchen gefallen und genügen ihm; er nimmt mit flüchtigen Begegnungen vorlieb. Ein Frauenname taucht jedoch bereits im Verlauf dieser ersten Reise auf: Alice, die spätere Alice Derain. Sie war sehr jung und noch nicht mit dem Versicherungsmathematiker Princet, dem Theoretiker des Kubismus (jenem Mann, der Picasso und Braque einige Anfangsgründe der Raumgeometrie beibringen sollte), verheiratet, den sie ein paar Jahre später ohne das geringste Bedauern verließ, um Derain zu folgen, als Picasso ihr in Montmartre begegnete; wenigstens behauptet sie es. Vielleicht irrt sie sich jedoch, wenn sie schreibt: »Ich habe Picasso bereits bei seiner ersten Reise kennengelernt.« Es ist gut möglich, daß sie hier mit der »ersten Reise« den Aufenthalt Picassos im »Bateau-Lavoir« meint. Wie dem auch sei, als die beiden sich fünfzig Jahre später in »Notre-Dame-de-Vie« wiedersehen, erinnern sie sich ihrer ersten Begegnung und stimmen gemeinsam die alten Gassenhauer der Jahrhundertwende an.

Kurz nach seiner Ankunft auf dem Montmartre machte Picasso die Bekanntschaft eines anderen Katalanen, eines gewissen Manyac. Dieser Industriellensohn aus Barcelona war, »um zu leben, wie er es wollte«, nach Paris gekommen, wo er sich sein Brot als Bildermakler verdiente. Als Picasso ihn kennenlernte, war er der Berater und Makler einer noch unerfahrenen Bilderhändlerin, deren winziger Laden in der Rue Victor Massé Nr. 25, unweit des Place Pigalle, eher an die Niederlassung eines Trödlers als an eine Bildergalerie erinnerte. Manyac, der bei dem dunkeläugigen Ankömmling Talent witterte, brachte ihn schleunigst zu Berthe Weill. Diese Frau, von der niemand hätte sagen können, wie alt sie war, und die neben Ambroise Vollard bald zu den größten Talentejägern der modernen Malerei gehören sollte, besaß ein wenig ansprechendes Äußeres. Sie war klein, kurzsichtig wie ein Maulwurf und betrachtete ihre Besucher durch die lupenartigen Gläser einer überstarken Brille; der schmale Mund wirkte wie ein Strich in ihrem kreidefarbenen Gesicht; sie trug einen unförmigen Kittel und einen alten Filzhut, der ihre Stirn verdeckte. Ihre grelle, spöttische Gassenjungenstimme verwunderte um so mehr, als man sie von ihr auch nicht im geringsten erwartete. Sie war ein paar Jahre vorher aus dem Elsaß nach Paris gekommen und hatte bei einem Altwarenhändler die Tricks und Geheimnisse des Gewerbes erlernt, ehe sie sich mit Hilfe eines von einem Freunde gewährten Darlehens von 375 Francs, mit dem sie ihre erste Ladenmiete bezahlte, selbständig machte. Zunächst verkaufte sie Antiquitäten, Silberwaren, Miniaturen, die ihr die Kollegen zur Verfügung stellten. Dann jedoch entschloß sie sich auf Rat Manyacs und später Dufys zum Verkauf der humoristischen Zeichnungen der *Assiette au beurre*, der Lithographien Redons, Daumiers, Lautrecs, der Guasch- und Pastellmalereien und Zeichnungen der Fauvisten und Unabhängigen. Feierliche Eröffnungen kamen bei ihr nicht in Frage, aufwendige Rahmen waren unbekannt: Die Blätter wurden ganz einfach mit Wäscheklammern an Schnüren mitten im Laden aufgehängt. Berthe Weill war stets gut beraten; sie stellte die Werke der meisten Neuerer aus: Matisse, Dufy, Utrillo, Modigliani, Derain machten sie bekannt und kurbelten das Geschäft an. Leider verfügte sie über keinerlei kaufmännischen Spürsinn. Da sie ständig Geld brauchte, verkaufte sie mit einer ganz geringen Gewinnspanne die Meisterwerke, die durch ihre Hände gingen, während Vollard zu Hunderten die Bilder aufstapelte und so gut wie nichts veräußerte. Als sie 1951 sechsundachtzigjährig im Elend starb, mußten ihre früheren, inzwischen berühmt und reich gewordenen Schützlinge zusammenlegen, um sie dezent bestatten zu lassen.

Berthe Weill war von den Zeichnungen und Guascharbeiten Picassos, die Manyac ihr zeigte, überaus eingenommen und entschloß sich nach langem Handeln und Feilschen, drei davon für die Summe von hundert Francs zu erwerben. Sie blieb jedoch ihrem System treu und verkaufte sie beinahe augenblicklich für hundertfünfzig Francs an Adolphe Brisson weiter. So wurde der Theaterkritiker der »Temps« und Direktor der »Annales« der erste französische Liebhaber, der zu einem Picasso kam.

Die Beziehungen zwischen Picasso und Berthe Weill wurden von mehr als einer Krise getrübt. Die erste ereignete sich einige Tage nach dem Verkauf der Arbeiten Picassos an Adolphe Brisson: Die Bilderhändlerin, von dem Resultat ihrer Transaktion entzückt, hatte sich an einem Nachmittag mit Manyac verabredet, um mit ihm Picasso in der Rue Gabrielle aufzusuchen; sie wollte sich die anderen Werke ansehen, die jener aus Barcelona mitgebracht hatte. Keuchend erklomm sie die sechs Treppen. Vergebens! Trotz der Rufe, trotz des Klopfens blieb die Tür geschlossen. Wütend stieg sie die sechs Etagen treppab, wobei sie auf die unerzogenen jungen Leute schimpfte. Manyac, der erschien, als sie gerade das Haus verlassen wollte, überredete sie, ihr Glück noch einmal mit ihm zu versuchen: Seine Freunde seien zu Hause, aber sie schliefen nach einer durchbummelten Nacht wie Murmeltiere. Und so war es! Nachdem Manyac hinreichend an der Tür seines Freundes getrommelt hatte, erschien Picasso, taumelnd und schlaftrunken.

Zum zweitenmal kam es zum Zusammenstoß, als sich Picasso, der es satt hatte, auf die Bezahlung seiner Arbeiten zu warten, in die Höhle der Kunsthändlerin, Rue Victor-Massé, begab und dort sein Geld forderte, wobei er mit lässiger Gebärde eine Pistole auf den Ladentisch legte. Mutter Weill, zu Tode erschrocken, verkroch sich in eine Ecke ihrer Bude, lüpfte ihren Rock und zog aus ihrem Strumpf einen Hundert-Franc-Schein, den sie dem Spanier zuwarf. Dabei erklärte sie, daß alles zwischen ihnen zu Ende sei.

Das war aber nur im Zorn gesagt. Mehrere Jahre lang verkaufte Berthe Weill die Zeichnungen und Guascharbeiten der »blauen Periode« und verschaffte ihnen Einlaß in die schönsten Sammlungen der modernen Malerei. Aber bis zu ihrem Tode sollte sie niemals mehr die schreckenerregenden Augen Picassos vergessen, als er das Geld von ihr forderte.

Picasso, der seine Tage in Museen und Galerien verbringt, der des Nachts ein Bummelleben führt, nimmt vieles auf, sammelt zahlreiche Eindrücke, aber arbeitet wenig; außerdem verdirbt ihm einige Wochen nach seiner Ankunft das Benehmen Casagemas' die Freude an seinem Aufenthalt. Casagemas, ein romantisch-überschwenglicher Jüngling, verliebt sich in eine junge Frau, die ihn nicht nur abweist, sondern auch noch verspottet!

Armer Casagemas! Mit seiner riesigen Nase, seinem fliehenden Kinn, seiner fadendünnen Silhouette, die ein starker Wind ständig nach vorn zu beugen scheint, hat er wahrhaftig nichts von einem Adonis. Auf den Zeichnungen, die Picasso von ihm gemacht hat, gleicht er dem Doktor Tapié de Celeyran, dem vielverspotteten Vetter, den Toulouse-Lautrec so oft karikierte.

Verzweifelt, unbeherrscht ergibt er sich dem Trunk, und wenn er nicht mehr ganz bei Sinnen ist, droht er, sich das Leben zu nehmen: Damit schließt er sich einer alten Tradition des »Els 4 Gats« an, wo man gerne »Schluß macht«, wenn irgend etwas nicht wunschgemäß verläuft. Picasso ist um den Freund besorgt und überwacht ihn ohne Unterlaß, um ihn vor einer »Dummheit« zu bewahren. Er wagt es nicht mehr, nach Paris zu gehen und ihn allein zu lassen. Langsam wird er so zum Krankenwärter eines Trunkenboldes.

Unter solchen Umständen hat sein Pariser Aufenthalt überhaupt keinen Sinn mehr. Er beschließt, nach Barcelona zurückzukehren und auf diese Art Casagemas der Umgebung seiner enttäuschten Liebe zu entreißen. Im übrigen ergibt sich diese Lösung von selbst. Das Jahr geht seinem Ende entgegen, Picasso möchte das Weihnachtsfest wie alle Jahre im Schoße der Familie verbringen. Außerdem hat ihm Manyac, der auf ihn große Hoffnungen setzt, als Entgelt für die Aushändigung all seiner Arbeiten eine kleine Rente von 150 Francs im Monat zugesagt. Picasso ist überzeugt, daß er in Barcelona besser zum Malen kommt als in Paris. Kurz vor Weihnachten macht er sich mit Casagemas, der einem menschlichen Wrack gleicht, auf die Heimreise. Picasso glaubt fest daran, daß das Heilmittel, das ihm selbst oft so gute Dienste geleistet hat, auch seinem Freunde helfen muß: In der heimatlichen Atmosphäre wird er sein Gleichgewicht wiederfinden.

Alles verläuft programmäßig. Nur Casagemas trinkt weiter und verkündet weiter seinen baldigen Tod. Picasso beschließt, etwas anderes zu versuchen. Er führt seinen Freund zur Neujahrsfeier nach Malaga, wo Onkel und Tanten ungeduldig auf einen Reisebericht aus Paris warten. Aber die Ankunft der zerzausten Boheme-Künstler bei der gutbürgerlichen Familie Ruiz ruft eine Art Skandal hervor. Der Besitzer der Herberge der »Tres naciones«, wo Picasso und sein Freund absteigen sollen, verweigert ihnen die Aufnahme. Die Familie sucht zu vermitteln, macht entfernte Verwandtschaftsbande geltend, ruft den Vetter zu Hilfe und erreicht schließlich, daß den beiden Malern Obdach gewährt wird.

Die ganze Expedition nach Malaga erweist sich jedoch als

ein Fiasko: Onkel Salvador und seine Familie nehmen an den Manieren und Reden der beiden Künstler heftigen Anstoß, Casagemas, der keinerlei vernünftigen Erwägungen zugänglich ist, trägt seinen Gram zu den Dirnen, ohne der Flasche zu entsagen. Er verbringt Tag und Nacht im Bordell und säuft ohne Unterlaß. Picasso, dessen Selbstbeherrschung sprichwörtlich ist, verliert die Geduld. Er hat keinerlei Lust mehr, die Elendsgestalt ins Schlepptau zu nehmen, und geht allein nach Madrid, um dort sein Glück zu versuchen.

Casagemas, der sich nun selbst überlassen ist, reist nach Paris zurück, in der illusorischen Hoffnung, den Widerstand der Spröden zu brechen. Als dieser Versuch scheitert, nimmt er sich am 17. Februar auf dem Boulevard de Clichy in demselben Café das Leben, in welchem die letzte Unterredung stattgefunden hatte. Durch einen sonderbaren Zufall bezog Picasso bei seinem zweiten Pariser Aufenthalt das Nachbarhaus.

Tief erschüttert vom tragischen Ende seines Freundes wird Picasso von einem Nervenleiden befallen, das sich infolge der Schwierigkeiten der kommenden Jahre noch verschlimmern sollte. Die hoffnungslosen Gestalten seiner »blauen Periode« sind der Ausdruck der Melancholie und Bitterkeit, die ihm das Gefühl seiner Niederlage einflößt. Lange verfolgt ihn der Tod Casagemas', und er stellt seinen Freund häufig im Bilde dar, vor allem im *L'enterrement de Casagemas* und *La vie*. Die Nachricht vom Ende Casagemas erreicht Picasso in Madrid und trifft ihn um so schmerzlicher, als er bereits bei seiner Ankunft erkannt hatte, wie nutzlos sein Aufenthalt in der spanischen Hauptstadt war. Der Reiseplan war sicherlich unter dem noch nicht gänzlich verschwundenen Einfluß Don Josés gereift, dessen Freunde samt und sonders in Madrid wohnten; so mußte Picasso wie von selbst zu der Überzeugung kommen, daß ihm nur dort der Durchbruch gelingen konnte. In Wirklichkeit sollte der Madrider Aufenthalt eine der dunkelsten Perioden seines Lebens sein, an die er sich stets mit Schaudern erinnert.

Nachdem er zunächst in einer Familienpension abgestiegen war, richtete er sich bald aus finanziellen Gründen in einer Mansarde der Calle Zurbano ein, die er mit einem Strohsack, einem Tisch und einem Stuhl möblierte. Eine in einen Flaschenhals gesteckte Kerze beleuchtete diese Künstlerwerkstätte, deren Armut ans Tragische grenzte. Es war unmöglich, einen Ofen zu stellen. Nun aber sind die Winter in der spanischen Hauptstadt bitterkalt; man zitiert dort gern das Sprichwort: »Sechs Monate Winter, sechs Monate Hölle.« – »Niemals habe ich so gefroren«, erzählte Picasso ein halbes Jahrhundert später Anonina Vallentin, als er ihr diese Zeit einsamer Kämpfe schilderte.

Es dauerte nicht lange, bis Picasso die geistige Dürftigkeit der Madrider Künstlermilieus erkannte, die sich an akademische Vorstellungen klammerten. Die wenigen Unabhängigen ignorierten Paris und hielten, mehr noch als die Maler in Barcelona, am Münchner Jugendstil fest. Der katalanische Schriftsteller Francisco d'Assis Soler, mit dem er sich anfreundete, zeigte sich Neuerungen zugänglich und interessierte sich besonders für Geschichte und Literatur seiner Heimatprovinz. Soler besaß ein paar hundert Peseten, eine Spende seines Vaters, der sein Vermögen einem von ihm vertriebenen elektrischen Apparat zur Wiederbelebung der Männlichkeit verdankte. Dieses Geld benutzte Soler, um mit Picasso zusammen eine Kunst- und Literaturzeitschrift zu gründen, die die steifen Madrider Künstlerkreise ein wenig aus ihrer Lethargie aufrütteln sollte. Das Unternehmen der beiden völlig vereinsamten und mittellosen Künstler hatte etwas Ergreifendes. Der *Arte Joven,* deren erste Nummer am 31. März herauskam, war kein langes Dasein beschieden, und Picasso hatte Madrid bereits den Rücken gekehrt, als die zweite und letzte Nummer erschien. Obschon er die Mehrzahl der Illustrationen lieferte, war seine geistige Bewegungsfreiheit begrenzt, und die Zeichnungen zu den Erzählungen und Novellen sind in einem ziemlich konventionellen, von ferne an Steinlen erinnernden Stil gehalten. Der Vergleich seiner Prostituierten, Kastagnettentänzerinnen und Lebemänner mit der ein Jahr zuvor ausgeführten Bebilderung der *La clameur des vierges* zeigt einen eindeutigen Rückschritt. Allerdings macht sich in der realistischen Durchführung der Themen der Einfluß von Montmartre geltend; aber wir haben es da lediglich mit einem ersten Ansatz zu tun.

Picassos zweiter Aufenthalt in Madrid müßte völlig negativ beurteilt werden, hätte er nicht zu einer neuen Begegnung und zu einer gründlicheren Auseinandersetzung des Künstlers mit Greco geführt. Während des eisigen Winters verbringt der junge Picasso viele Stunden im Prado, ja, er stößt bis nach Toledo vor, um sich *Die Bestattung des Grafen, von Orgaz* anzusehen. Er wird sich der überschlanken Figuren erinnern, um den Elendsgestalten seiner »blauen Periode« mehr Ausdruckskraft zu verleihen. Nach dem Krieg bestätigt er in einem Gespräch Brassai, daß die Magerkeit seiner damaligen Menschen wahrscheinlich auf den Einfluß Grecos zurückzuführen sei.

Die »blaue Periode«, die Picassos Genie seinen ersten Höhenflug erlaubt, beginnt bereits in Madrid, aber der Künstler scheint diesen Weg nur mit Zögern einzuschlagen. Eine Zeitlang wechseln konventionellere, häufig von Toulouse-Lautrec beeinflußte Werke mit den »blauen« ab, die – am Anfang jedenfalls – an die sehnsüchtige Stimmung der Gemälde Steinlens erinnern.

Man hat sich häufig über den Ursprung der »blauen Periode«, in welcher der alte spanische Expressionismus wieder zu seinem Recht kommt, den Kopf zerbrochen. Psychologisch gesehen liegen die Dinge einfach: Nach seinem Entschluß, ein unabhängiger Künstler zu werden, fühlt sich Picasso nicht glücklich. Seine Arbeiten finden wenig Anklang und werden in den kommenden Jahren immer weniger Anklang finden. Er leidet unter seiner Einsamkeit, friert, weiß oft nicht, wie er seinen Hunger stillen soll; er hat immer mehr das Gefühl, der Kohorte der »peintres maudits«, der »ausgestoßenen Maler«, anzugehören. Der Selbstmord Casagemas' hat ihn nervlich noch mehr heruntergebracht: die beschwingten, sorglosen Tage des »Els 4 Gats« und des

»Bario Chino« sind in einem Nebel von Schmerz und Trauer versunken. Kann es da wundernehmen, daß sein Bleistift oder sein Pinsel melancholisch Silhouetten beschwört, fieberkranke Kinder und keuchende Elendsgestalten hervorbringt? Die »blaue Periode« ist in der bildenden Kunst gleichsam das Pendant zu den Gedichten Verlaines und Jehan Rictus'.

»Warum ausgerechnet blau?« hat man gefragt. Hätte Picasso seinen Wunderhof nicht ebenso gut – wie Steinlen oder Carrière – in herkömmlichen Farbtönen darstellen können? Es ist durchaus nicht so, daß ihn wirtschaftliche Erwägungen veranlaßten, ausschließlich mit Indigo vermischtes Kobalt für seine Gemälde zu verwenden, das billiger ist als Lack- oder Kadmiumfarben, sondern er fand, daß das kalte Blau, das Blau tiefer Schatten und das Nachtblau, besser die Atmosphäre von Verzweiflung und Verlassenheit ausdrückten, die er wiedergeben wollte. Vielleicht ist ihm der Einfall, blau zu malen, bei der Betrachtung einiger Bilder von Nonell gekommen, welcher aus ähnlichen Erwägungen seine Zigeunerbildnisse, seine Frauen aus dem Volk, seine Kubaflüchtlinge in einem an Daumier erinnernden Stil blau schattiert. Ein anderer seiner Freunde, Junyer, stellt ebenfalls mit Vorliebe Menschen in hoffnungslosem Elend dar.

Fünfundzwanzig Jahre später entdeckt der Psychoanalytiker Jung bei der Analyse von Picassos Werken aus der »blauen Periode« deutliche Spuren seelischer Störungen und sieht in ihnen das Symbol der Nekya, der Niederfahrt zur Hölle.

Diese Höllenfahrt soll Picasso nun bald wirklich antreten. Von seinem Madrider Aufenthalt enttäuscht, kehrt er nach Barcelona zurück, wo Freunde während seiner Abwesenheit eine Ausstellung seiner Pastelle im Salon Parés veranstaltet haben; der Katalog enthält ein Vorwort Miguel Utrillos, der zwei Jahre später in einer Anwandlung von Großherzigkeit dem kleinen Maurice, dem Sohn der Suzanne Valadon, seinen Namen gab. Warum, hat man nie recht erklären können, und so entstand die Fabel von seiner angeblichen Vaterschaft, auf die seine verwirrende Ähnlichkeit mit Maurice hinzudeuten schien. Suzanne Valadon, die nichts lieber tat, als alle Spuren ihres Lebens zu verwischen, hat ihr Geheimnis mit ins Grab genommen.

Picasso hält sich nicht lange in Barcelona auf, er will lediglich ein paar Tage bei seinen Eltern verschnaufen. Nachdem er um den 15. Mai in der katalanischen Hauptstadt eingetroffen war, verläßt er sie bereits gegen Ende des Monats und begibt sich nach Paris, um die Fülle seiner Madrider Arbeiten Manyac zu bringen, den Picassos langes Schweigen beunruhigt und der ihm mit Briefen zusetzt. Allerdings gleicht dieser Aufbruch kaum dem ersten. Picasso empfindet, als er mit Jaume Andreu in den Zug steigt, keinerlei freudige Erregung und Abenteuerlust: Er weiß genau, was ihn in Paris erwartet und wieviel Mühe es ihn kosten wird, sich durchzusetzen. Er reist diesmal ohne Illusionen.

Manyac, von Picasso benachrichtigt, erwartet den Freund. Er hat für ihn am Boulevard de Clichy, Nummer 130, im obersten Stockwerk ein ziemlich geräumiges Atelier mit einem Zimmer gemietet. In diesem stets von Freunden belagerten Lokal – einige nehmen dort sogar Nachtquartier, wobei ihnen ein Haufen Zeitungen als Matratze, ein dickes Wörterbuch als Kopfkissen dienen – malt Picasso die meisten Bilder seiner »Lautrec-Periode«. Es handelt sich nur um einen Zwischenakt, denn die Zahl der von Christian Zervos in seinem Katalog von Picasso-Werken aufgenommenen Gemälde dieser Manier übersteigt nicht vierundzwanzig; und er ist der einzige, der auf Vollständigkeit Anspruch erheben kann. Picasso überträgt wie stets im Leben mit einem gewissen Abstand seine Eindrücke in die Sphäre der Kunst: So bedient er sich des Stils Toulouse-Lautrecs, um seine Erlebnisse in der »Moulin Rouge« und anderen Tanzlokalen während seiner ersten Pariser Reise darzustellen. Im übrigen macht sich der Einfluß Lautrecs mehr in der Wahl seiner Motive, in einer gewissen künstlerischen Schau, als in der Ausführung selber bemerkbar, die teils auf Bonnard, teils sogar auf Seurat hindeutet. Die Farbnuancen sind lebhaft, strahlend schmelzend, während Toulouse-Lautrec kühlereren Tönen den Vorzug gibt, die den karikaturistischen Charakter seiner Arbeiten besser herausstreichen.

Mehrere Monate lang widmet Picasso seine Zeichnungen, Pastelle und Gemälde Montmartre-Figuren; aber auch hier ist der Stil nicht einheitlich; in der Reihe der Arbeiten erscheinen plötzlich Bilder, die der »blauen Periode« angehören, als durchbrächen Wirbel aus der Tiefe die sonst glatte Oberfläche. Während dieses zweiten Pariser Aufenthaltes malt Picasso *L'enfant au pigeon, Le Tub, La mère et l'enfant,* die zu den wichtigsten frühen Arbeiten der »blauen Periode« gehören.

Manyac, von dem Wunsche beseelt, so schnell wie möglich seine Auslagen einkassieren zu können, veranstaltet mit den hundert Bildern, die Picasso in die Seine-Hauptstadt mitgebracht hat, eine Ausstellung. Es handelt sich da im allgemeinen um ziemlich konventionelle Werke: Mädchenbüsten, Genrebilder aus Spanien, Stilleben; das Niveau ist uneinheitlich und erreicht nie die Höhe seiner Pariser, vor allem aber seiner späteren Werke.

Manyac jedoch will seinem Schützling mit allen Mitteln zum Durchbruch verhelfen: Er begibt sich zu Vollard und zeigt ihm die Werke Picassos. Es ist nicht leicht zu sagen, ob sie den Bilderhändler beeindruckten. Man darf sich mit gutem Recht die Frage stellen, ob er sich jemals für einen Künstler begeistert hat. Vollard, ein etwas schwerfälliger Kreole, hatte sieben Jahre zuvor der Laufbahn eines Anwalts auf der Réunion entsagt und in der Rue Laffitte eine Gemäldegalerie eröffnet. Sein Meisterstück war eine auf den Rat Pissarros veranstaltete Cézanne-Ausstellung im Jahre 1895 gewesen. Die Polemiken, die sie entfachten, und der finanzielle Erfolg, der ihr beschieden war, veranlaßten Vollard, ins Lager der Impressionisten überzuwechseln. Ein paar Jahre später hatte er die im Atelier Manets verbliebenen Gemälde zu Geld gemacht, einen Vertrag mit Gauguin abgeschlossen und sich zum regelmäßigen Ankauf von Renoirs Werken entschlossen.

Sein Laden, der dritte, den er in der Rue Laffitte erworben hatte, und in dem er die Werke Picassos zusammen mit denen eines baskischen Malers namens Iturino ausstellte, sollte in Kürze eines der wichtigsten Zentren der avantgardistischen Kunst werden. Dabei ist Vollard kein Bilderhändler wie die anderen! Er scheint sich ebensowenig für seine Kundschaft wie für seine Maler zu interessieren, deren Arbeiten er an den Wänden aufstapelt. In der Auslage zeigt er nie etwas, es sei denn gelegentlich einen leeren Rahmen. Auch in seiner Budike ist kaum etwas zu sehen: Auf einem Tisch liegen Bücher, Zeitschriften, Zeitungen, auf einem weißen Stuhl döst die affenartige Gestalt des Händlers vor sich hin; er blinzelt nur von Zeit zu Zeit, wenn ein wagemutiger Kunde in die Höhle tritt, um sofort wieder einzuschlafen. Der Gesamteindruck ist sonderbar, verwirrend, beinahe unheimlich.

Nichts schien Vollard auf seine Laufbahn vorbereitet zu haben, dem Matisse, Picasso, Derain, Vlaminck und Rouault ihren Durchbruch verdanken. Seine Eltern hatten ihn in Montpellier die Rechte studieren lassen. Später war er in der Absicht, seine Studien zum Abschluß zu bringen, nach Paris gegangen; die Seine-Kais zogen ihn jedoch mehr an als die Vorlesungssäle. Immerhin bestand er sein Staatsexamen. Auf seinen Spaziergängen entdeckte er gelegentlich Stiche und Zeichnungen, die er erwarb, um sie mit einer bescheidenen Gewinnspanne weiterzuverkaufen. So wurde aus ihm nach und nach ein regelrechter Bilderhändler. Seine Laufbahn hätte höchstwahrscheinlich ein jähes Ende genommen, wäre ihm beizeiten ein Brief zugestellt worden, der ihm einen Posten als Aufseher in der »Ecole Monge« anbot, um den er sich beworben hatte. Aber der Brief traf mit einem Jahr Verspätung ein, denn Vollard war umgezogen, ohne seine neue Anschrift zu hinterlassen. Er hatte damals seinen ersten Laden in der Rue Laffitte eröffnet.

Freilich, wenn man Apollinaire glauben will, so hätte der Kreole in Ermangelung von Meissoniers oder Carolus Durans ebensogut Bilder von Madeleine Lemaire, Roybet und Debat-Ponsan verkauft; aber Pissarro – ein Kreole wie er, allerdings aus den Antillen –, dem er aus diesem Grunde gerne Gehör schenkte, machte ihn auf seine impressionistischen Freunde, vor allem auf Cézanne aufmerksam. Er gab ihm geschickt zu verstehen, daß der Einsiedler in Aix-en-Provence der letzte der großen Impressionisten sei, dem der Durchbruch noch nicht gelungen wäre. Seine Gemälde fänden keine Liebhaber, sie lägen in seiner Künstlerwerkstätte und warteten auf einen Käufer. Vollard witterte ein gutes Geschäft und machte sich sofort auf die Suche nach dem Maler; das war nicht leicht, denn Cézanne litt zu diesem Zeitpunkt an einer krankhaften Ruhelosigkeit und war ohne Unterlaß auf Reisen. Es gelang Vollard, ihn nach einer regelrechten Jagd aufzufinden und zu überreden, ihm hundertfünfzig Bilder für eine Ausstellung zu schicken. Mit dieser Ausstellung begann der langsame Aufstieg Cézannes, dessen Höhepunkt die Rückschau im »Salon d'Automne« im Jahre 1907 bilden sollte.

Als Manyac Picasso zu Vollard bringt, hat der Kunsthändler soeben mit großem Erfolg eine Reihe von van Goghs ausgestellt. Es ist bezeichnend für die künstlerische Unsicherheit Vollards, daß er alle Werke des Holländers, die er besaß, ohne den geringsten Gewinn Druet verkaufte. Renoir, der die Kunst van Goghs stets verabscheute, hatte ihm eingeredet, daß sie niemals einen Handelswert darstellen würde. Unter ähnlichen Umständen sollten ihm Modigliani und Utrillo entgehen, worüber er im Alter untröstlich war. Das lag nun einmal in seinem Charakter! Gleichzeitig setzte er sich für Künstler zweiten Ranges wie Jean Puy und Henri de Groux ein, denen er eine glänzende Karriere voraussagte. Seine wirkliche Leidenschaft galt der Herausgabe von Büchern, und auf diesem Gebiet war er ein Genie: als verhinderter Literat – obschon er uns in den *Erinnerungen eines Bilderhändlers* sein Herz ausgeschüttet hat – fand er in der Verwirklichung von Luxusausgaben bedeutender, von unabhängigen Künstlern reich illustrierter Texte eine Art Entschädigung. Sie gehören zu den großartigsten Erzeugnissen der modernen Verlagskunst.

Vollards Verkaufsmethode war sonderbar und bestand im wesentlichen darin, den Interessenten zu entmutigen und ihn unfreundlich abzufertigen. Wenn jemand seinen Laden betrat und nach einem bestimmten Bild fragte, erwiderte er systematisch, daß er es nicht habe: »Kommen Sie übermorgen wieder!« Wenn der Kunde dann erschien, fand er das Geschäft verriegelt. Manchmal mußte man ihm wochenlang nachjagen. Er hatte diese Verkaufstaktik bereits am Anfang seiner Kunsthändlertätigkeit entwickelt.

»Was verlangen Sie für diese Zeichnung?« fragte jemand.

»Hundertdreißig Francs!«

»Ich schlage Ihnen hundert vor.«

»Sie feilschen bei einem Forain, bei einem Rops? Damit Sie es genau wissen: Sie bekommen das Bild jetzt nicht mehr für hundertdreißig Francs. Ich verlange hundertfünfzig!«

Und das Geschäft blühte.

Mit den Malern verfuhr er kaum anders. Er unternahm nichts, um ihre Bilder zu verkaufen, sondern erwarb die Werke in Bausch und Bogen, um sie in seinem Keller aufzustapeln. Vlaminck, der ihm alle zwei bis drei Monate zwei Dutzend Bilder brachte, erzählt, daß er manchmal bei seinem nächsten Besuch noch die verschnürten Pakete vom letztenmal vorfand.

Mit Picasso trieb er es nicht anders, ohne daß dadurch das gute Einvernehmen zwischen den beiden Männern getrübt wurde. Denn Picasso schätzte gewisse Tugenden des Kunsthändlers: seine Ehrlichkeit, seine Zuverlässigkeit und mehr vielleicht noch einige seiner Schwächen. In der Tat, Vollard, ein Spezialist der Zuträgerei und Ohrenbläserei, versorgte Picasso, der ebenfalls eine gefürchtete Klatschbase war, mit anzüglichen Geschichten. Die Folge war, daß beide, wenn sie auch nur selten zusammen arbeiteten – außer bei der Bebilderung der *Histoire naturelle* und des *Chef-d'Œuvre inconnu* – stets gute Beziehungen miteinander pflegten.

Die von Manyac veranstaltete Picasso-Ausstellung brachte dem Künstler mehr moralischen als finanziellen Gewinn, da die Einnahmen ausschließlich dem Kommanditär zugute kamen. Aber Picasso kam zum erstenmal mit der Kritik und dem Pariser Künstlermilieu in Berührung. Während seines ersten Aufenthalts in der Seine-Metropole hatte er die Stadt kennengelernt, seine menschlichen Beziehungen jedoch nur auf die Spanier vom Montmartre beschränkt. Nun gelang es dem Künstler, mit zwei wichtigen Kunstkritikern in Verbindung zu treten: der eine, Félicien Fagus, Standesbeamter und Mitarbeiter der *Revue Blanche*, war ein sonderbarer Kauz. Er glich einem Zwerg mit Zipfelmütze und torkelte meist wie ein Betrunkener. Wenn er auch oft ein Gläschen zuviel leerte, so hatte er dennoch einen klaren Kopf und beurteilte die Arbeiten Picassos mit großer Treffsicherheit: »Man bemerkt bei ihm sofort«, schrieb er in der *Revue Blanche*, »neben der Schule der großen Meister den vermutlichen Einfluß von Delacroix, Manet (durchaus verständlich, da er selber den Spaniern einiges verdankt), Monet, van Gogh, Pissaro, Toulouse-Lautrec, Degas, Forain, vielleicht auch Rops . . . doch handelt es sich um flüchtige, nur soeben angedeutete Einflüsse. Man sieht, daß ihm sein Ungestüm keine Zeit gelassen hat, sich einen persönlichen Stil anzueignen; seine Persönlichkeit liegt gerade in diesem Ungestüm, in dieser jugendlich aufbrausenden Spontaneität (man erzählt, er sei noch keine zwanzig Jahre alt und male bis zu drei Bilder täglich). Die Gefahr für ihn liegt gerade in diesem Ungestüm, das ihn leicht in die Bahn der spielerischen Virtuosität werfen könnte. Picasso möge sich hüten, Überproduktion mit Fruchtbarkeit, Übereifer mit Energie zu verwechseln.«

Diese in die Tiefe gehende Beurteilung könnte als Kriterium für Picassos Gesamtwerk gelten.

Der zweite, dessen Bekanntschaft Picasso machte, war eine noch wichtigere Persönlichkeit: Gustave Coquiot, ein anerkannter und beachteter Kunstkritiker, gehörte zu den wenigen, die sich damals für moderne Malerei interessierten. Er nahm Picasso unter seine Fittiche und verschaffte ihm

Porträtaufträge von den berühmtesten Frauen seiner Zeit, Liane de Pougy, Caroline Otero, Jeanne Bloch, Vortragskünstlerin im »Européen«. Um ihm seine Dankbarkeit zu bezeugen, malte ihn Picasso kurz hintereinander zweimal in einem farbenfreudigen, an die Fauvisten erinnernden Stil. Eines der beiden Bildnisse befindet sich heute im Pariser Museum für zeitgenössische Kunst.

Die Ausstellung wurde für Picasso deshalb von ausschlaggebender Bedeutung, weil er dort eine der wichtigsten Bekanntschaften seines Lebens machte: Er lernte Max Jacob, den unbestechlichen Zeugen seiner Jugendjahre, kennen. Max Jacob, eine vom Genius beschattete, pathetische Persönlichkeit, die zugleich durch ihre Güte bestach und durch ihre Derbheit abstieß, war ein großer Dichter und ein überaus subtiler Geist. Er wurde als Sohn eines Schneidermeisters und Trödlers in Quimper geboren. Als er den Lebensweg des um fünf Jahre jüngeren Spaniers kreuzte, hatte er bereits eine ereignisreiche Laufbahn hinter sich. Nachdem er beim »Concours général«* den ersten Platz errungen hatte, schrieb er sich als Student in der »Ecole Coloniale« ein, wurde sodann Klavierlehrer, Manager einer italienischen Sängerin, Schreiber in einem Anwaltsbüro, Hauslehrer bei einer Bürgerfamilie, die naiv genug war, ihm den Sohn des Hauses anzuvertrauen, und schließlich – Kunstkritiker.

Trotz seiner Jugend haftete ihm nichts Jugendliches an, er war fett, dickbäuchig, graumeliert und beinahe glatzköpfig: Er hatte, wenn man so sagen darf, früh seine definitive Gestalt angenommen und sollte sich im Verlauf der Jahre kaum noch ändern. Auf Empfehlung von Roger Max, ein Beamter an der Kunstakademie und Kunsthistoriker, war er zum Kunstberichterstatter des *Moniteur des Arts,* einer von der Galerie Georges Petit veröffentlichten Kunstzeitschrift, ernannt worden. Max Jacob nahm sein Amt überaus ernst und

* Allgemeiner Wettbewerb unter den Schülern der oberen Klassen der höheren Schulen und Gymnasien, der in Frankreich jährlich veranstaltet wurde und die Auslese der begabtesten Schüler sicherstellen sollte. (Anm. d. Übers.)

zog im Gehrock und Zylinder von Ausstellung zu Ausstellung (die Ausstattung war ihm von seiner Familie gestellt worden, denn dieser Hungerleider hatte ja das Glück, der Sohn eines Schneidermeisters zu sein!). Mit einer Aktenmappe unterm Arm, wie sie Professoren und Schulmänner zu tragen pflegten, mit einem tief in die Augenhöhle geklemmten Monokel ging er auf Entdeckungen aus. Allerdings glich er mehr einer Panoptikumsfigur als einem Kunstkritiker und erregte auf den Boulevards Spott und Gelächter. Seine possenhaften Artikel im *Moniteur des Arts* gefielen nur kurze Zeit, und bald mußte sich der Journalist wieder eine Stelle als Büroschreiber suchen.

Bei seiner Begegnung mit Picasso ist er Sekretär im Anwaltsbüro von Henri Rollet, dem späteren Jugendrichter, der sich damals ebenfalls von den schönen Künsten angezogen fühlte und gerade eine überaus gelungene Ausstellung im »Petit Palais« mit dem Thema *L'enfance à travers les âges (Die Kindheit im Wandel der Zeiten)* veranstaltet hatte. Max Jacob bleibt nach wie vor ein eifriger Besucher von Kunstausstellungen, und es gelingt ihm gelegentlich, seine Berichte in Tageszeitungen unterzubringen.

Die Werke Picassos, die er bei Vollard erblickt, begeistern ihn so, daß er eine Glückwunschkarte für den jungen Maler zurückläßt. Manyac, dem die Karte zu Gesicht kommt, gibt sich sogleich über den Gewinn Rechenschaft, den die Protektion eines Kunstkritikers für Picasso bedeuten würde, und eilt, ohne eine Minute zu verlieren, zu Max Jacob, Quai des Fleurs; nach zahlreichen Komplimenten lädt er den Kritiker ein, das Atelier seines Schützlings zu besuchen. Max Jacob, der nur seiner Eingebung gehorcht, entscheidet, daß der Besuch augenblicklich stattfinden soll, und erklimmt in Begleitung Manyacs den Montmartre-Hügel. Picasso, der benachrichtigt worden war, kommt ihm mit ausgestreckten Armen entgegen: Und augenblicklich springt der Funke der Sympathie zwischen den beiden Männern über, dem kleinen Spanier mit den faszinierenden Augen und dem wunderlichen, clownhaften Männlein in der Schulfuchstracht. Geheimnisvolle Verwandtschaft der Geister? Max, vom Gefühl beseelt, einen echten Gesprächspartner gefunden zu haben, verbringt den ganzen Tag im Atelier Picassos, wobei er seine Eindrücke durch entsprechende Gesten kundtut. Mittags nimmt er auf dem Fußboden Platz – der einzige Stuhl ist Manyac vorbehalten – und teilt die Mahlzeit der Spanier: auf dem Ofen gekochte Bohnen; er ist begeistert, mit seinen Freunden aus dem »Poron«, dem Sturzbecher, trinken zu können.

Am Tage darauf stattet ihm Picasso einen Gegenbesuch ab. Die Freunde umringen ihn wie die »cuadrilla« den Torero, als er die enge Behausung am Quai des Fleurs betritt; er bewundert die Stiche von Daumier und Gavarni, die Max Jacob mit Stecknadeln an die Wand geheftet hat. In einer Anwandlung von Großmut überreicht er sie dem Gast als Geschenk. Und das ist der Anfang von Picassos großer Sammelwut, die ihn niemals mehr verließ. Da die Verständigung äußerst schwierig ist, grölen Max und die Spanier die Symphonien von Beethoven; in tiefer Nacht, während die anderen Künstler wie Clochards auf dem Fußboden schnarchen, liest Jacob Picasso seine Gedichte vor. Picasso ist überwältigt: »Du bist der größte Dichter unserer Zeit!« ruft er aus, bevor er sich verabschiedet. Wenngleich er auch den Sinn nicht verstanden hat, so ist ihm doch der Rhythmus der Verse, der Tonfall des Dichters, die Qualität der Dichtung, aufgegangen. Jedenfalls hatte er recht, und Max Jacob beteuerte später, daß er damals »für sein ganzes Leben Mut schöpfte«.

Von nun an sehen sich der Dichter und der Maler täglich. Max, den seine ambivalenten Neigungen für die »Männerliebe« empfänglich machen, fühlt sich von dem jungen Spanier magisch angezogen, betet ihn an. Mit der Überzeugungskraft der Leidenschaft weiht er ihn in die französische Literatur ein, wobei er sich in keiner Weise von Picassos mangelnden Kenntnissen im Französischen abschrecken läßt; er erklärt ihm die Schönheiten der Gedichte Baudelaires, Rimbauds, Verlaines und Mallarmés. Picasso versteht zwar nicht die Worte, aber er hat ein lebendiges Gefühl für die dichterische Aura, die sie umgibt. Es ist Max Jacob zugute zu schreiben, wenn Picasso sein Leben lang die Dichter liebt und ihnen in seinem Herzen einen Vorzugsplatz einräumt.

Max Jacob ruft alle Hilfsmittel seines wendigen Geistes auf den Plan, um Picasso festzuhalten, um seiner Wißbegierde stets neue Nahrung zuzuführen: Er weiß humorvoll, zynisch, geheimnisvoll zu sein und Picasso immer neue geistige Anregung zu vermitteln. Mehrere Jahre lang sieht er seine Lebensaufgabe darin, dem Freund, den er zärtlich »mon petit« nennt, zu Aufträgen und Anerkennung, oft aber auch zu einer täglichen Mahlzeit zu verhelfen; er opfert sich für ihn auf, wie man sich für eine geliebte Frau aufopfert. Max Jacob kennt alle Welt und bietet Sammlern und Liebhabern die Werke des Spaniers an, und beinahe immer gelingt es ihm, mit einem Korb voll Viktualien am Arm in Picassos Künstlerwerkstätte zu erscheinen. Nicht zuletzt hat er uns von allen Schriftstellern, Kunstkritikern und Journalisten, die Picasso damals nahestanden, mit Unbestechlichkeit und Akribie berichtet. Während Apollinaire, Salmon und Dorgelès oft Dichtung und Wahrheit verwechseln, bleibt Jacob stets diskret und wahrheitsgetreu, wenn von Picasso die Rede ist, mit dem er in seinen bewegten Jugendjahren so eng befreundet war.

Picasso führt ein ungeregeltes Leben; wenn er am Tage auch arbeitet, so verbringt er die Nächte meistens im Tingeltangel oder im Bordell. Eine ganze Horde von ausgehungerten Spaniern – Pichot, Fontbona, Manola, Sabartès, Soto – verwechseln sein Atelier mit einem Nachtasyl der Heilsarmee; sie schlafen bei ihm, in Zeitungen eingepackt, den Kopf auf ein Wörterbuch gestützt, und verscheuchen ihren Hunger mit auf dem Ofen gekochten Erbsen. Manyac, der an einen bürgerlichen Hausstand gewohnt ist, verabscheut diese Nachtlager; häufig verläßt er wutentbrannt das Lokal, indem er die Tür hinter sich zuschlägt.

Wenn sich die Horde nicht auf dem Boulevard de Clichy aufhält, flüchtet sie in ein elendes Bistro am Place J.-B.

Clément, das Frédé, einem früheren Fischhändler, gehört. Frédé verkaufte seine Ware in den Straßen von Montmartre mit Hilfe eines Karrens, den ein Esel, der im weiten Umkreis bekannte Lolo, zog. Frédé, ein bärtiger Robinson Crusoe der Großstadt, ist eine joviale und leutselige Erscheinung. Er begleitet selbst auf der Gitarre die sentimentalen Vorstadtschnulzen oder die Kasernenlieder, die er gern zum besten gibt. Mehr aus Freundlichkeit als aus Geschäftseifer überläßt er den Spaniern einen kleinen, hinter dem Gästezimmer und der Theke gelegenen Saal. Picasso dekoriert ihn mit einer im leichten Blauton gehaltenen *Versuchung des hl. Antonius* und einem Porträt Sabartès', während Pichot den Lenkballon von Santos-Dumont bei der Umsegelung des Eiffelturms als Motiv wählt. Wenn die Freunde nachts beim Schein der Gaslampen vor ihrem Glas Bier plaudern, fühlen sie sich in Gedanken in den »Els 4 Gats« oder in ein anderes Lokal des »Bario Chino« zurückversetzt. Einige sagen Gedichte auf, andere spielen Gitarre, singen Volkslieder oder äffen die Sänger des »Cante jondo« nach. Gelegentlich erheben sich Entsetzensschreie im Gästezimmer: Die Apachen sind handgemein geworden, es fallen Schüsse. Die Spanier warten ängstlich auf die Ankunft der Polizei, aber Frédé tritt mit einer Ladung Bierflaschen in den Raum: »Macht euch nichts draus, Kinder!« ruft er. »So etwas kommt nicht alle Tage vor. Regt euch nicht auf. Trinkt lieber ein Gläschen Bier!«

Um die Weihnachtszeit wird Picasso von einer verzehrenden Sehnsucht nach Barcelona heimgesucht; und sobald sein Vater ihm die Fahrkarte schickt, kehrt er brav in den Schoß der Familie zurück.

Das Fazit dieser zweiten Pariser Reise ist bescheiden. Obschon die Ausstellung bei Vollard dem Künstler die Aufmerksamkeit einiger Kunstkritiker sowie eine treue Freundschaft einbrachte, ist die finanzielle Ausbeute dürftig. Daran ist vor allem die Tatsache schuld, daß sich Picasso mit Manyac überworfen hat, dessen Krämermentalität ihm überaus mißfällt. Der Makler zeigt Ungeduld, wenn Picasso für seinen Geschmack nicht schnell genug arbeitet. Außerdem bemängelte er Picassos neuen Stil, den Stil der »blauen Periode«, für den die Kunstsammler nicht viel übrig haben. Nach Manyacs Meinung hat Picasso ihm einen unfairen Streich gespielt, als er sich plötzlich einer neuen Malart zuwandte.

Am Vorabend der Abreise bringt Picasso ein Selbstbildnis zu Papier. Mit seinem mächtigen Schnurrbart und der das Gesicht umrahmenden Fraise wirkt er niedergeschlagen und krank: Es ist das Porträt eines Besiegten! Aber die wenigen Monate, die er mit den Seinen verbringt, wecken die unglaublichen Kräfte, die in ihm schlummern, und er malt in einer Art Entrückung die ergreifendsten Werke der »blauen Periode«. Die farbenprächtigen, etwas dick aufgetragenen, leicht vulgären Schöpfungen, die er während seines Pariser Aufenthalts im Fahrwasser Toulouse-Lautrecs produzierte, bleiben ohne Nachfolge. Von nun an beherrschen die verzweifelten Elendsgestalten der »blauen Periode« alle seine Arbeiten.

Im Atelier in der Calle Conde de Asolto, das er mit seinen Kameraden Angel de Soto und Roquerol teilt, arbeitet er von morgens bis abends, ja, er bemalt sogar die Wände, wenn ihm Leinwand und Papier ausgehen: Es ist die Zeit der *Buveuse assoupie, der Etreinte (Umarmung)*, die in pathetisch sinnlicher Form die Umarmung zweier Liebenden darstellt. Da ihm die Eltern Verpflegung und Unterkunft gewähren, braucht er sich lediglich ein wenig Taschengeld durch Werbezeichnungen und Plakate dazuzuverdienen. Es ist das einzige Mal im Leben, daß er um des lieben Geldes willen subalterne Arbeiten übernimmt. Später in Paris verweigert er trotz bitterer Armut seine Mitarbeit bei der »Assiette au beurre«, die ihm van Dongen vorschlägt.

Obschon ihm nun alle größeren materiellen Sorgen erspart bleiben, gelingt es ihm nicht, die Melancholie zu verscheuchen, die ihn während seiner Pariser Aufenthalte befiel. Um sich über seine Angstgefühle hinwegzutäuschen, sucht er mit seinen Freunden Nachtlokale und Absteigequartiere auf. Die Schnelligkeit, mit der Niedergeschlagenheit und Ausgelassenheit bei ihm wechseln, verwirrt seine Freunde. Zur gleichen Zeit verliebt er sich in eine Art Strip-tease-Künstlerin, die »schöne Chelito«, die im »Eden« die Zuschauer in Erregung versetzt, indem sie sich auf der Bühne entkleidet. Das Bild dieses Mädchens verfolgt ihn Tag und Nacht; er führt, um sich abzureagieren, eine Reihe von Zeichnungen aus, die sie nackt in allen nur erdenklichen Posen zeigen. Wie sehr er von ihr verzaubert war, läßt sich daraus ermessen, daß er Fotos dieser Künstlerin ständig aufbewahrt.

Im Oktober kann er sich dem unwiderstehlichen Sog der französischen Hauptstadt nicht mehr entziehen, und er besteigt in Begleitung Sebastian Junyers den Zug. Er reist ohne Illusionen mit ein paar hundert Francs in der Tasche. Den beiden Ausstellungen, die Manyac bei Berthe Weill und Vollard mit den restlichen seiner Werke aus der Toulouse-Lautrec-Periode veranstaltet hatte, war kein Erfolg beschieden. Picasso weiß es. Sechs Monate lang wird er in Paris das Leben eines »peintre maudit« führen, wahrscheinlich unter schlimmeren Verhältnissen als van Gogh und Gauguin in ihrer schwärzesten Zeit. Aber in Barcelona ist für ihn an kein Weiterkommen mehr zu denken! Eine unüberbrückbare Kluft trennt ihn von den Künstlerkreisen der katalanischen Hauptstadt. Die Schwere der Krise, die er damals durchmacht, geht deutlich aus einem Brief hervor, den er an Max Jacob richtet: »Ich zeige meine Arbeiten den Freunden, den hiesigen Künstlern; aber sie finden, ich habe zu viel Seele und zu wenig Form: Es ist sonderbar, daß man sich mit solchen Leuten zwar unterhalten kann, aber sie schreiben schlechte Bücher und malen blöde Bilder.«

Nach seiner Ankunft in Paris steigt Picasso zunächst für ein paar Tage im »Hôtel des Ecoles«, Rue Champollion, im »Quartier Latin«, dem Studentenviertel, ab. Die Pension ist ihm jedoch zu teuer, und um zu sparen, bezieht er mit dem katalanischen Bildhauer Sisket eine winzige Dachstube im »Hôtel du Maroc«, Rue de Seine. Max Jacob, der ihn in dieser Behausung besucht, hat uns eine ergreifende Schilderung seines Notstandes hinterlassen; die Kälte, die in der Dachkammer herrscht, ist so grimmig, daß sich die beiden Männer im Bett unter einer dicken Schicht herrlicher Zeichnungen verkriechen: »Ich war damals Hauslehrer«, erzählt Jacob, »und ich besuchte Picasso in Begleitung meines Schülers. Ich möchte annehmen, daß das geschniegelte Herrchen sich sein ganzes Leben lang an diesen Anblick von Elend und Genie erinnern wird!«

Max Jacob kann nicht länger mit ansehen, wie sein Freund immer mehr dem Lebensstil eines »Clochards« verfällt und als einzige Nahrung eine Tüte Pommes frites zu sich nimmt: Er faßt einen heroischen Entschluß und sucht seinen Onkel Gimpel, den Reichen der Familie und Besitzer des großen Basars »Paris-France« am Boulevard Voltaire, auf und bittet ihn um eine Anstellung. Onkel Gimpel, der sich über die Fähigkeiten seines Neffen keinerlei Illusionen hingibt, vertraut ihm schließlich den Posten eines Hausmeisters an, obschon er kaum die nötigen Voraussetzungen mitbringt. Max, trunken von soviel Glück, holt Picasso in einem Fiaker ab, in den er kunterbunt Gemälde, Koffer, Badekübel und Petroleumlampe wirft. Zuvor hat er im »Hôtel Meublé« am Boulevard Voltaire, genau gegenüber dem Basar »Paris-France«, ein Zimmer gemietet. Das Bett ist so schmal, daß es auf keinen Fall beide Männer aufnehmen kann, aber das schadet nichts, denn Picasso malt nachts beim Schein der Petroleumlampe, während Max schläft. Wenn dieser um sechs Uhr morgens aufgestanden ist, um die Geschäftsräume auszufegen, kriecht der Spanier ins warme Nest. Die beiden Freunde haben nie den ersten Zahltag vergessen, an dem Max Jacob stolz mit einer Ladung Würstchen und Käse in die Wohnung trat. Leider waren die Würstchen verfault und der Camembert viel zu reif.

Kälte, Not und Einsamkeit setzten Picasso moralisch zu: Vielleicht dachte er an den Tod, als er Max Jacob über das Balkongeländer des Hotelzimmers gebeugt sah: »Schlag dir solche Gedanken aus dem Kopf!« sagte er bitter, indem er ihn am Arm zurückhielt. Als Max im Frühjahr 1903 wegen Unfähigkeit gekündigt wurde – er hatte eine Büchse Knöpfe in das Klosettbecken geworfen –, sah Picasso keine andere Lösung, als wieder einmal als »reumütiger Sünder« nach Barcelona zurückzukehren. Er suchte verzweifelt, für die Summe von zweihundert Francs alle seine Gemälde und Aquarelle an den Mann zu bringen. Aber Vollard wies ihn ab. Max Jacob, der ihm ein Bild der »blauen Periode« zum Kauf anbot, rief er verächtlich zu: »Ihr Freund hat den Verstand verloren!« Picasso warf eines Tages, um sich am Ofen ein wenig wärmen zu können, ein paar Mappen mit Zeichnungen ins Feuer. Schließlich ließ sich Madame Besnard, die Frau eines Farbenhändlers, von seiner *Maternité au bord de la mer* bestechen und erwarb sie für ganze sechzig Francs, ungefähr der Preis der Fahrkarte nach Barcelona. Picasso wollte seine Arbeiten nicht auf die Reise mitnehmen, sondern schnürte sie zu einer großen Rolle zusammen, die er Pichot anvertraute. Dieser legte sie oben auf seinen Schrank . . . und vergaß sie: »Wäre sie abhanden gekommen, so wäre jede Spur meiner blauen Periode verschwunden; denn alles, was ich bis dahin gemalt hatte, befand sich in dieser Rolle!« erzählte der Künstler später Marie Cuttoli.

Zum Abschied überreichte Picasso seinem Leidensgenossen ein Heft mit humoristischen Zeichnungen, die in der Art von Comic strips Leben und Aufstieg Max Jacobs schildern. Unter anderem sieht man den berühmt und reich gewordenen Dichter, der einen Verleger für seine Sache gewonnen hat, im Wagen, die Stirn mit einem Lorbeerkranz geschmückt, dem »Arc de Triomphe« entgegenbrausen. In Wirklichkeit suchte Max Jacob nach der Abreise Picassos nicht die Avenue des Champs-Elysées auf, sondern flüchtete sich Boulevard Barbès in die Behausung seines Bruders, des Schneiders. Er hatte den Entschluß gefaßt, von nun an nur noch von seiner Feder zu leben, und schrieb Erzählungen für Kinder. *Le Roi Kaboul*, *Le Journal de Jean-Pierre*, *Le Géant du Soleil* brachten ihm je dreißig Francs ein, so daß er, wie sein Freund es ihm geraten hatte, als Dichter von Brot und Wasser leben konnte.

Noch einmal wirkt der Zauber von Barcelona, aber die

Zeit der Entspannung ist für Picasso wie die Ruhe vor der Schlacht: Trotz seiner verheerenden Erlebnisse denkt er nur noch an die Rückkehr nach Paris. In seinen Briefen an Max Jacob trauert er sogar den Eierkuchen, gekochten Bohnen und dem Brie-Käse nach! Der Künstler fühlt, daß er für Paris geschaffen ist, ganz gleich, ob ihn dort Not und Armut erwarten! Die in Barcelona verbrachten Monate haben ihn gleichsam mit einer ungeheuren Energie aufgeladen, die er zur Ausführung einer Reihe inzwischen berühmt gewordener Gemälde verwendet: *La Vie*, in dem wieder das tragische Gesicht Casagemas' auftaucht, *La Célestine*, eine entsetzenerregende, einäugige Bettlerin, *Les Pauvres au bord de la Mer*, *Le Repas de l'Aveugle*, *L'Ascète* ... Sabartès stellt mit Verwunderung fest, daß Picasso in einem Zustand der Entrückung arbeitet: »Er ist so gesammelt und in stille Betrachtung vertieft, daß jeder, der irgendwie mit ihm in Berührung kommt, die Situation versteht und schweigt. Das ferne Gemurmel der Stadt dringt gedämpft in seine Künstlerwerkstätte und bildet eine Art Geräuschkulisse, während im Atelier der Stuhl knarrt, den er im schöpferischen Fieber hin und her rückt. Man vernimmt deutlich das Streichen des Pinsels über die Leinwand.«

Trotz seiner Armut wird Picasso paradoxerweise zum ersten Mal ein Modenarr und erlebt damit eine der zahlreichen Verwandlungen, mit denen spaßhafte Gemüter seine verschiedenen Schaffensperioden in Zusammenhang bringen wollen. Ein Schneider, namens Soler, der als Bilderliebhaber Picassos Arbeiten in Zahlung nimmt – ein Bild stellt ihn mit seiner Familie beim Picknick im Grase dar –, verfertigt dem Künstler einen an Balzac gemahnenden wallenden Überrock und farbenfreudige Westen, die ihm mancherlei Erfolg in den Nachtlokalen von Paralelo einbringen. Picasso treibt das Raffinement so weit, daß er sogar die Farbe seiner Unterhosen auf die seiner Socken abstimmt ...

In einem Augenblick fröhlichen Übermuts dekoriert er die Wohnung seines Freundes Sabartès, den er als einen gehenkten Mauren darstellt, unter dem sich Liebende tummeln. Ein

Ochsenauge wird im Handumdrehen in ein Menschenauge verwandelt. Darunter schreibt er folgenden Satz, der bereits den Surrealismus ankündigt: »Obschon meine Barthaare von mir getrennt sind, sind sie doch Götter wie ich.«

Im April besteigt er mit dreihundert Francs in der Tasche, die ihm der Verkauf einiger Bilder eingebracht hat, in Begleitung Junyers wieder einmal den Zug: diesmal soll es ein endgültiger Abschied von Barcelona sein. Er wird die Stadt nur noch als Reisender, ja eigentlich nur noch als Tourist, betreten: »Ich sprang regelrecht aus dem Fenster!« meint er, wenn er von dieser Abreise spricht.

Damit ist der erste Abschnitt seines Lebens beendet, der das preisgekrönte Wunderkind aus Malaga zu einem »peintre maudit«, einem »ausgestoßenen Künstler«, stempelte. Durch Paris und Frankreich sollte er jedoch bald zum Rang eines allgemein bewunderten Künstlers aufrücken, dessen nie versiegendes Genie hoch über seiner Zeit schwebt. So sollte die erstaunliche Prophetie in Erfüllung gehen, die er am Vorabend seiner ersten Pariser Reise in Form einer Aureole um sein Bildnis schrieb: »Yo el Rey, yo el Rey!« – »Ich bin der König!«

3

Die schöne Fernande

Als Fernande zum ersten Mal in Picassos Künstlerwerkstätte trat, fiel ihr Auge auf die deprimierenden Werke der »blauen Periode«; sie sah *La Repasseuse, La Femme à la Corneille* und *L'Estropié (Der Krüppel)*, die der Künstler gleich nach seiner Ankunft in Paris ausgeführt hatte. Anekdotensammler wird es interessieren, daß zur *Femme à la Corneille* Margot, Frédés Tochter, Modell gestanden hatte; Frédé war damals seit kurzem der Inhaber des »Lapin Agile«; seine Tochter Margot sollte später Mac Orlan heiraten. Was den *L'Estropié* betrifft, so wurde er, als Picasso wieder einmal kein Geld zum Kauf neuer Leinwand hatte, übermalt und durch den *Gaukler mit der Narrenmütze* ersetzt.

Fernande erzählt in ihren *Erinnerungen*, daß ihr ganz besonders eine Gravüre auffiel, die Picasso soeben auf eine Zinkplatte gestochen hatte. Sie trug den Titel *Le Repas frugal (Das karge Mahl)* und stellte ein verzweifeltes Paar an einem ärmlich gedeckten Tisch dar. Sie spielt in der modernen Malerei dieselbe Rolle wie Rembrandts *Hundertguldenblatt.* Bis dahin hatte Picasso nur einen Kupferstich von Visitenkartengröße gestochen, der einen berittenen Stierkämpfer darstellte. Da er nicht wußte, daß der Abdruck ein umgekehrtes Bild liefert, war er überaus verwundert, daß sein »Picador« den Spieß in der linken Hand hielt. Er zog sich geschickt aus der Affäre, indem er seinen Stierkämpfer *El Zurdo*, den Linkshänder, nannte.

Die Idee, sich auf Stiche zu verlegen, war ihm beim Besuch der Druckerei Delatres gekommen. Er hatte auf einem Umbruchtisch eine Zinkplatte liegen sehen, auf die ein Graveur eine Landschaft skizziert hatte. Der Drucker, den er über seine Absicht unterrichtete, selbst Kupferstiche anzufertigen, überließ ihm die Platte zu einem Versuch, und sein

Freund Canals gab ihm ein paar technische Anweisungen. So war *Das karge Mahl* entstanden, auf das dreizehn weitere Stiche folgten. Picasso fand seine ersten Versuche zufriedenstellend; da er aber anderen Plänen nachging, ließ er die Platten in einer Ecke seines Ateliers liegen, wo sie Vollard eines Tages entdeckte und kaufte, um sie herauszugeben.

Le Repas frugal, *L'Estropié* und *La Femme à la Corneille* paßten ausgezeichnet zur elenden Einrichtung des Ateliers. Kahnweiler, Gertrude Stein, Roland Dorgelès, André Salmon, Fernande und viele andere haben es in Worten beschrieben, die ihrer Bestürzung Ausdruck geben. Die Behausung setzte sich aus einem Vorraum, einem winzigen Zimmer, das ein Diwan beinahe vollständig einnahm, und aus einem ziemlich großen Atelier zusammen, dessen graue Wände an den Stellen, an denen der Putz abbröckelte, wie vom Aussatz zerfressen schienen. Kaltes Licht fiel durch die blaugetünchten Scheiben, die die Grelle des Tages ein wenig dämpfen sollten. An der Wand hing nur eine Geldtabelle, die Paco Durio, der vorige Mieter, aus Hohn dort hatte hängen lassen.

Im Atelier herrschte ein unbeschreibliches Durcheinander; Leinwand und Holzrahmen waren an den Mauern und sogar auf dem Bett aufgestapelt, aus den aufgeplatzten Zeichenmappen fielen kunterbunt mit blauer Tinte ausgeführte Zeichnungen und Aquarelle, auf dem Boden lagen Zigarettenstummel und zertretene Farbtuben. Die Einrichtung bestand im wesentlichen aus einem rustikalen, wackligen Stuhl, an dem die Hündin Frika, eine etwas groß geratene Kreuzung zwischen einem Polizeihund und einem bretonischen Spaniel, angebunden war, aus einem einbeinigen Tisch aus schwarzem Holz im Stil Napoleons III., der zugleich als Waschtisch und als Eßtisch diente, und in dessen Schublade der Künstler eine weiße Maus beherbergte. Sie verbreitete im Raum einen süßlichen Moschusgeruch, der den widerlichen Gestank der Hündin und des Terpentins in etwa neutralisierte. Ferner standen in der Künstlerwerkstätte ein mit granatfarbenem Rips bezogener Diwan, ein schwarzer Koffer, der als Sitzbank diente, ein verrosteter Ofen, der seine kalte Asche rundherum auf den Boden gespien hatte. Zu diesem Mobiliar – wenn man das Wort gebrauchen will – kamen mehrere Staffeleien und eine Batterie von alten Konservenbüchsen, in denen Pinsel weichten. Eine große Petroleumlampe sorgte am Abend für Beleuchtung. Picasso benutzte als Ergänzung eine Kerze, die er beim Malen vor seiner Leinwand hin und her schob, um die Einzelheiten besser zu erkennen. Es ist verwunderlich, daß er unter so elenden Lichtverhältnissen malen konnte, aber die Beleuchtung stellte ihm sein ganzes Leben lang kaum irgendwelche Probleme. Als er zu Geld gekommen war, ersetzte er lediglich die Petroleumlampe durch eine helle Glühbirne und ein paar ganz gewöhnliche Scheinwerfer.

Die Beschreibung, die uns Kahnweiler und Fernande von Picassos Atelier hinterlassen haben, stimmen in einem Punkt überein: »Es war entsetzlich!« Dies erklärte der Bilderhändler fünfzig Jahre später. Und um so entsetzlicher, als im Winter der eisige Wind durch die Fensterritzen und Türspalten pfiff, während im Sommer die Temperatur der Bleikammern von Venedig herrschte. Wenn es sehr heiß war, pflegte Picasso die Tür zum Hausflur weit zu öffnen und im Luftzug zu arbeiten. Die anderen Mieter konnten ihn dann nackt vor seiner Staffelei sehen; ein um die Lenden gebundener Schal diente ihm als Schurzfell. Er war auf seine ausgeprägte Muskulatur und seine schmalen Fesseln stolz, die ihm gelegentlich die Anerkennung der Damenwelt eintrugen. Offenbar waren ihm die weiblichen Komplimente etwas in den Kopf gestiegen, denn in einem Sommer beschloß er, Boxer zu werden und sich im Ring als der starke Mann von Montmartre hervorzutun. Doch belehrten ihn einige Runden mit Derain, der ihn grün und blau schlug, eines Besseren: Er sah ein, daß er für Hiebe nicht geschaffen war, und hängte den noblen Sport an den Nagel.

Das hoffnungslose Elend machte auf Fernande, eine skeptische und sinnliche Frau, die man für eine echte Haremsblüte halten konnte, keinerlei Eindruck. Die überschwengliche Sinnlichkeit Picassos – die sich erst mit seiner Operation im Jahre 1966 legen sollte – genügte ihr vollauf. Beide erleben die große Liebe. Nach unzähligen sexuellen Abenteuern werden sie von einer verzehrenden Leidenschaft füreinander hingerissen.

Fernande – mit ihrem ganzen Namen Fernande Bellevallée – entstammte einer bescheidenen Handwerkerfamilie, die es zu einem kleinen Herstellungsbetrieb von künstlichen Blumen und Federn gebracht hatte; ein gewisses Verständnis für Kunst und Malerei gehörte zur Familientradition; ein Onkel führte Fernande als Kind in den Louvre und erklärte ihr die Kunstwerke; nur von der *Quelle* von Ingres befahl er ihr, schamhaft die Augen zu senken. Als Vorstadtpflanze wurde sie jedoch bald aufgeklärt und heiratete siebzehnjährig einen viel älteren Bildhauer, der kurz darauf in einem Irrenhaus interniert werden mußte und ihr nichts als seinen Namen hinterließ. Befreundete Künstler nahmen sich ihrer an, und sie betätigte sich – wie so viele andere hübsche Mädchen – als Modell in der Künstlerkolonie von Montmartre. Damals gehörte es zu den Aufgaben eines Modells, den Künstlern nicht nur bei der Arbeit, sondern auch bei der Ruhe behilflich zu sein. So wurde sie die Geliebte von Othon Friesz und Dufy, die sie in die Kreise der Unabhängigen einführten, ihr die Impressionisten im Luxembourg zeigten und sie in die Gemäldegalerien begleiteten. Die beiden Fauvisten aus Le Havre machten sie mit den Zielen und Arbeiten der Avantgardisten vertraut. Fernande verstand, was man ihr erklärte, sie war geistig aufnahmefähig und hatte sich durch Unterhaltung und Lektüre eine Bildung angeeignet, die sie weit über die gewöhnlichen Künstleregerien von Montmartre hob. Erwähnung verdient ihr angeborenes Sprachgefühl: Ihr Französisch war von einer gefälligen Einfachheit; sie drückte sich gewählt aus und würzte ihre Rede mit ein paar Argotausdrücken der Vorstadt.

Ihre intuitive Sprachkenntnis sollte später ihre Existenzbasis werden. Nach ihrer Trennung von Picasso gab sie

Fremden Französischstunden und sicherte sich damit ihr langes Leben hindurch den Unterhalt. Ihre Umgangsformen waren von natürlicher Vornehmheit. Max Jacob pflegte sie aus Spott mit einem Handkuß zu begrüßen. Sie ging dann auf den Scherz ein und führte sich ganz wie eine Dame von Welt auf. Fernande war ein überaus fröhliches Geschöpf! Zu ihren weiteren Vorzügen zählte ihre zeichnerische Begabung. Picasso, der ihre Zeichnungen (wie alles, was ihm in die Hände kam) aufbewahrte, meinte, als er sie fünfzig Jahre später zeigte: »Sie sind hervorragend. Sie könnten von Marie Laurencin sein; nur sind sie derber, nicht so süßlich . . .« Das war aus seinem Munde ein Lob.

Schon bei der ersten Begegnung lodert zwischen beiden die Flamme der Leidenschaft auf; Fernande läßt Picassos anbetende Liebe über sich ergehen. Picasso ist stolz, endlich eine »offizielle« Mätresse zu besitzen, und hütet seine Liebe aus Eifersucht – er wird sein ganzes Leben lang eine spanische Eifersucht an den Tag legen – und aus Schamgefühl. Den Freunden, die ihm zu seiner Errungenschaft ironisch gratulieren, sagte er: »Ja, sie ist sehr schön, aber sie ist halt alt.« Dabei war Fernande nur ein paar Monate älter als der Künstler.

Ihr zu Ehren richtet er eine Art Kult ein, dem zugleich etwas Kindisches und Rührendes anhaftet. Die Kammer vor seiner Arbeitswerkstätte wird geleert und in einen Liebestempel für Fernande umgebaut. Auf einem mit einem roten Behang verzierten Stuhl ruhen die Reliquien seiner Liebe; die Bluse, die Fernande am gewittrigen Abend ihrer Begegnung trug, eine Federzeichnung aus der Zeit ihrer jungen Liebschaft, eine dunkelrote Papierrose und zwei Vasen, die sie bei einer Verlosung auf dem Jahrmarkt am Boulevard de Clichy gewann. Wenn er die Kammer Freunden zeigt, meint er, indem er sich ein wenig über sich selbst lustig macht: »Das ist meine Trauerkapelle!«

Fernande hat allen Grund, guter Dinge zu sein; ihr Geliebter besorgte den Haushalt, erledigte alle Einkäufe in der Stadt – vor allem, um zu verhindern, daß sie ihren früheren

Verehrern begegnet –, räumt auf (wenn man sich so ausdrükken darf) und liebt seine Mätresse mit einem Überschwang, der sie in den Zustand glücklicher Müdigkeit versetzt. Sie verbringt ihre Tage auf dem Diwan, raucht türkische Zigaretten und liest Romane aus der städtischen Leihbibliothek. In ihrer Lektüre ist sie nicht wählerisch und vertieft sich genauso gern in Anatole France wie in amerikanische Comic strips. So verstreicht die Zeit in schläfrigem Sinnentaumel.

Sobald Picasso anfängt, Geld zu verdienen, legt sie eine verzehrende Leidenschaft für Kleider, Flitterkram und Parfums an den Tag. Ihre Eleganz versetzt das ärmliche Vorstadtvolk in Erregung; eines Tages ruft sie einen Sturm der Entrüstung hervor, als sie die hundert Francs, die Picasso ihr für die Bedürfnisse des Haushalts anvertraut, für eine Flasche Parfum namens *Fumée* ausgibt. Gertrude Stein gibt vor, an so viel Leichtsinn Anstoß zu nehmen, und behauptet, die lieblich schillernde, rauchfarbene Flüssigkeit habe so gut wie nach nichts gerochen. Sie meint, Fernande sei ein Tollkopf, mit dem man sich nur über drei Themen unterhalten könne: über Kleider, Pelzmäntel und Parfums. Sie fügt, um ihr Urteil etwas abzumildern, einen vierten, völlig unerwarteten Gesprächsstoff hinzu, Rassehunde. Fernande, die mit den Straßenkötern und Wald- und Wiesenkreuzungen lebte, die Picasso in der Gosse auflas, hatte sich durch Bücher erstaunliche Kenntnisse über die Hunderassen verschafft, denen bessere Leute den Vorzug gaben ... Als Picasso zu Wohlstand gekommen war, nahm sie ihren ganzen Hundestall zweimal die Woche ins Kino in der Rue de Douai mit. Die ersten Melodramen hatten es ihr angetan, und sie verehrte mit beinahe mystischer Hingabe die bleichen »Vamps«, die »in extremis« aus den schrecklichsten Lagen gerettet wurden: »Am nächsten Tage lächelte sie«, hieß es in einem damaligen Erfolgsschlager.

Das Liebesbarometer des Paares zeigte nicht immer »Schönwetter« an, es kam zu Unstimmigkeiten, Schmollereien, Wiederversöhnungen. In der *Autobiographie d'Alice B. Toklas* erzählt Gertrude Stein, daß Fernande 1909 nach einem Streit auf und davon gegangen sei und sich ganz oben in Montmartre ein kleines Zimmer gemietet hätte; sie ernährte sich ziemlich kümmerlich, indem sie ausländischen Malschülern Französischstunden gab. Eines Tages sah sie sich gezwungen, das goldene Ohrgehänge aufs Leihamt zu tragen, das ihr Picasso mit einer von Vollard vorgestreckten Summe Geldes einmal gekauft hatte. Als praktische Frau erkannte Fernande, daß die Stunde der Wiederversöhnung sich nicht mehr aufschieben ließ, und sie kehrte reumütig ins »Bateau-Lavoir« zurück. Um das Ereignis gebührlich zu feiern, nahm Picasso sie nach Spanien mit, wo sie den Sommer in Horta de Ebro verbrachten. Dieser Sommer sollte für Picassos Schaffen von ausschlaggebender Bedeutung sein, denn im Auftrieb der wiedergefundenen Liebesleidenschaft malte er seine ersten wirklich kubistischen Bilder: *Les maisons de Horta (Häuser auf dem Hügel).*

In die Geschichte dieser Liebschaft fiel auch eine unbegreifliche und ziemlich dunkle Episode, die man gern als Erfindung abtäte, wenn André Salmon und Max Jacob sie nicht in allen Einzelheiten geschildert hätten. Fernande erklärte plötzlich (war es aus Langeweile, war es, um ein engeres Band mit dem Geliebten zu schaffen?), daß sie ein kleines Mädchen an Kindes Statt annehmen wollte; dieser leichtfertige Wunsch findet wohl in der Tatsache seine Erklärung, daß sie keine Kinder bekommen konnte. Wie dem auch sei, sie holte sich versuchsweise ein Kind aus dem Waisenhaus in der Rue Caulincourt. Picasso empfing die Kleine freundlich, Max Jacob kaufte ihr eine Puppe und André Salmon eine Tüte Bonbons. Ein paar Tage lang war die Waise die »letzte Attraktion« des »Bateau-Lavoir«. Dann aber hatte es Fernande über, Mutter zu spielen: »Ich bin nicht für die Mutterschaft gemacht«, erklärte sie kategorisch.

Max Jacob, dem alle mehr oder weniger ehrenwerten Aufträge zugeschoben wurden, sollte das Kind zu den »lieben Schwestern« zurückbringen. Der Auftritt, zu dem Jacobs Demarche Anlaß gab, ist eines Romans von Kafka würdig; Hubert Fabureau hat ihn uns in seiner Biographie des Dichters geschildert. Der Waisenhausangestellte, an den Max Jacob sich wendet, hält ihn für einen nichtswürdigen Vater, der sein Kind loswerden will: »Sie sind sich darüber im klaren«, sagt er, »daß Sie alle Rechte auf Ihr Kind verlieren; wenn Sie Ihr Kind unserer Fürsorge anvertrauen, verzichten Sie damit auf alle Ihre Vaterrechte. Wir übernehmen die alleinige Vormundschaft, und Sie können Ihr Kind niemals mehr wiederbekommen, was auch immer geschieht.« Bei diesen Worten bricht das Mädchen in Tränen aus; sie wirft die Arme um den Hals des Dichters und ruft, von einer glücklichen Intuition geleitet: »Papa Max, Papa Max, laß mich nicht allein!« Max ist in tiefster Seele erschüttert und nimmt davon Abstand, das Kind auftragsgemäß abzuliefern. Er führt es ins Restaurant und gibt, um seinen Kummer zu verscheuchen, sein ganzes Monatsgehalt für einen Schmaus aus. Am Abend sitzen sie dann alle beide und weinen, als sie an die unsichere Zukunft denken.

»Nimm mich zu dir!« jammert das Mädchen.

»Das ist unmöglich!«

»Wieso? Niemand holt mich, ich bin ein Findelkind.«

»Ich auch« erwidert der Dichter, »ich bin auch ein Findelkind.«

Schließlich findet sich eine weichherzige »Concierge«, die sich der Waise annimmt. Wer weiß? Vielleicht erinnert sich heute noch im Schatten von Sacré-Cœur eine alte Dame wehmütig dieser Geschehnisse ...

Das »Bateau-Lavoir«, in dem sich diese stürmische Liebschaft abspielte, war eine baufällige Baracke, die seit Jahrzehnten als Künstlerkarawanserei diente. Gauguin, Emile Bernard, Maufra hatten dort mehr oder weniger lang Unterkunft gefunden. Man behauptete, das Haus habe früher einmal eine Anarchistenbande beherbergt.

Als Picasso das Gemäuer bewohnte, hieß es noch nicht »Bateau-Lavoir«, sondern »Maison du Trappeur«, eine Bezeichnung, die der Wirklichkeit besser gerecht wurde, denn die einzelnen Künstlerwerkstätten waren lediglich durch Holzwände voneinander getrennt, die jeden Schmerzensschrei und jeden Wonneseufzer durchließen und ein Privatleben im eigentlichen Sinne unmöglich machten. Die niedrige, zum Platz hingewendete Fassade des Gebäudes veranlaßte die Dichter unter Picassos Freunden, es in »Bateau-Lavoir« (»Waschschiff«) umzutaufen. Das Bauwerk fiel dadurch auf, daß je nach der Seite, von der aus man es betrachtete, der Speicher im Erdgeschoß und das Erdgeschoß im vierten Kellergeschoß gelegen war, denn es stand an der steilsten Stelle des Hanges. Der Eingang zum Place Ravignan führte direkt ins vierte Stockwerk. Picassos Atelier lag unter dem Erdgeschoß, das heißt im dritten Stockwerk zum Hof. Die kuriose Topographie des Baues verwirrte besonders die Besucher. Aber auch die Mieter fanden sich oft nur schwer im »Bateau-Lavoir« zurecht, wenn sie auf ihrem nächtlichen Heimweg in den zahlreichen Bistros, die die steile Straße beherbergte, zu häufig Stärkung gesucht hatten; und es kam zu heftigen Auseinandersetzungen mit Nachbarn, die späte Heimkehrer aus dem Schlummer oder aus ihren Umarmungen rissen. Hohe Schächte durchliefen senkrecht das Haus, ohne daß jemals ein Mensch hätte sagen können, welchem Zweck sie dienten. Ein deutscher Mieter, der im Winter aufs Dach geklettert war, um den Schnee von seinem Atelierfenster zu fegen, fiel in einen solchen Schacht und stürzte in die Tiefe.

Ein weiteres Charakteristikum des »Bateau-Lavoir« war, daß der Hauswart, Madame Coudray, im Nebengebäude wohnte und das Treiben im Künstlerhaus nur theoretisch und von weitem überwachte. Van Dongen, der eine Zeitlang in einem Atelier unweit der Eingangstür logierte, wurde ständig von Besuchern gestört, die nach irgendeinem Mieter fragten. Madame Coudray war eine brave Frau; sie empfand eine lebhafte Sympathie für Picasso, der ihr manchmal die Gänge fegen half. Von ihrer Pförtnerloge aus überwachte sie den Zugang zum »Bateau-Lavoir«; sobald sie in einem Besucher einen Bilderhändler oder Kunstsammler vermutete, stürzte sie an Picassos Ateliertür, klopfte und rief: »Herr Picasso, Herr Picasso, rasch aufstehen! Da kommt ein ernster Kunde!« Und nur selten irrte sie sich. Der Maler stand dann mit Windeseile auf, schlüpfte in seine Kleidung, während sich Fernande in der Rumpelkammer versteckte.

Als Picasso bei seinen ersten Pariser Reisen Paco Durio in eben demselben Atelier besuchte, ahnte er nicht, daß man dort in einem Gemeinschaftshause lebte. Er konnte sich davon jedoch nach seinem Einzug rasch überzeugen; irgendein Privatleben war im »Bateau-Lavoir« unmöglich; die Mieter statteten sich ohne Unterlaß gegenseitig Besuche ab, borgten sich Gegenstände oder Lebensmittel aus. Der erste Nachbar, mit dem Picasso Freundschaft schloß – eine von jenen Freundschaften, die ein ganzes Leben dauern –, war ein rothaariger, schalkhaft blickender Holländer, Van Dongen, der ein Atelier nahe der Eingangstüre bewohnte.

Van Dongen, der ein paar Jahre älter als Picasso war, konnte mit Recht für einen eingefleischten Pariser gelten: 1897 hatte er an einer Sonderfahrt zu den Feierlichkeiten des 14. Juli in der Seine-Metropole zu ermäßigtem Fahrpreis teilgenommen; die Stadt gefiel ihm so gut, daß er nicht mehr nach Hause zurückkehrte. Nachdem er eine Weile vom Erlös seiner Rückfahrkarte gelebt hatte, führte er ein Vagabundendasein und übte alle nur erdenklichen Berufe aus: Lastträger in den Markthallen, Gepäckträger, Ringkämpfer auf Jahrmärkten, Anstreicher, Zeichner auf Caféterrassen, Zeitungsausträger. Anfangs nahm ihn sein Landsmann Ten Cate in seiner Bude am Stadtrand auf, dann verbrachte er einige Zeit mit den Zigeunern an der Porte der Saint-Ouen. Einige erinnern sich, ihn auf einer Bank auf dem Square Saint-Pierre schlafen gesehen zu haben. 1901 war er nach Holland zurückgekehrt (wie Picasso nach Barcelona), um in der Heimat neue Kräfte zu schöpfen; er kam jedoch bald in Begleitung einer jungen Frau, Guss, nach Paris zurück, deren Bekanntschaft er in der Kunstakademie von Rotterdam gemacht hatte; es stellte sie dem etwas verwunderten Fernand Gregh mit den Worten vor: »Da haben Sie meine Frau, meine Mätresse, meine Konkubine, meinen Betthasen, ganz wie es Ihnen beliebt!«

Das Paar, das bald durch Dolly Zuwachs erhalten sollte, richtete sich 1905 im »Bateau-Lavoir« ein und führte dort ein merkwürdiges Familienleben im winzigen Atelier, in dem das Schlafsofa, die Nähmaschine, die Babywiege der Staffelei den Platz strittig machten. Van Dongen malte, in die Fensternische gezwängt, Akte nach im »Rat Mort« rekrutierten Modellen, die ihre Silhouette auf dem Ehebett darboten. Er war ein Koloß, der durch seine Aufmachung gelegentlich selbst die Maler von Montmartre in Erstaunen setzte, die alles andere als Konformisten waren. Er trug Seemannshosen, einen blauen Sweater und einen Südwester; an seine nackten Füße hatte er Mönchssandalen geschnallt.

Seine lässige Gestalt war in ganz Montmartre berühmt; die Krämer empfingen ihn mit fröhlichen Scherzen, wenn er mit seiner Einkaufstasche Besorgungen machte. Guss, eine ethische Vegetarierin, ernährte sich und ihre Familie ausschließlich von Spinat und Kochsalat, eine Diät, die Van Dongen aus wirtschaftlichen Erwägungen billigte. Und das um so mehr, als er sich gern einmal von den Tänzerinnen der »Moulin Rouge« zu etwas handfesteren Mahlzeiten einladen ließ. Da er meistens schlecht bei Kasse war, fand er es keineswegs unehrenhaft, gelegentlich von diesen Damen Geschenke anzunehmen.

Ein Kinderdasein im »Bateau-Lavoir« war eine Quelle von Unannehmlichkeiten und rührenden Erlebnissen. Da Van Dongen beschlossen hatte, aus seiner Tochter eine Akrobatin zu machen, unternahm er mit ihr die halsbrecherischsten Übungen. So ließ er sie zum Beispiel rund um seinen Kopf im Kreise wirbeln, indem er sie beim Fuß festhielt. Die Mieter versorgten Dolly mit Spielzeug und Naschereien; eines Tages veranstalteten sie sogar eine Umlage, um zur Pflege ihrer empfindlichen Haut eine Schachtel Körperpuder zu kaufen. Picasso, den Dolly »Tablo« nannte, verfertigte für sie aus einem mit Lumpen ausgestopften Strumpf Fernandes eine reichlich schreckenerregende Negerpuppe. Dieses jämmerliche Andenken an bittere Zeiten wurde unlängst bei einer Versteigerung zum Kauf angeboten.

Van Dongen sollte jedoch bald das Ende seines Elends erleben. Von allen Neuerern der Jahrhundertwende war er der erste, der der Sorgen um das tägliche Brot entledigt wurde; Picasso folgte ihm um ein weniges nach, während Matisse und die anderen Fauvisten noch lange zu kämpfen hatten. Van Dongen brachte nicht nur Zeichnungen in den Zeitschriften *L'Assiette au beurre* und *Frou-Frou* unter, die ihm für eine ganze Nummer bis achthundert Francs zahlten, sondern er stellte 1904 bei Vollard aus.

Die Fauvisten hatten ihn zum »Salon d'Automme« eingeladen. Berühmt wurde er jedoch nicht durch das köstliche Porträt der Anita, einer Zigeunerin, die er von Jahrmarkt zu Jahrmarkt verfolgte, ehe sie einwilligte, ihm Modell zu stehen, sondern durch ein Bildnis Fernandes, das sie nackt, mit einem schamhaft auf der Brust zusammengerafften Tuch zeigt. Sie stellte den Prototyp jener Frauen mit geschminkten Augen und sinnlichen Lippen dar, die später als seine »Hausmarke« galten und ihm Porträtaufträge aller Berühmtheiten seiner Zeit eintrugen, von den Dolly Sisters bis zur Gräfin von Noailles, von Mistinguett bis Brigitte Bardot. Wie alle »Unabhängigen« nach ihm, so verließ auch schon er, sobald er zu Geld gekommen war, das »Bateau-Lavoir«, um in der Rue Saulnier ein bequemeres Logis zu beziehen, das die erste Etappe auf dem Weg zu Berühmtheit und Reichtum sein sollte.

Juan Gris, der Van Dongens Künstlerwerkstätte im »Bateau-Lavoir« bezog, ließ die Räumlichkeiten verkommen, in denen Guss eine echt holländische Ordnung hatte walten lassen; bald sah es bei ihm noch schlimmer aus als in Picassos Elendsbude während seiner schwärzesten Zeit. Als er 1906, aus Madrid kommend, in Paris eintraf, hatte er ganze sechzehn Francs in der Tasche. Er war damals neunzehn Jahre alt! Da er von Picassos aufsteigendem Stern gehört hatte, begab er sich vom Bahnhof direkt in seine Wohnung. Er bewunderte den jungen Maler, von dem man in Madrider Künstlerkreisen sprach, und brachte ihn in Verlegenheit, indem er ihn bereits bei der ersten Begegnung mit »Meister« anredete. Es wäre Picasso niemals in den Sinn gekommen, daß ihn jemand mit dem Ehrentitel bedenken könnte, der den lächerlichen Bonzen der akademischen Kunst vorbehalten war. Picasso ließ sich niemals mit »Meister« anreden, wohl aber duldete er, daß ihn seine vertrauten Freunde »Maestro« nannten, da er den Doppelsinn des Wortes spaßig fand.

Nachdem er Juan Gris ironisch zurechtgewiesen hatte, redete er, um sich über ihn lustig zu machen, alle seine Freunde mit »Meister« an. Man mag sich die Frage stellen, ob diese naive Schmeichelei nicht der tiefe Grund für die Abneigung war, die Juan Gris Picasso einflößte und der er nach dem Krieg 1914/18 freien Lauf ließ. Zu Anfang, das muß gesagt werden, erwies sich Picasso als ein hilfsbereiter Kollege; er brachte Juan Gris in der Kammer seiner Atelierwohnung unter und hielt für ihn mittags und abends freien Tisch. Fernande, die dem charmanten jungen Mann zugetan war, schenkte ihm einen Serviettenring, um ihm zu zeigen, daß er zu den Tischgenossen gehörte. Solange sich Juan Gris mit der Ausführung humoristischer Zeichnungen für die Zeitschriften *Rire* und *L'Assiette au beurre* begnügte, blieben die Beziehungen zwischen ihm und Picasso herzlich; das änderte sich jedoch, als der junge Künstler, der an den Diskussionen um den beginnenden Kubismus teilgenommen hatte, in einem Stil zu malen begann, der mit dem synthetischen Kubismus Verwandtschaft aufwies. Picasso hielt mit seiner Kritik nicht zurück, was ihn jedoch nicht hinderte, sich Juan Gris gegenüber hilfreich zu zeigen: Er überredete Kahnweiler, mit seinem jungen Landsmann einen Vertrag abzuschließen, der ihn vor dem Hungertod rettete. Denn Gris, der es für unter seiner Würde hielt, Freunde um Darlehen zu bitten, hatte auf die spärliche Einnahmequelle seiner humoristischen Zeichnungen verzichtet. Selbstverständlich wollte niemand seine Gemälde kaufen.

Kahnweiler hat uns den schauerlichen Anblick des Ateliers geschildert, in welchem der Künstler damals hauste: Die

Tapeten bestanden nur noch aus einigen Papierfetzen, die Diwane zeigten ihre Federn, die Stühle ihr Stroh . . . Picasso pflegte zu behaupten, daß Juan Gris bei sich eine Wanzenart großzog, die sich von Eisen ernährte. Als er eines Tages an einer Rippenfellentzündung erkrankte und mehrere Wochen das Bett hüten mußte, spannten die Freunde ein Laken aus, um ihn vor dem herabfallenden Mauerputz zu schützen.

Wie vor ihm Van Dongen, so lebte auch Juan Gris mit einer Frau und einem Kind, das man mit Windeln ans Fensterkreuz hängte, um ihm ein wenig Frischluft zu verschaffen; denn das Paar war zu arm, um einen Kinderwagen zu kaufen. Man kann es der jungen Frau kaum verdenken, wenn sie, des unsäglichen Elends müde, kurz vor dem Ersten Weltkrieg Reißaus nahm.

Alle, die Juan Gris gekannt haben, wissen von seiner ungewöhnlichen Schönheit zu berichten: »Sein Haar«, schreibt Kahnweiler, »war von tiefbrauner Farbe, sein Teint olivgrün. Er verkörperte mehr den Kreolen als den Spanier, das heißt, er hatte das Äußere eines Mulatten. In seinem Gesicht traten vor allem die großen, braunen Augen und das bläuliche Weiß der Augäpfel in Erscheinung . . .« Man nannte ihn allgemein »Don Juan Gris«, denn alle Frauenherzen flogen ihm zu. Heiter, liebenswürdig, einschmeichelnd bei dem schönen Geschlecht, sollte er nach dem Kriege seine Glanzzeit erleben, als die argentinischen Tänze und der Tango in Mode kamen. Sein zärtliches Wesen hinderte ihn nicht an plötzlichen Zornausbrüchen, die ebenso schnell wieder gingen, wie sie gekommen waren, die aber auf ihre Opfer einen niederschmetternden Eindruck machten.

Ganz im Gegensatz zu Picasso hielt sich Juan Gris von der Montmartre-Boheme fern. Er bummelte niemals durch die Straßen seines Stadtviertels, und man kannte ihn nicht. Deshalb widerfuhr ihm eine üble Verwechslung. In der Tat, im Jahre 1912 hielten ihn schlecht informierte und wahrscheinlich kurzsichtige Kriminalisten für einen Banditen der Bonnot-Bande, der sich, wie man wußte, auf dem Montmartre versteckt hielt. Trotz seiner Erklärungen und Beteuerungen, trotz seines markanten spanischen Akzents führte man ihn mit Handfesseln zur Polizeiwache, um seine Papiere nachzuprüfen. Derain, der die Villa »Les Fusains« genau gegenüber der Polizeiwache bewohnte, eilte, als er das Geschrei hörte, hinzu; es gelang ihm mit Hilfe von Madame Coudray, den Künstler aus seiner mißlichen Lage zu befreien ...

Mac Orlan, Max Jacob, Modigliani, der Gitarrist Agero, der Kupferstecher Bing, André Salmon, der sich dort verheiratete, hausten alle zeitweilig im »Bateau-Lavoir«. Jacques Vaillant, ein großer, lautstarker Maler und Frauenheld, wohnte dort lange, viel zu lange; nachdem die anderen Mieter samt und sonders ausgezogen waren und den Weg zu Berühmtheit und Reichtum beschritten hatten, blieb er wie der Vertreter einer verschwundenen Gattung auf dem Montmartre zurück. Sein Fall war nicht alltäglich: Obschon er der traditionellen, akademischen Kunst frönte und im Salon ausstellte, war er der Vertraute der Umstürzler, über deren Werke er spottete. Aus dem Krieg zurückgekehrt, wo er sich wie ein Held aufgeführt hatte, fand er sich auf dem Montmartre allein unter den Figurativen. Als er etwas spät erkannte, daß es ihm an schöpferischer Kraft fehlte und sein Leben verpfuscht war, brachte er sich an einem grauen Januarmorgen des Jahres 1934 um, ohne auch nur den üblichen Brief an den Polizeikommissar zurückzulassen.

Durch ein sonderbares Zusammentreffen hatte sich der deutsche Maler Wigels, dem er 1908 im »Bateau-Lavoir« nachgefolgt war, unter ähnlichen Umständen das Leben genommen. Wigels war eine romantische, zweideutige Figur; als er, ganz von der Doktrin des Münchner Jugendstils durchdrungen, auf dem Montmartre ankam, glaubte er noch, die Impressionisten seien die Avantgarde der Malerei. Er war dreißig Jahre zu spät gekommen, was ihm die Bewohner des »Bateau-Lavoir« ironisch zu verstehen gaben. Die Werke der Fauvisten, die präkubistischen Arbeiten Picassos und Braques verwirrten ihn und brachen seine Schaffenskraft. Er legte den Pinsel aus der Hand und begann zu trinken und später Opium zu rauchen. Man fand ihn eines Tages an einem Balken seines Ateliers erhängt.

Dieser tragische Tod versetzte den Künstlern im »Bateau-Lavoir« einen Schock; sie gaben sich darüber Rechenschaft, daß sie im Spott zu weit gegangen waren, und beschlossen in einer Anwandlung von Schuldgefühl, ihrem Opfer ein prächtiges Begräbnis zu bereiten. Dieses sollte auf burleske Manier die Generalprobe zur Bestattung Modiglianis sein. Da die Künstler wußten, daß Wigels ein Freund leuchtender Farben war, hatten sie – wie auch ihre Gefährtinnen – ihm zu Ehren die buntesten Kleider angelegt, um ihn auf seinem letzten Gang zum Friedhof von Saint-Quen zu begleiten. Einige hatten sich bei einem Trödler Karnevalskostüme ausgeliehen. Nur Pascin, der mit Frédé den Trauerzug führte, trug, wie alle Tage, schwarze Trauerkleidung. So wie man die Kinder damals gern in Blau oder Rosa kleidete, trug Pascin aus Prinzip nur schwarze Anzüge... Aber auch in schwarzer Tracht nahm man ihn kaum ernst.

Am Ende dieses eines James Ensor würdigen Zuges warf ein Mädchen durch das Fiakerfenster den Passanten Handküsse zu. Sie war völlig betrunken und hielt sich für die spanische Königin, als sie sah, daß die Männer beim Vorüberfahren des Leichenwagens den Hut zogen und daß die Polizisten grüßten... Am darauffolgenden Tag dachte niemand mehr im »Bateau-Lavoir« an Wigels. »Seine Sitten waren sonderbar, sein Äußeres wenig vertrauenerweckend«, schrieb Fernande als Nachruf.

Im übrigen lebten im »Bateau-Lavoir« nicht ausschließlich Maler. Picasso erinnert sich noch recht gut an die Trommelwirbel des Marionettenkünstlers Genty, der seine Kleinkomödien in seinem Atelier einstudierte. Salmon und Dorgelès berichteten auch von einem eigenartigen Zeitgenossen, Vater Sorieul, einem echten Bauern, der in den Straßen von Montmartre seine Brunnenkresse feilbot. Wenn er mit seiner Kiepe auf dem Rücken an der Häuserzeile entlangging, zeigten ihn die Mütter ihren Kindern: »Seht ihr, wenn ihr nicht artig seid, holt euch der Kinderfresser mit seiner Kiepe!«

Der stets auf Sensation erpichte Dorgelès veröffentlichte eine Fotografie des Kauzes im »Matin« mit der Unterschrift: »Der letzte Bauer von Montmartre«. Das war sicherlich übertrieben, denn Montmartre zählte damals noch viele andere Bauern.

Zu Beginn ihrer Liebschaft erlebten Fernande und Picasso schreckliche Tage; Elend, Kälte und Hunger setzten ihnen zu. Wenn sie im Winter keine Kohlen mehr hatten, blieben sie, eng aneinandergeschmiegt, in ihrem Bett. Fernande bezirzte gelegentlich den Kohlenhändler in der Rue d'Orchamps, der in sie verliebt war ... der galante Auvergnate vergaß, die Rechnung für seine Kohlen zu schicken ...

Mehrere Jahre war ihr Eheleben das reinste Wunder. Fernande, die in ihren erschütternden *Aufzeichnungen* mehr der Aufrichtigkeit des Herzens als der Genauigkeit das Wort erteilt, erzählt, daß sie manchmal am Morgen auf der Strohmatte vor dem Atelier einen Korb mit Lebensmitteln fanden. Der gutherzige Paco Durio, der ihre Not ahnte, ließ ihnen insgeheim solche milden Gaben zukommen.

Van Dongen behauptete, er sei manchmal mit Picasso in den bürgerlichen Mietshäusern der Umgebung auf Jagd nach Milchflaschen und warmen Brötchen gegangen, die die Lieferanten vor den Wohnungstüren deponiert hatten. Das mag Dichtung oder Wahrheit sein ... Man kann sich Picasso, der bis in den Nachmittag hinein schlief, nur schwer vorstellen, wie er mit seinem Freund dieses etwas sonderbare Frühstück »organisierte«. Die findige Fernande hatte sich eine Kriegslist ausgedacht, wenn sie nicht über die zwei Francs verfügte, die die tägliche Verpflegung kostete: Sie begab sich zum Konditor und Traiteur in der Rue des Abesses und bestellte dort ein solennes Essen. Dem Laufburschen, der bald mit dem Korb erschien, rief sie durch die geschlossene Tür zu, sie sei gerade beim Ankleiden, er solle den Korb auf die Matte stellen, sie käme selbst, die Rechnung zu begleichen ... So war gewöhnlich für mehrere Tage vorgesorgt.

In den beiden Bistros, Vernin, Rue Calvalotti, und Azon,

Rue des Trois-Frères, in denen die Künstlergesellschaft verkehrte, hatte Fernande ein ähnliches Verfahren entwickelt. Sie ließ die Rechnung einfach »aufschreiben«; Vlaminck erzählt etwas boshaft, daß im Hause Picasso sicher Pleite herrschte, wenn Fernande ein paar Koteletts für Frika, den Hund, bestellte. Unter solchen Umständen machte Azon Bankerott: »Die schlechten Zahler haben ihm den Garaus gemacht.« Als einmal die Not besonders groß war, zögerten die Liebenden nicht, zu Mittag ein Stück Blutwurst zu verspeisen, das Picassos diebische Katze von einem Ausflug in ein Nachbaratelier mitgebracht hatte. Die Lage wurde verzweifelt, als Coccoz, der piemontesische Farbenhändler, 33 Boulevard de Clichy, die Kredite sperrte: Die Rechnung belief sich auf 800 Francs. Das Wunder geschah in Form eines Auftrags von Soulié: Picasso mußte sich verpflichten, einen Blumenstrauß unter Ausschluß jeder weißen Farbe zu malen . . . Das Bild nahm sich trotzdem recht nett aus.

Der Zauber von Jugend und Liebe erheiterte das ärmliche Leben im »Bateau-Lavoir«; die dünnen Wände hallten öfter von Singen und Lachen wider als von Streit und Schluchzen. Gewisse Modenarrheiten wurden von allen Bewohnern des Hauses mitgemacht: So beschlossen alle Männer, trotz lebhaften Protestes ihrer Gefährtinnen, sich den Bart stehen zu lassen, den sie dann alle am selben Tag abschnitten. Auch Picasso trug auf diese Weise eine Zeitlang einen Bart. Ein anderes Mal wollte er Lincoln gleichen. Gertrude Stein hatte ihm eingeredet, daß er eine frappante Ähnlichkeit mit dem amerikanischen Präsidenten habe; sofort tat Picasso ein übriges, um die Ähnlichkeit noch zu unterstreichen. Alle, die ihm begegneten, fragte er: »Schaue ich nicht wie Lincoln aus?« Etwas später führte Braque die Mode der Melonen ein; es war ihm nämlich gelungen, hundert dieser Kopfbedeckungen bei einem Ausverkauf billig zu erwerben . . . Weniger naiv war freilich die Mode der »künstlichen Paradiese«. Ein sonderbarer Kauz, ein gewisser Baron Pigeard, hatte sich in einem Haus im »Maquis« niedergelassen, wo er als leidenschaftlicher Wassersportler Jollen für Regatten baute. Als eingefleischter Opiumraucher suchte er auch andere zu seinem Laster zu überreden und versammelte eine Anzahl von Malschülern aus dem »Bateau-Lavoir« um sich. Er war es, der den unglücklichen Wigels und später auch Modigliani verführte. Picasso wagte mehr aus Neugierde als aus einem Fluchtbedürfnis einen Versuch: Er kaufte sich eine Pfeife, eine Lampe, Nadeln und lud seine Freunde zu einer Opiumsitzung in seine Künstlerwerkstätte ein. Fernande schenkte den Gästen kalten Tee ein; »die Nächte verstrichen in warmer, intimer Vertrautheit, ohne die geringsten anrüchigen Wünsche. Man sprach in völliger Geistesklarheit, ja mit geschärfter Intelligenz über Malerei und Schrifttum«. Der Versuch sollte jedoch nur von kurzer Dauer sein. Denn man schrieb den Selbstmord Wigels ganz allgemein dem Opium zu. Picasso packte eine heilsame Furcht, er verzichtete angewidert auf alle »künstlichen Paradiese«, verkaufte seine Geräte und suchte im Grünen Entspannung und Erholung: Eine Zeitlang lebte er in Rue-des-Bois, einem Dörfchen am Walde von Hallate.

Fernande und Picasso verkehrten wenig in den Bistros und Nachtlokalen von Montmartre. Wenn man sie auch häufig bei Vernin und Azon ihre Mahlzeiten einnehmen sah, wo sie ihre französischen und spanischen Freunde trafen, so besuchten sie kaum eine andere Nachtbar als den »Lapin Agile«, dessen Eigentümer ja Frédé war, mit dem Picasso eine lebhafte Sympathie verband: Ihm hatte er den *Arlequin au verre*, sein Selbstporträt, geschenkt. Frédé zeigte sich immer gleich freundschaftlich und nahm ihn stets mit offenen Armen auf. Wenn er sich längere Zeit nicht sehen ließ, besuchte er ihn im »Bateau-Lavoir«; hinter ihm lief wie ein Hündchen der Esel Lolo, der für Dorgelès' bekannten Possenstreich herhalten mußte. Denn Lolo war es, der mit seinem Schwanz ein kraftvolles Gemälde ausführte, dem Dorgelès den Titel *Sonnenuntergang am Adriatischen Meer* gab und das im *Salon d'Automne* hervorragend besprochen wurde.

Was Picasso im »Lapin Agile« schätzte, war nicht die Gegenwart lautstarker und ungehobelter Artisten, sondern eine gewisse Atmosphäre menschlicher Wärme, die ihn an die Nachtlokale von Barcelona erinnerte. Die Gedichte, die traurige Gestalten mit langem Haar dort vortrugen, ließen ihn völlig kalt – es sei bei dieser Gelegenheit bemerkt, daß Max Jacob und Apollinaire dort niemals deklamierten –, aber er liebte die Trinklieder, die Frédé beim Klang der Gitarre sang. Das Milieu war überaus malerisch, neben Künstlern, Studenten, Überläufern aus dem »Chat Noir« begegnete man im »Lapin Agile« ungewöhnlichen Gestalten. André Warnod erinnert sich an einen gewissen »Vater La Cigale«, der Chansons zum besten gab, an »Vater Elina«, Briefmarkenausbesserer von Beruf, an »Vater Léon«, einen Blinden, der sich als erster für die Kunst Modiglianis einsetzte, was dem »schönen Amadeo« zu bitteren Kommentaren Anlaß gab.

Während der ersten Zeit seiner Liebschaft mit Fernande arbeitete Picasso ohne Unterlaß. Man kann beim Durchblättern des Katalogs von Zervos über die Zahl der Bilder staunen, die er 1905 und 1906 ausführte. Dabei nennt der Katalog nur solche Werke, die auch heute noch existieren; aber Picasso übermalte oft frühere Werke, wenn es ihm an Geld für neue Leinwand fehlte.

Seine Arbeitseinteilung mißfiel Fernande, da sie von ihren eigenen Lebensgewohnheiten abwich; dabei hatte Picasso sie schon aus Barcelona mitgebracht: Die Nächte gehörten der Arbeit, die Tage dem Schlaf und dem Vergnügen. Für den Künstler hatte das Verfahren den Vorteil, daß er nachts ungestört schaffen konnte. Er malte beim Schein seiner großen Petroleumlampe und legte sich beim Morgengrauen schlafen. Um vier Uhr nachmittags stand er auf, frühstückte, machte Toilette (sein Badewasser stand immer auf dem Ofen), empfing im Atelier seine Freunde; bei schönem Wetter versammelte man sich auf dem Platz, der dem ganzen »Bateau-Lavoir« als Empfangszimmer diente. Gewöhnlich speiste er mit seinen Freunden zu Abend. Wir begegnen hier einem eigenartigen Charakterzug dieses sonderbaren, sarkastischen

Mannes: Wenn er seine Freunde auch oft hart anfuhr, so konnte er doch nicht auf ihre Gesellschaft verzichten; selbst in der schlimmsten Notlage lud er immer diesen oder jenen zum Essen ein. Als er zu Geld gekommen war, hielt er abends in der »Brasserie de l'Eremitage« freien Tisch. Um zehn Uhr abends stand er auf und machte sich an die Arbeit, welches auch immer seine Gäste waren. Die Vertrauten kannten seine Lebensgewohnheiten und nahmen Rücksicht auf seinen Morgenschlaf; sie überließen es Unbekannten, ihn zu wecken und seine Zornausbrüche mit in Kauf zu nehmen. Eine Gruppe deutscher Zeichner, die im »Café Dôme« ihre Versammlungen abzuhalten pflegten, sollten eine Probe davon am eigenen Leibe zu spüren bekommen. Sie waren vom Montparnasse bis zu ihm gekommen, um ihm ihre Verehrung auszudrücken, und wurden mit Revolverschüssen empfangen. Als sie wieder die Seine überquerten, um ihre heimatlichen Quartiere aufzusuchen, wußten sie nicht, womit sie den Zorn des Meisters erregt hatten . . .

Nachdem Picasso berühmt geworden war, sah er sich zu seinem Leidwesen gezwungen, die gewohnte Arbeitseinteilung aufzugeben, da er Bilderhändler und Kunstsammler am Tage empfangen mußte. Er hätte sich nicht erlauben können, sie mit dem Revolver fortzujagen. Später aber, als *er* seine Bedingungen diktieren konnte, ging er wieder zur Nachtarbeit über; denn er schaffte am besten in nächtlicher Stille, wenn alles um ihn schlief.

Fernande erlebte das Ende der »blauen Periode«; langsam begannen sich weitere Farben zum Blau zu gesellen. Im Herbst 1904 und im Frühjahr 1905 malte Picasso noch ein paar »blaue« Bilder, aber es wurde deutlich, daß er eine neue Orientierung suchte. Eine Reise nach Holland steht am Anfang dieser Entwicklung. Picasso ließ Fernande allein in Paris zurück und begab sich mit zwanzig Francs in der Tasche für einige Wochen zu einem holländischen Freund, Tom Schilperoot, einem Schriftsteller und Publizisten, der in den Künstlerwerkstätten und Bistros von Montmartre verkehrte. Tom Schilperoot waren eben durch eine Erbschaft zehntausend Francs zugefallen, die er so schnell wie möglich »verjubeln« wollte; er hatte Picasso zu sich nach School unweit von Alkmaar eingeladen. Der Maler brachte von dieser Reise Werke nach Hause, die sich grundsätzlich von allem unterschieden, was er bis dahin gemalt hatte. Seine Bilder stellten saftige, üppige Akte in blonden Perlmuttertönen dar. Die wohlgenährten Holländerinnen hatten die skeletthaften Figuren von seiner Leinwand verjagt. Bei seiner Rückkehr nach Paris machte er sich einige Sorgen über die Reaktion Fernandes beim Anblick dieser Bilder, die seine männliche Erregung verrieten. Er erklärte: »Es gibt nichts Lächerlicheres, als auf der Straße diese Anstaltszöglinge mit Gendarmenstatur vorüberziehen zu sehen!« Aber seine Kunst hatte eine entscheidende Wendung genommen.

Es liegt auf der Hand, daß der Übergang von Blau zu Rosa, vom realistischen Expressionismus zum gekünstelten Manierismus durch die Atmosphäre von Sinnlichkeit begünstigt wurde, in die ihn seine Liebschaft mit Fernande tauchte. Sabartès hat als aufmerksamer Beobachter die Rolle der »schönen Fernande« eindeutig definiert: »Eines Tages«, schreibt er, »trat die Liebe (sagen wir besser, eine neue Liebe) in sein Leben ein, und seine Liebesleidenschaft suchte sich eine neue Illusion in Frauengestalt zum Gegenstand. Der Fall steht nicht vereinzelt da. Wir haben bereits festgestellt, daß die Erfüllung eines sexuell ausgerichteten Wunsches zeitweilig seine Ängste besänftigt, ohne sie aus der Welt zu schaffen. Die Seelenverfassung, die seiner Unruhe zugrunde liegt und die sich für eine bestimmte Zeit in eine Art vorübergehende Beschwichtigung verwandelt, macht sich ja auch in Picassos Aussehen bemerkbar. Zu gleicher Zeit, so scheint es mir, beginnen die rosa Tönungen in seinen Werken auf den Plan zu treten, während nach und nach die Schatten verfliegen, die seine blaue Schau der Dinge verdunkelt hatten.«

Übersetzen wir diese gekünstelte Prosa in klares Deutsch und stellen wir fest, daß Picasso unter dem friedlich-sinnlichen Einfluß, geistig und körperlich besänftigt, die Welt nun durch eine weniger pessimistische Brille sah.

Die Änderung vollzog sich im rechten Augenblick, denn die »blauen Werke« fanden bei den Liebhabern nur noch wenig Anklang, und ihre problematischen Verkaufschancen trugen kaum zur Verbesserung der Lebensbedingungen des Künstlers bei. Vollard, dem Max Jacob eine Landschaft Picassos brachte, von der er meinte, sie könne ihm gefallen, murmelte, nachdem er einen flüchtigen Blick auf die Arbeit geworfen hatte: »Der Kirchturm ist schief ... Ihr Freund ist verrückt geworden ...! Scheren Sie sich zum Teufel!« Berthe Weill wollte auch nichts mehr von Picasso wissen; im übrigen verkaufte sie ohnehin nichts mehr. Um mehr schlecht als recht sein Dasein zu fristen, sah sich Picasso genötigt, auf alle Bedingungen der beiden kauzigen Kunsthändler einzugehen und ihnen seine Gemälde und Zeichnungen für lächerliche Summen abzutreten. Ihr einziger Vorzug bestand darin, daß sie bar bezahlten.

Clovis Sagot, mit dem Picasso bei seinem zweiten Pariser Aufenthalt Verbindung aufgenommen hatte, war ein ehemaliger Bäcker, den Apollinaire, überschwenglich und ungenau, wie er war, in seinem Nachruf als den »Père Tanguy der jungen Malerei« bezeichnete. In Wirklichkeit war dieser »Kuhhändler« durchtrieben wie ein normannischer Notar. Er verstand es wie kein zweiter, hinter einer Fassade kulanter Leutseligkeit und Großherzigkeit die Künstler auszubeuten, von denen er vermutete, daß sie mit wirtschaftlichen Schwierigkeiten kämpften. In seinem Laden in der Rue Laffitte – einer früheren Apotheke, deren Bestände an Gummibonbons und Aspirintabletten er in den Ateliers von Montmartre verteilte – verkaufte er Werke von Picasso, Herbin, Valadon, Metzinger, Utrillo, Juan Gris, Gleizes, Braque und Léger. Obschon er völlig ungebildet war, besaß er ein geniales Flair für die kühnsten Schöpfungen, die in die Zukunft deuteten.

Picasso, dessen Begabung Sagot schon seit langem gewittert hatte, wurde schändlich ausgebeutet. Eines Tages bot ihm der Künstler drei Gemälde an, für die ihm der Händler – die Notlage des Künstlers richtig vermutend – insgesamt siebenhundert Francs anbot. Picasso empfand dieses lächerliche Angebot als eine Beleidigung und verließ den Laden. Am folgenden Tage war er jedoch bereit, zu kapitulieren. Sagot fühlte sich nun stark genug, um sein Angebot auf fünfhundert Francs zu reduzieren. Zwei Tage später kam er für dreihundert Francs in den Besitz der Bilder.

Der alte Soulié brachte es fertig, an Niedertracht diesen geizigen Shylock noch zu überbieten: Soulié, ein früherer Jahrmarktsringkämpfer von der Statur eines normannischen Schrankes, war trotz seines Athletenaussehens durch Alkoholmißbrauch zu einem Wrack geworden. Von früh bis spät betrunken, zerzaust und abgerissen, war er nie in seinem in der Rue des Martyrs gegenüber dem Zirkus »Medrano« gelegenen Laden aufzufinden; etwaige Kunden mußten ihn immer im nächsten Bistro holen. Als Tuchhändler, der sich in Matratzenstoffen und Bettüchern spezialisiert hatte, war er mit den Künstlern in Berührung gekommen, als sie bei ihm Leinwand für ihre Bilder kauften. Von Bargeldlosen nahm er auch Gemälde in Zahlung. So war er, ohne es selbst zu merken, nach und nach zum Bilderhandel übergegangen. Dabei interessierten ihn die Bilder, die er auf dem Trottoir vor seinem Ladenfenster einfach aufstapelte, überhaupt nicht. Er bezahlte für ein Bild nie mehr als hundert Francs. In seiner schlimmsten Zeit mußte ihm Picasso seine Zeichnungen für zehn Centimes überlassen! Allerdings begnügte sich Soulié mit minimalen Gewinnspannen. So verkaufte er *La femme au tub*, die Picasso Boulevard de Clichy ausgeführt hatte, für zehn Francs an Wilhelm Uhde. Soulié hatte eine treue Kundschaft und konnte deshalb bar zahlen, und so kam es, daß Max Jacob oft mit einem Korb voll Lebensmitteln im »Bateau-Lavoir« erschien.

Bei ihm entdeckte Picasso das Porträt der Clémence, der ersten Frau des »Zöllners« Rousseau. Dieses Bildnis, für das Picasso fünf Francs zahlte, ist stets in seinem Besitz geblieben. Mit ihm begann der Triumphzug des Künstlers von

Plaisance; die Offenbarung der »naiven Kunst« trug zum Aufkommen eines völlig neuen Kunstgefühls bei.

Die »rosa Periode«, die Fernande aufgrund der meist verwendeten Motive nicht zu Unrecht als »die Periode der Gaukler« bezeichnet, bedeutet im Werk Picassos eine Weiterentwicklung und sogar mehr als das. Sie bildet einen Ruhepunkt, einen Augenblick der Heiterkeit in seinem so oft von Unruhe geprägten Werk. Die Gaukler mögen wehmütig dreinblicken, sie mögen in ihrer zarten Zerbrechlichkeit an das körperliche Elend der blauen Gestalten erinnern, sie sind keineswegs verzweifelte, aufgegebene Geschöpfe. All diese Bildnisse, ob sie nun Mütter oder lauschende Harlekine darstellen, atmen einen gewissen Seelenfrieden. Picasso geht es offensichtlich nicht mehr darum, eine in der Tragödie des Lebens gebrochene Menschheit darzustellen, die auf nichts anderes mehr wartet als auf den Tod; er malt nur noch elegante, graziöse Wesen, deren Posen ihm raffinierte Kompositionen mit schönen Arabesken ermöglichen. Er hat – für allezeit – darauf verzichtet, in seinen Schöpfungen das Seelenleben sichtbar zu machen, er will nur noch Figuren in reizvollen Situationen darstellen. So kommt es, daß er sich immer mehr für die Organisation des Bildes interessiert und die Personen nur noch in Funktion des Gesamtwerks verwendet.

Diese in bezug auf die Menge der produzierten Werke wichtige Periode – »die Zahl der zwischen 1904 und 1906 erstellten Gemälde ist erstaunlich«, schreibt Gertrude Stein – ist nur von kurzer Dauer; nach Picassos Aufenthalt in Gosol in den Pyrenäen wird sein Stil härter, der Aufbau der Figuren eigenwilliger. Wenn er von den Gauklern zu den untersetzten Akten übergeht – meist durch Fernande angeregt –, macht er von kräftigen Deformationen Gebrauch und verzichtet auf die Kontrastwirkung von Zinnober und Blaßblau, um sich entschieden dem Siena-Ocker zuzuwenden. Der Endpunkt dieser raschen Entwicklung ist das Bildnis der Gertrude Stein, das er im Frühjahr 1906 beginnt. Die erschütternden Figuren der *Demoiselles d'Avignon (Mädchen von Avignon)* sind bereits im Kommen!

Der Anfang der »rosa Periode« ist durch Picassos Leidenschaft für den Zirkus und die Zirkusleute gekennzeichnet. Der Zirkus »Medrano« befindet sich unweit des »Bateau-Lavoir«; der Künstler wohnt oft, zu gewissen Zeiten zwei- bis dreimal die Woche, mit Fernande und seinen Freunden den Vorstellungen bei. Seine ganze Vorliebe gilt den Akrobaten und Seiltänzern; er läßt sich durch die Dummheit und Derbheit dieser Menschen nicht davon abhalten, mit ihnen häufig und ausführlich in der Zirkusbar zu diskutieren. Einige Zirkusleute besuchen ihn in seiner Künstlerwerkstätte auf dem Montmartre. Er ist hellauf begeistert, als ihn eines Tages der Tierarzt, zu dem er seine kranke Frika bringt, für einen Clown aus dem Zirkus »Medrano« hält.

Eines der wichtigsten Werke aus dieser Zeit ist das Porträt Lindas, einer Blumenverkäuferin, die ihre Bouquets vor dem »Moulin Rouge« feilbot und gelegentlich für die Künstler auf dem Montmartre Modell stand. Van Dongen, Picasso und Modigliani haben sie gemalt. Max Jacob empfand eine lebhafte Zuneigung zu dem blutjungen Geschöpf, das die Mutter nur allzu gern auf krumme Wege führen wollte. Er bemühte sich, sie in einer Jungfrauenkongregation unterzubringen.

Lindas Bild strahlt von jugendlicher Anmut: Gertrude Stein und ihr Bruder kauften es Picasso für hundertfünfzig Francs ab. Und damit begann der materielle Aufstieg des Künstlers. Das amerikanische Geschwisterpaar, das bei seinem ersten Besuch im »Bateau-Lavoir« für achthundert Francs Bilder davongetragen hatte, wurde ein regelmäßiger Abnehmer von Picassos Arbeiten. Der »rosa Stil« sollte ihm Glück bringen. Immer mehr Liebhaber meldeten sich in seinem Atelier. André Salmon und Max Jacob wurden die erstaunten und gerührten Zeugen eines unerwarteten Auftritts: Vollard, der sich von Apollinaire eines Besseren hatte belehren lassen, kam persönlich ins »Bateau-Lavoire« und erwarb dreißig Bilder, für die er die königliche Summe von zweitausend Francs zahlte. Da der Fiaker, mit dem er auf den Hügel gekommen war, nicht über hinreichenden Platz verfügte, versorgte er die Bilder im Innern und nahm selbst auf dem Bock neben dem Kutscher Platz: »Max und ich«, schreibt André Salmon, »beobachteten das Schauspiel. Der Hagiograph von St.-Matorel drückte mir lautlos die Hand, ohne mich anzuschauen, und in seinen wasserblauen Augen standen Tränen.«

1913 kaufte Vollard die dreizehn Stiche der Reihe *Repas frugal*, die er nach dem Krieg in Form eines Albums veröffentlichte. In der problematischen Absicht, eine größere Menge Abzüge herstellen zu können, hatte er die Zinkplatten verstählen lassen, was ihm Picasso nie verzieh: Er weigerte sich, die Stiche mit seinem Namenszug zu versehen.

Wenn auch die Not ihre Beute im »Bateau-Lavoire« hatte fahren lassen, so blieb die Boheme: An Geld fehlte es Picasso nicht mehr. Stein, Olivier, Saincère, André Level, Stschukin kauften ihm regelmäßig seine Bilder zu immer höheren Preisen ab. 1906 stellten die Freunde fest, daß Picasso die Hundertfrancs-Scheine mit einer Sicherheitsnadel in der Innentasche seines Jacketts feststeckte; von der Existenz der Banken hatte er offenbar noch nichts gehört. Doch bald sollte sich ein bedeutender Bankier um seine Kapitalanlagen kümmern.

So segelt Picasso ins offene Meer der künstlerischen Unabhängigkeit hinaus: Er kann tun, was er will, die Liebhaber bleiben ihm treu und machen zahm alle seine Umwege und brüsken Richtungsänderungen mit.

4

Die Freunde vom »Bateau-Lavoir«

Die Jahre, die Picasso im »Bateau-Lavoir« verbringt, sind wirklich Jahre der Freundschaft. Er ist nicht mehr der kleine spanische Maler seiner ersten Pariser Reisen, der allein in den Straßen der großen Stadt umherirrt. Ein paar Monate später haben die Dichter, die ihn bewundern, hofieren und moralisch stützen, einen eigenwilligen, selbstbewußten Künstler aus ihm gemacht. Viele der Freundschaften, die er Place Ravignan in Nummer 13 schließt, sind Freundschaften fürs Leben. In den kommenden Jahrzehnten weiß er zwar auch noch Freunde um sich zu scharen, aber sie lassen sich in Zahl und Güte nicht mit denen der »Bateau-Lavoir«-Zeit vergleichen. Man darf deshalb ruhig sagen, daß er, als er 1909 nach der Rückkehr von seinem Ferienaufenthalt in Horta de Ebro bei Pallarès den Hügel von Montmartre verließ, um eine neue Wohnung am Boulevard de Clichy zu beziehen, dem Kreis seiner Anhänger und Verehrer gewissermaßen den Rücken kehrte. Wenn er auch in Zukunft noch Freunde besuchte, wenn er neue Freundschaften gewann, so lebte er doch nicht mehr inmitten einer brüderlichen Gemeinschaft. Aus dem früheren Kollegen wurde immer mehr ein einsames Genie: Juan Gris hatte sich nicht gänzlich geirrt, als er ihn »Meister« nannte. Wenn seine Freunde ihm auch nicht diesen Ehrentitel gaben, der seinen Unwillen hervorrief, so verkehrten sie dennoch mit ihm wie Schüler mit ihrem Meister.

Man kann die Freunde im »Bateau-Lavoir« in zwei Gruppen aufteilen: die Spanier und die Franzosen. Picasso schließt immer mehr französische Freundschaften, ohne daß er aufhört, seinen Landsmännern eine besondere Sympathie zu bekunden. Was aber seine Kunst betrifft, so geht sie gänzlich in der französischen Kunstbewegung auf, so daß man sein Werk – ohne seine spanischen Einflüsse zu verkennen – in den Rahmen der Pariser Schule stellen kann. Genauer gesagt: Er ist der größte Meister der »Ecole de Paris«.

Seine spanischen Freunde in Paris bildeten ebenfalls mehrere Gruppen: Einige hatte er bereits bei seinem ersten Aufenthalt in der französischen Hauptstadt kennengelernt; andere kamen hinzu, die seine Not und sein Elend teilten; eine dritte Gruppe schließlich half ihm, sich in die neuen Verhältnisse einzuleben. So führten ihn zum Beispiel die Brüder Gonzales und Gargollo, die Standbilder aus Eisen schufen, in die Geheimnisse der Bildhauerkunst ein. Er verkehrte auch mit Nonell, der 1907 nach seiner Rückkehr nach Barcelona einer Typhusepidemie zum Opfer fiel; mit Ramon Pichot, damals sein bester Freund: Dieser war ein abgezehrter, asketisch wirkender Jüngling wie eine Christusfigur aus der jesuitischen Schule, dessen Sarkasmen ein großes Herz verbargen. Er stöberte, um sein Leben zu fristen, in allen Antiquariaten nach Büchern, die er im Auftrag eines amerikanischen Büchersammlers kaufte. Picasso pflegte Umgang mit Junyer, den Fernande mit einem »intelligenten, verschmitzten, schlauen, ein wenig eingebildeten Bauern« verglich; mit Zuloaga, einem mondänen Expressionisten und leidenschaftlichen Verehrer Grecos; mit dem akademischen Maler Etchevery, dessen *Dame en rose* die letzte Sensation des »Salons des Artistes Français« der dreißiger Jahre wurde; mit Canals, einem hervorragenden Bildhauer, dessen Frau Benedetta Bartholomé für die verschiedenen Figuren des Kriegerdenkmals auf dem Père-Lachaise Modell gestanden hatte; mit Jaume Andreu, dem Gefährten seiner zweiten Pariser Reise. Die meisten sollten ihre eigenen Wege gehen, ohne jedoch für immer von Picassos Horizont zu verschwinden. So fand Sabartès den Künstler 1935 in Paris wieder, nachdem er 1905 als Journalist nach Südamerika gegangen war.

Paco Durio, ein Keramiker und Ziseleur, den Picasso bereits 1901 kennenlernte, wurde der »gute Samariter« der dunkelsten Tage im »Bateau-Lavoir«. Seiner diskreten Fürsorge ist zu verdanken, daß Fernande und Picasso nicht dem Hungertode zum Opfer fielen. Aber er begnügte sich nicht damit, das darbende Paar mit Lebensmitteln zu versorgen, sondern er erwies Picasso den unschätzbaren Dienst, ihn in das Werk Gauguins einzuführen. Paco war am Montparnasse der Intimus Gauguins gewesen – er hatte vor der Abreise des Malers nach Tahiti mit ihm dieselbe Behausung geteilt; er verehrte ihn und bewahrte in seiner Hütte im »Maquis« mehrere Bilder Gauguins aus der Zeit von Pont-Aven auf, vor allem das Bildnis seiner Mutter, Aline Chazal. *L'enfant au pigeon* trägt die deutlichen Spuren jenes »Cloisonnismus«, der vom tiefen Verständnis der Gauguinschen Botschaft zeugt, zu dem Picasso durch die Vermittlung Paco Durios gekommen war.

Paco Durio, ein kleines, verwachsenes Männchen – man kann sagen, ein Liliputaner –, der sich stets für seine Mitmenschen aufopferte, sollte während der Besetzungszeit allein und ohne den Beistand eines Freundes im »Hôpital Saint-Antoine« sterben; er hatte den Verlust seiner Kunstschätze nie verschmerzen können, die er nach seiner Austreibung aus dem »Maquis«, dessen letzter Bewohner er war, veräußern mußte.

Manuel Hugué sollte eine der wichtigsten Persönlichkeiten der Gruppe um Picasso werden: Der unverbesserliche Montmartre-Bohemien, den alle liebten und fürchteten und den man allgemein Manolo nannte, zählte zu Picassos ältesten Freunden (er ist beinahe zehn Jahre vor ihm geboren). Die beiden Männer hatten sich in Barcelona zur Zeit der »Els 4 Gats« kennengelernt.

Manolo, das leibhaftige Gegenstück zum Neffen Rameaus, war stets auf irgendeinen Bubenstreich aus; er behauptete, der Sohn eines in Kuba als Pflanzer angesiedelten Generals der spanischen Armee und einer wenig ehrbaren Dame aus Barcelona zu sein. Von seinem Vater verlassen, hatte er sich, so gut er konnte, durch allerlei ausgefallene Tätigkeiten und kleinere Diebstähle über Wasser gehalten. Wenn man nach einer Spitzbüberei auf ihn Jagd machte, verkroch er sich in der Kathedrale, wo er stundenlang die Skulpturen der Kapitelle betrachtete und eine Zigarette nach der anderen rauchte. Wahrscheinlich war das Erwachen und Aufblühen seiner bildhauerischen Begabung eine Folge dieser Meditationen.

In seinem ausdrucksvollen Operettenkauderwelsch erzählte er, wie er seinem Vater wiederbegegnete, nachdem der aus Kuba zurückgekehrte General nach seinem Sohne hatte suchen lassen ... Die Polizei, an die er sich gewandt hatte, wußte ihm von seinem Früchtchen allerlei zu berichten. Der General empfing seinen Sohn mit einer Gardinenpredigt, in der gutgemeinte Ratschläge mit Drohungen abwechselten. Zum Schluß entließ er ihn, indem er ihm einen Douro überreichte. Dabei war ihm völlig entgangen, daß sein Sohn ihm während des Gesprächs seine goldene Uhr gestohlen hatte ... »Du kannst dir nicht vorstellen«, erzählte Manolo, »wie mir seine Moralpredigt auf die Nerven ging!«

Trotz seiner monarchistischen Weltanschauung war Manolo nach Frankreich geflohen, um dem spanischen Militärdienst zu entgehen. Einige wenige in einer Reiterkaserne verbrachte Tage hatten ihn über Größe und Elend des Waffenhandwerks aufgeklärt; er nahm Reißaus mit seinem Pferd, das er noch am Fuße der Pyrenäen verkaufte, überquerte das Gebirge und lebte in Frankreich als Deserteur ohne Papiere, in ständiger Gefahr, aufgestöbert und ausgewiesen zu werden. »Ich hatte nichts gegen die Armee«, erklärte er einmal Picasso, dem sein Onkel Salvador diese Prüfung ersparte, indem er einen Stellvertreter bezahlte, »aber ich kann Menschenansammlungen nicht vertragen, und beim Militär sind mir immer zuviel Leute!«

Picasso fand seinen Freund mit sichtlichem Vergnügen am Montmartre wieder; er hörte ihn gern von seinen Abenteuern erzählen, deren Liste mit jedem Tag länger wurde. Fernande zeigte sich zurückhaltender: »Der kleine, rassige Spanier mit den viel zu dunklen Augen in einem viel zu dunklen Gesicht, mit viel zu dunklen Haaren, konnte ironisch, vergnügt, empfindsam, lässig, hochgradig nervös und auch dienstbereit sein, wenn sich dies als unerläßlich erwies, aber er wußte sich mit einer Pirouette der geringsten Bindung zu entwinden«; sie empfand für ihn nur eine mäßige Sympathie; er war ihr unheimlich. Und das wohl nicht zu Unrecht. Wie in Barcelona, so lebte Manolo auch auf dem Montmartre von Notbehelfen, die mehr als einmal an Betrug grenzten. Einer seiner harmlosesten Schliche bestand darin, sich für einen begabten Bildhauer auszugeben. Leider hatte noch nie ein Mensch eine seiner Skulpturen zu Gesicht bekommen. Picasso erzählte lachend, daß er in Barcelona für ein paar Peseten bei Krämern und Kolonialwarenhändlern Butterklumpen bebildhauerte, wie das in Spanien heute noch üblich ist. Als dreister Prahlhans rühmte sich Manolo, alles auf dem Kerbholz zu haben außer Mord ... Das war sicherlich eine Übertreibung, aber die Blütenlese seiner üblen Streiche, die Dorgelès, Gertrude Stein und André Salmon aufgezeichnet haben, würde jedem Spitzbuben zur Ehre gereichen.

Einer seiner bekanntesten Streiche war die Lotterie, die er zu seinem Profit veranstaltete. Drei Jahre gelang es ihm, den Händlern von Montmartre Lotterielose zu verkaufen, die er nach spanischer Manier auf Holztäfelchen malte und die als einzigen Gewinn eine Selbstbüste in Aussicht stellten. Niemand gewann die ominöse »Buste« (wie er sagte), und das aus dem einfachen Grunde, weil sie überhaupt nicht existierte. Manolo versicherte denen, die sich nach der Ziehung erkundigten, sie habe seit langem stattgefunden, aber der Fragesteller sei nicht unter den Gewinnern! Das konnte weiter nicht verwundern, denn die Lose trugen alle nur ein und dieselbe Nummer.

Unternehmen dieser Art waren vielleicht noch entschuldbar. Von anderen kann man das nicht sagen, denn sie verrieten eine niedrige Gesinnung. Manolo verfuhr wenig delikat mit Menschen, die ihm halfen, und mißbrauchte schändlich die Freundschaft und das Vertrauen Paco Durios. Jener hatte ihm vor einer Ferienreise nach Bilbao die Aufsicht seines Hauses anvertraut, in dem er besagte Gauguins aufbewahrte. Kaum hatte der Freund den Rücken gekehrt, als

Manolo die Gemälde von der Wand nahm und zu Vollard trug, der sich nicht erst lange nach der Herkunft erkundigte, sondern sie für die lächerliche Summe von fünfhundert Francs erwarb.

Als Paco von seiner Reise heimkehrte und das Verschwinden der Gauguins feststellte, packte er sofort Manolo beim Kragen und zwang ihn zum Geständnis: »Ich war am Verhungern«, entschuldigte sich der Schwindler, »mir blieb keine andere Wahl: der Hungertod oder deine Gauguins. Da habe ich deine Gauguins genommen!« Der Keramiker lief zu Vollard und erzählte ihm, was sich zugetragen hatte. Der plumpe Kreole fürchtete wahrscheinlich, der Hehlerei beschuldigt zu werden, und machte keinerlei Schwierigkeiten, Paco die Bilder gegen Rückzahlung der fünfhundert Francs wiederzuerstatten. »Eine ganze Sammlung von Gauguins für fünfhundert Francs!« rief Manolo aus. »Er ist ein kleiner Schlauberger, unser Paco!«

Van Dongen wurde ebenfalls das Opfer des unverschämten Nassauers. Manolo stattete ihm eines Tages einen Besuch ab, um sich bei ihm für einen Freund Rahmen auszuleihen, der sie zu einer Ausstellung brauchte. Ein paar Stunden später fand der Holländer seine Rahmen im Schaufenster des Père Soulié, dem der Spanier sie eiligst verkauft hatte. Ein anderes Mal veräußerte der »escultor« in einem Café einen Pfandschein, nachdem er einem Kunden eingeredet hatte, der verpfändete Gegenstand sei ein prachtvoller Fotoapparat. Der Käufer, über das gute Geschäft entzückt, begab sich zum Leihamt, und man händigte ihm eine alte Matratze aus. Sprechen wir nicht von der Plünderung der Opferstöcke in der Kirche Saint-Jean, Place des Abbesses, von der Geldsammlung für die Bestattung eines Freundes ... der vergnügt unter den Lebenden weilte. Seine Spitzbubenstreiche waren ebenso regelmäßig wie seine Mahlzeiten. Das Wunder ist, daß Manolo niemals mit der Polizei in Konflikt geriet oder mit seinen Opfern ernste Auseinandersetzungen hatte. Wenn Alfred Jarry einmal mit der Pistole auf ihn schoß, so deshalb, weil Manolo sich geweigert hatte, mit ihm zu zechen.

Man verzieh ihm alle Streiche, man fand seine Betrügereien »charmant«.

Maurice Raynal und später Franck Haviland, der Sohn eines reichen Porzellanfabrikanten aus Limoges, nahmen ihn unter ihre Fittiche, und es gelang ihnen wider jedes Erwarten, einen Künstler und anständigen Menschen aus ihm zu machen. Haviland, der ein Besitztum in Céret gekauft hatte, ließ Manolo 1910 zu sich kommen und besorgte ihm in der kleinen katalonischen Stadt eine Wohnung. Als sich der Abenteurer so seiner materiellen Sorgen enthoben sah, machte er sich augenblicklich ans Bildhauern. Zum allgemeinen Erstaunen derer, die ihn als Vagabund, Beatnik und Mythomanen kannten, entwickelte er einen gefälligen, nüchtern-realistischen, leicht synthetisch gefärbten Stil, dessen Geistigkeit an den ebenfalls aus Katalonien gebürtigen Maillol erinnerte. Kahnweiler, der sich für seine Skulpturen interessierte, schloß mit ihm einen Vertrag ab und hielt ihn, wie auch Picasso und Braque, für einen großen Künstler. Es muß dem Kunsthändler hoch angerechnet werden, daß er seinem merkwürdigen Schützling treu blieb, denn Manolo fiel gelegentlich – offenbar, um nicht aus der Übung zu kommen – in seine alte Manier zurück. So berichtete Kahnweiler mit Humor, wie ihm der »escultor« eines Tages einen großen Vorschuß für eine riesige Statue abgelockt hatte. Als das Werk kam, stellte der Händler fest, daß es eine zusammengekauerte Frau darstellte, die kaum höher als ein Küchenhocker war: »Wenn sie aufstünde«, erklärte Manolo, »wäre sie über 1,50 m hoch!«

Nach dem Kriege 1914–1918 konnte Manolo dank einer Amnestie nach Barcelona zurückkehren. Er wurde Lehrer an der Kunstakademie, und jeder schätzte und ehrte Don Manuel Hugué. Manolo, der Filou, war vergessen. Die Stadt Céret, die auf einem ihrer Plätze seine *Katalanin* aufgestellt hat, gab einer Straße seinen Namen. So hatte Moréas völlig recht, wenn er vor den in der »Closerie des Lilas« versammelten Literaten erklärte: »Manolo ist ein bedeutender Mann.« Dabei spielte der Verfasser der *Stances* auf die am wenigsten anrüchige Tätigkeit des Bildhauers an, die Dichtung!

Die Beziehungen zwischen dem »escultor« und Picasso waren freundschaftlich, ja brüderlich; die beiden Männer haben nur allzu oft ihre elende Unterkunft, ihre karge Mahlzeit miteinander geteilt, aber Manolo behandelte Picasso immer ein wenig wie einen »kleinen Bruder«: Picasso, der seine Künstlerlaufbahn noch vor sich hatte, blieb für ihn immer »der Kleine, bei dem man weder mit Ratschlägen noch mit Kritik sparen darf...«, und Manolo tat sich keinerlei Zwang an. Wenn er Picassos blaue Elendsgestalten und rosa Gaukler schätzte, ja sogar bewunderte, so zeigte er sich den Experimenten gegenüber ablehnend, die zum Kubismus führen sollten. Er fragte Picasso mit kaustischer Ironie: »Was würdest du wohl sagen, wenn dich deine Eltern in Barcelona mit solchen Visagen am Bahnhof erwarteten?«

Derartige Meinungsverschiedenheiten hinderten die beiden Männer jedoch nicht, bis zum Tode Manolos im Jahre 1945 Freunde zu bleiben. Lange Jahre hindurch wurde die Witwe Manuel Hugués, eine frühere Bardame vom Place de la Sorbonne, die man im vertrauten Kreise »Totote« nannte, in »La Californie« oder »Notre-Dame-de-Vie« mit großen Sympathiebezeugungen empfangen.

Unter den französischen Freunden ist an erster Stelle Max Jacob zu nennen, der, wenn er auch nicht mehr als Picassos Beschützer auftritt, bei ihm sozusagen das Amt des Vertrauten, Faktotums und Hofnarren versieht.

Max, der Picasso stets von Herzen zugetan war, besucht den Freund sofort nach seiner Ankunft im »Bateau-Lavoir«. Während Picassos Abwesenheit war ihm die einzige »Frauengeschichte« seines Lebens zugestoßen: Eine junge, verheiratete Frau namens Germaine Pfeiffer, deren Bekanntschaft er während seiner Tätigkeit im Basar »Paris-France« gemacht hatte, war in Liebe zu ihm entbrannt. Aus purer Eitelkeit und um sich selbst etwas zu spät als Mann zu bewähren, war er auf das Abenteuer eingegangen. Eines Tages begleitete er die junge Frau aufs Land. Da beide bis auf die Haut durchnäßt waren, bat sie ihn, sich in seiner Wohnung trocknen zu dürfen: »Sie setzte sich aufs Bett, zog ihren Rock über die Knie und sagte: ›Ich werde Ihnen sagen, wenn es so weit ist‹«, berichtet Max Jacob. Nach ein paar Flitterwochen mußten sie sich trennen. Max war zu arm, um eine Frau zu unterhalten. Viele Jahre später erzählte er sein Abenteuer Robert Guiette: »Ich sagte zu Germaine: ›Ich kann weder von deiner Arbeit leben, noch auch mein Leben mit einem jämmerlichen Brotverdienst vertun. Am besten wäre, wir trennten uns: Ich kehre zu meinem Elend zurück, du zu deinem Mann!‹ Ich bewahrte lange ein Seidenmieder auf, das sie mir gelassen hatte; jahrelang suchte ich ihre Silhouette in der Menschenmenge. ... Viele Jahre darauf faßte ich den Entschluß, bei den Unabhängigen auszustellen, um sie wiederzusehen. Ich sagte mir, wenn sie meinen Namen in der Zeitung liest, wird sie meine Gemälde ansehen kommen. Niemals werde ich die Eröffnung der Ausstellung vergessen. Sie kam. Ich unterhielt mich mit Picasso und Braque. Das geschah im Jahre 1907 oder 1908. Als ich sie erblickte, konnte ich ein Lachen nicht zurückhalten. Ich fand sie grotesk. Aber meine Freunde waren anderer Meinung. Sie lobten ihre Schönheit.«

Um sich Picasso zu nähern, verläßt Jacob den Boulevard Barbès und richtet sich in einer elenden Kammer, Place Ravignan, ein. Sie liegt im Erdgeschoß, das Fenster öffnet sich auf einen schachtartigen Hof; Max kann auch am Tag nur beim Schein einer Petroleumlampe arbeiten. Das Mobiliar erscheint um so erbärmlicher, als ein von Picasso während seiner Lautrec-Periode gemalter Paravent eine Note von Aufwand und Luxus in das Elend trägt. Die deprimierende Atmosphäre der verlotterten Junggesellenbehausung wird noch durch den Geruch von Zigarettenstummeln und Äther verschärft, der in Schwaden durch das Haus zieht. Den Mietern, die sich über den Gestank beschweren und über das Laster empören, erklärt Max Jacob mit unverschämter

Unschuldsmiene, daß der Geruch zweifelsohne von dem Aprikosenlikör herrühre, den er in seinem Wandschrank aufbewahrt. Bei anderer Gelegenheit gibt er jedoch zu, daß er Äther nimmt, um seine furchtbaren Zahnschmerzen etwas zu stillen. »Welches Vergnügen soll man schon aus einem Rauschgift ziehen«, fügt er heuchlerisch hinzu, »bei dem man sofort einschläft?« Seine Beteuerungen überzeugen niemanden.

Immer mittellos, besonders seit er auf Picassos Rat hin beschlossen hat, nur noch als Dichter zu leben, ernährt er sich von Wasser und Brot, wozu seine bescheidenen literarischen Einkünfte ausreichen. Damals beginnt er auch zu malen: Er verfertigt nach Skizzen, die er aus dem »Trianon Lyrique« und der »Moulin Rouge« mitbrachte, zarte Guaschmalereien; er stellt sie mit primitivsten Mitteln her, indem er beim Drogisten erstandene Kreide in einer Gummilösung zerdrückt; für gewisse Silbertöne mischt er Zigarettenasche unter das Metallpulver. Es gelingt ihm, seine reizvollen Arbeiten in besseren Bürgerkreisen zu verkaufen.

Obschon er auf Fernande eifersüchtig ist, die seinen geliebten Picasso »mit Beschlag belegt«, obschon er sich nicht scheut, es ihr mit stachligen Komplimenten heimzuzahlen – auf die sie übrigens recht geschickt zu antworten weiß –, ist Max Jacob der meistgesehene Gast in Picassos Künstlerwerkstatt und der beliebteste Gesellschafter bei den Zusammenkünften im »Bateau-Lavoir«. Wenn die Hausbewohner den Abend nicht im Zirkus »Medrano« verbringen, versammeln sie sich bei Picasso. Alle sind bemüht, den Künstler zu zerstreuen und fröhlich zu stimmen, aber niemand versteht sich darauf besser als Max: Er ist ein unvergleichlicher Mime und Schauspieler, und im Nachäffen tut es ihm so leicht keiner nach! »Wenn er erst einmal aufgetaut ist«, erzählt Roland Dorgelès, »ist er imstande, eine ganze Vorstellung zu improvisieren; er deklamiert, singt, tanzt, mimt den Krämer, wie er sich weigert, einen Kauf aufzuschreiben, singt wie die Primadonna des Trianon Lyrique, macht nach, wie Salomon um eine unechte Goldtiara feilscht, wie Jean Moréas über einen Rezensenten herzieht, wie Amboise Vollard im Halbschlaf ein Gemälde verkauft.« Die meisten seiner Themen hat er auf der Straße oder bei den Händlern von Montmartre aufgelesen; zu seinen Informationsquellen gehören auch die Vorstadtklatschbasen, denen er Karten legt oder die Zukunft aus dem Kaffeesatz liest. Gémier, der an einem dieser Abende teilnimmt, ist vor Bewunderung ganz aus dem Häuschen und bestellt bei Max eine Kleinkomödie, *Le Terrain Bouchaballe*, die er inszenieren will. Als er jedoch das Manuskript in Händen hält, findet er es abstrus und gibt sein Vorhaben auf. Max Jacob arbeitet es in einen Roman um.

»Ich habe ihm immer wieder mit Vergnügen zugeschaut«, berichtet Fernande, »wenn er zum x-ten Male die barfüßige Tänzerin nachahmte. Seine hochgekrempelte Hose legte seine haarigen Beine bloß. In Hemdsärmeln, mit offenem Kragen, so daß seine dicht behaarte, zottige, schwarze Brust in Erscheinung trat, tanzte er zierlich, ohne jede Kopfbedekkung auf seinem beinahe kahlen Schädel, die Lorgnette vor den Augen, und rief durch seine gelungene Karikatur schallendes Gelächter bei den Zuschauern hervor.«

Manchmal ahmte er auch die »Heulbojen« der Kaffeehäuser nach und sang mit einer schmelzenden Fistelstimme:

»Ah, wir armen Frauen,
Das Leben bringt uns nichts als Jammer,
Wir liegen vor den Männern auf den Knien,
Die uns die kalte Schulter zeigen . . .«

Den Refrain hatte er selbst gedichtet:

»Ah! Superbe Pandore,
Brigadier que j'adore;
Ah! si tu restes froid
A mon amour pour toi;
Je l'dis avec franchise,
J'vais faire une bêtise,
Il faudra forcément
Que tu me mettes dedans.«

»So wurden ganze Nächte durchgelacht«, erzählte Kahnweiler, der gern an solchen Belustigungen armer Leute teilnahm.

Eine weitere beliebte Attraktion bestand im Nachäffen Degas'. Bei solchen »happenings« packten die Gäste alles aus, was ihnen durch den Kopf zog, wobei sie den bissigen Ton des Meisters der Tänzerbildnisse und Ballettszenen nachahmten. Es handelte sich dabei um eine Art Abreaktion. Im übrigen gehörten Beschimpfungen und Verleumdungen zu den Hauptvergnügungen dieser Abendgesellschaften; sie hatten jedoch stets einen spielerischen Charakter und ließen die tieferen Gefühle von Zuneigung und Bewunderung unberührt. Später allerdings, nach der Zeit des »Bateau-Lavoir«, änderte sich der Ton, und aus Nadelstichen wurden Keulenhiebe!

Bei anderen Gelegenheiten begaben sich die Freunde zu Fuß auf das linke Seine-Ufer und verbrachten den Abend in der »Closerie des Lilas« am Boulevard Montparnasse. Die Dichter unter Picassos Freunden hatten den Künstler in die Literaturkreise eingeführt, die unter dem Vorsitz von Paul Fort in dem berühmten Café ihre Versammlungen abhielten. In seiner Glanzzeit fanden sich bis zu zweihundertfünfzig Schriftsteller, Dichter, Journalisten und Künstler am Dienstag in der »Closerie« ein. Picasso war ein gerngesehener Gast, obschon sich Moréas mit seinem ausgesprochenen Schauspielerakzent gelegentlich über ihn lustig machte, indem er ihn in gewichtigem Ton fragte: »Sagen Sie mir doch, Herr Picasso, was soll man eigentlich von Velasquez halten?«

Wenn das Café schloß, zog die ganze Gesellschaft zu Fuß nach Montmartre zurück; Picasso meldete seine Rückkehr durch ein paar Schüsse aus einer Pistole, die ihm Jarry geschenkt hatte. Die Anlieger am Platz Ravignan, die durch den Lärm aus dem Schlaf gerissen wurden, antworteten mit einer Salve von Beschimpfungen.

Am 22. September 1909 um 16 Uhr trug sich eine Begebenheit zu, die das Leben Max Jacobs völlig umstürzen und seine Freunde in Verwunderung setzen sollte: Als der Dichter sein ärmliches Logis betrat, erschien ihm an der Zimmerwand die Gestalt Christi. Auf diese erste Vision sollten weitere folgen, die zu Jacobs Bekehrung führten. Freilich, die Kirche sollte ihm diese Bekehrung kaum erleichtern: Als Jacob einem Geistlichen der St.-Johannis-Kirche von seinem Erlebnis berichtete, brach dieser in schallendes Gelächter aus, und der Dichter ergriff erschrocken die Flucht. War dieser rittlings auf einem Stuhl sitzende, die Pfeife rauchende Priester nicht die Personifizierung des Bösen?

Max Jacob quittierte den Auftritt mit einem unüberwindlichen Widerwillen gegen alle Kirchenmänner; er verkündete laut seine Umkehr zum Glauben, nahm am Gottesdienst in den Kirchen Sacré-Cœur und Saint-Pierre-de-Montmartre teil und erregte bei den Frömmlern Anstoß, indem er sich mit lauter Stimme seiner nächtlichen Orgien anklagte. Seine theologischen Konzepte mißfielen lange dem Klerus und hatten zur Folge, daß dieser am Ernst seiner Absichten zweifelte. Während des Krieges jedoch nahmen sich die Patres Unserer Lieben Frau von Sion, die sich speziell der Bekehrung der Juden widmen, seiner an und bereiteten ihn auf die Aufnahme in die Kirche vor. Er wurde am 18. Februar 1915 getauft; Pate stand Picasso, der ihm den christlichen Vornamen Fiaker vorgeschlagen hatte, ihm aber schließlich einen seiner eigenen Vornamen, Cyprianus, lieh.

Nachdem Picasso Montmartre verlassen hatte, um eine bürgerliche Wohnung auf dem Boulevard de Clichy zu beziehen, wechselte auch Max Jacob seinen Wohnsitz und richtete sich unweit der Rue Ravignan in einem ebenso elenden Logis wie zuvor ein; es bestand aus einer Art Besen- und Mülleimerschuppen im Hof eines Mietshauses der Rue Gabrielle. Dort empfing er die elegantesten Frauen von Paris, die ihm Paul Poiret, der Modeschöpfer, schickte, dem er Karten legte und der ihn bei der Schaffung seiner Kollektionen stets zu Rate zog. Max Jacob, der nun den schönen Pariserinnen ihre Zukunft aus den Karten oder dem Kaffeesatz las, spielte seine Rolle als Prophet mit dem gleichen Ernst, mit dem er dazumal Kunstkritiken abfaßte. Am Freitag, wenn er empfing, reihten sich in der engen Rue Gabrielle Auto an Auto, vor deren Steuer livrierte Fahrer saßen. Max erwartete diese eleganten Besucherinnen fein gestriegelt, mit dem Monokel im Auge, verneigte sich im Stil Ludwigs XV. und nahm mit höfischer Grazie Einladungen zum Fünfuhrtee oder zum Abendessen in den vornehmsten Vierteln der Stadt entgegen. Sein Ruhm als Wahrsager erreichte seinen Höhepunkt, als bei der Ernennung Caillaux' zum Ministerpräsidenten der »Intransigeant« bei ihm das Horoskop des Staatsmannes bestellte.

Damals verzeichnete Max Jacob auch literarische Erfolge. Eines Tages erhielt er den Besuch Kahnweilers, der ihm das Manuskript seines *Saint Matorel* abkaufen wollte, um es zu veröffentlichen. Der Kunsthändler nahm auch gleich alle anderen Manuskripte des Dichters mit sowie . . . den von Picasso für Max bemalten Paravent, den letzterer Kahnweiler in freudiger Dankbarkeit zum Geschenk überreichte.

Picassos Abzug aus dem »Bateau-Lavoir« hatte die Lockerung der freundschaftlichen Beziehungen zwischen den beiden Männern zur Folge; zeitweilig kam sogar eine gewisse Mißstimmung zwischen ihnen auf. Max litt offenbar unter dem Gedanken, ein mittelloser Bohemien geblieben zu sein; er fand es ungerecht, daß man ihn allein auf dem Montmartre zurückließ. Obschon er Picasso auch weiterhin bewunderte, kritisierte er ihn gelegentlich hinterrücks. Picasso wiederum erfuhr mit Befremden, daß Max Jacob Gemälde und Zeichnungen verkaufte, die er als Geschenk erhalten hatte, und drückte Freunden und Bekannten seinen Unwillen darüber aus. Das trug nicht gerade zum guten Einvernehmen zwischen den beiden Freunden bei; Max Jacob meinte, wenn er von solchen Vorwürfen hörte: »Pablo spricht schlecht von mir!«

Anfang 1905 trat eine bedeutende Persönlichkeit in das Leben Picassos: Guillaume Apollinaire. Er sollte der erfolgreichste Propagandist des Kubismus sowie auch sein extravagantester Chronist werden.

Die Begegnung, die Baron Mollet, eine der malerischsten Figuren, die Picassos Lebensweg kreuzten, in die Wege geleitet hatte, fand eines Abends in den hinteren Räumen der »Austin-Fox-Bar«, Rue Amsterdam, dem Treffpunkt der Dirnen und Jockeis von Maisons-Laffitte, statt. Der Dichter hatte es sich zur Gewohnheit gemacht, dort auf den Zug zu warten, der ihn allabendlich zu seiner Mutter nach Vésinet brachte. Wie so häufig, war er auch diesmal in Begleitung Unbekannter. Er hatte mit zwei Mädchen aus Martinique ein Gespräch angeknüpft und ihnen eigene Gedichte und Stellen aus Büchern, die er bei sich trug, vorgelesen.

Picasso fühlt sich von dem Dichter ebenso stark angezogen wie vier Jahre vorher von Max Jacob. Die beiden jungen Männer duzen sich sofort, sie haben beide das Gefühl, als sähen sie sich nach einer langen Trennung wieder ... Picasso ist von seiner neuen Bekanntschaft so begeistert, daß er Max Jacob in die Bar führt und ihm Apollinaire vorstellt. Beide Dichter sind sofort ein Herz und eine Seele, ihr Feldgeschrei besteht aus dem einen Satz: »Nieder mit Laforgue, es lebe Rimbaud!«

Apollinaire war damals ein dicklicher junger Mann mit hoher Stirn, der – so hat man wenigstens behauptet – einem römischen Kaiser aus der Verfallszeit glich. In Wirklichkeit gehört seine Fettleibigkeit der Legende an, wenn man Marcoussis Glauben schenken darf, der einmal feststellte, daß Apollinaire eine unglaubliche Menge von Unterwäsche trug: unbekleidet soll er beinahe mager gewesen sein.

Fernande Olivier hat uns von Apollinaire eine genaue Beschreibung hinterlassen: »Sein Kopf hatte in etwa die Form einer Birne, seine Gesichtszüge wirkten spitzig, sympathisch, vornehm; seine winzigen Augen lagen nahe an der feinen, langen Nase; seine Brauen glichen Kommata, sein kleiner Mund schien beim Reden noch kleiner zu werden, gleichsam, um seinen Worten mehr Ausdruckskraft zu verleihen.«

Gleich nach der ersten Begegnung machte es sich Apollinaire zur Gewohnheit, häufig die Anhöhe von Montmartre zu ersteigen; als Picasso zu etwas Geld gekommen war, speiste er beinahe täglich im »Bateau-Lavoir«. Er hatte seinen »Zipfel von der Tischdecke«, wie Fernande sich auszudrücken pflegte. Denn damals war bei den Picassos noch nicht die Rede von Servietten. Fernande fügt bei dieser Gelegenheit hinzu, daß er keineswegs die Diskretion eines Max Jacob besaß, der niemals zur Essenszeit erschien, auch wenn es ihm noch so schlecht ging. Trotzdem war der gutgelaunte und liebenswürdige Apollinaire kein ungern gesehener Gast: »Freundich, kultiviert, kunstverständig, und was für ein Dichter!« ruft Fernande aus. »Ich möchte nicht behaupten, daß er von aristokratischer Sensibilität war; eher könnte man von kindlicher Gefühlsseligkeit sprechen, die jedoch ihren Reiz hatte. Seine Persönlichkeit war irgendwie paradox, theatralisch, pathetisch und doch wieder einfach, ja naiv!«

Als Picasso Apollinaire kennenlernte, befand sich der Dichter in einer schwierigen Lage: Er hatte sich sein Brot in Deutschland als Hauslehrer der Gräfin Milhau und später als Angestellter der Bank Lepère, Rue Le Peletier, verdient; sodann versah er den ehrenhaften, aber wenig einträglichen Posten des Chefredakteurs eines Börsenblattes, dem *Guide du rentier*, das Lepère nach dem Auffliegen der Bank gegründet hatte. Unnötig zu sagen, daß Apollinaire vom Finanzwesen nicht das geringste verstand; so war denn auch dem *Guide du rentier* keine lange Laufbahn beschieden. Dem Dichter blieb nichts anderes übrig, als gänzlich subalterne Aufträge zu übernehmen: Er kopierte in der Sonderabteilung der Nationalbibliothek obszöne Werke von Pietro Aretino, Sade, Mirabeau für einen Herausgeber derartiger Literatur. Er verfaßte Leitfäden für Hausgymnastik und Zeitungsartikel, die er rechts und links für ein paar Groschen unterbrachte. Als er einmal völlig mittellos war, schrieb er einen pornographischen Roman mit dem Titel *Les onze mille vierges.*

Seine erste ernsthafte literarische Tätigkeit bestand in der

Veröffentlichung einer poetisch-literarischen Zeitschrift, dem *Festin d'Escope*, die er gemeinsam mit Salmon herausgab. Sie ging nach sieben Nummern ein; immerhin ein beachtliches Ergebnis für ein avantgardistisches Blatt um die Jahrhundertwende!

Da er so gut wie nichts verdiente, mußte er sich jeden Abend nach Vésinet flüchten, wo ihm seine Mutter mißmutig Logis und Tisch gewährte. Vlaminck, der damals Chatou bewohnte, begegnete dem Dichter häufig; er erinnerte sich, besagte Dame einmal im spitzenbesetzten Morgenrock gesehen zu haben, wie sie ihre beiden Söhne aus dem Haus jagte: »Ihr seid zwei elende Zuhälter!« rief sie ihnen wutentbrannt mit strafender Gebärde nach.

Angelina de Kostrowitsky kannte sich auf diesem Gebiet aus! Sie war eine sonderbare Mutter. Als international berühmte Schönheit war sie mit ihren beiden Söhnen, die sie für ihre Neffen ausgab, in Begleitung ihrer Geliebten von Seebad zu Seebad, von Kurort zu Kurort gereist, hatte Luxushotels bewohnt und Kasinos besucht; es war aber auch vorgekommen, daß ihr »offizieller« Liebhaber, ein jüdischer Bankier, den Brotbeutel höher hängte und daß sie sich mit der Promiskuität elender Unterkunftshäuser abfinden mußte. Die Söhne fürchteten sie, vor allem Apollinaire, den sie bei jeder Gelegenheit einen Nichtsnutz schalt und auch gelegentlich wie einen Gassenjungen ohrfeigte.

Wenn die mütterliche Herkunft des Dichters nur allzu eindeutig ist, so herrschte lange völliges Dunkel über die Person seines Vaters, und Apollinaire tat nichts, um in dieser Hinsicht Klarheit zu schaffen. Picasso erzählte zum Spaß, Apollinaire sei der Sohn eines römischen Prälaten und hätte im Vatikan das Licht der Welt erblickt. Der Dichter widersprach ihm nie ... Erst viele Jahre nach seinem Tode wurde festgestellt, daß er in Wirklichkeit der Sohn Francesco Fuigi d'Aspremonts, eines Schweizer Offiziers der päpstlichen Garde, war, der einige Jahre mit der schönen Angelina Tisch und Bett geteilt hatte. Nach der Trennung von seiner Geliebten sorgte er sich weiter um das Wohl seines Sprößlings und vertraute ihn einem seiner Onkel, dem Superior eines Klosters in Monaco, an; so erklärt sich, warum Apollinaire seine Studien im Fürstentum absolvierte, das für die Abenteuer seiner Mutter den geeigneten Rahmen bot.

Die ungewisse Herkunft, die Unbeständigkeit der mütterlichen Existenz, hatten Apollinaire in völlig unerwarteter Weise ein lebhaftes Verlangen nach materieller Sicherheit, nach geordneten Verhältnissen, nach einem trauten Heim eingeflößt. Sobald es ihm seine Mittel erlaubten, das heißt im Jahre 1907, verließ er Vésinet und richtete sich Rue Henner, und später Rue Gros, einen durchaus bürgerlichen Hausstand ein, in dem er eine peinliche, ja geradezu krankhafte Ordnung walten ließ. Marie Laurencin beklagte sich einmal, daß er ihr für die gemeinsamen Schäferstündchen das Bett versagte und sie auf einen Lehnstuhl verwies, da er die Bettdecke nicht zerknittern wollte.

Apollinaire empfing seine Freunde Rue Henner und später Rue Gros am Mittwoch, aber er war so knauserig, daß er mit jeder Tasse Tee sparte und sogar die Wurstscheiben auf dem Anrichteteller zählte. Ein stadtbekannter Spaß bestand darin, ihn »anzupumpen«, um seine verdrießliche Reaktion zu sehen. Man weiß von niemandem, dem er auch nur einen Franc geliehen hätte. Seine Besuche im »Bateau-Lavoir« und die Entdeckung der rosa Gaukler inmitten der blauen Jammergestalten wurden für ihn zur künstlerischen Offenbarung und veranlaßten ihn, sich als Kunstkritiker zu betätigen. Bis dahin hatte er lediglich zwei kurze Studien über die deutsche Malerei, sozusagen seine Gesellenstücke, veröffentlicht. Im April und im Mai besuchte er eifrig die Künstlerwerkstätte Picassos; anläßlich einer Ausstellung in der Galerie Serrurier grüßt er in zwei begeisterten Artikeln den jungen Maler. Weitere sollten folgen!

Aus ihnen spricht ein tiefes Einfühlungsvermögen in den Geist, der die ausgestellten Werke beseelt: »Frauen, die keiner mehr liebt, vom Leben aufgezehrte Bettler, Kinder, die niemand küßt, junge Schwestern, die im Gleichgewicht die schwere Seiltänzerkugel vor sich herstoßen.« Die wehmütige und zierliche Welt Picassos ersteht vor unseren Augen. Es handelt sich hierbei nicht um eine kritische Analyse der Werke, die eine profunde Kenntnis der Kunst und der Malerei voraussetzt, sondern um dichterische, ganz im Gefühl wurzelnde Variationen zu einem Thema. Apollinaire verbirgt seine Ignoranz hinter einer gepflegten literarischen Ausdrucksweise: Oft hat er dabei eine glückliche Hand! Sein Kunstgespür, seine Unterscheidungsgabe ließen zu wünschen übrig; das mag man feststellen, ohne seine Verdienste irgendwie schmälern zu wollen. Alle, die ihn gekannt haben – Kahnweiler, Braque, Vlaminck, Derain –, waren sich darüber einig, daß ihm jeder Sinn für Malerei abging; einige haben ihn sehr streng beurteilt.

Vlaminck bemerkte dazu: »Dieselbe Neigung zum Paradox, die ihn dazu trieb, volkstümliche Romane von der Art des *Nick Carter* oder *Le Vautour de la Sierra* zu lesen, veranlaßte ihn, vor irgendeinem Machwerk auszurufen: ›Das ist vielleicht besser als Cézanne!‹ und nach kurzer Überlegung festzustellen: ›Ja, das ist besser als Cézanne!‹ . . . So war bei ihm alles mehr oder weniger Spielerei: der Zweifel, die Unordnung, der gesunde Menschenverstand, das Absurde.«

Seine Schriften bekräftigten dieses Urteil. Als Zeitgenosse der Fauvisten und der Kubisten sah Apollinaire die Werke unter ihrer Hand entstehen, aber seine Berichte sind konfus und wimmeln von Ungenauigkeiten; so stellt er Derain als den eigentlichen Begründer des Kubismus hin (»Picassos Kubismus ist aus einer Bewegung entstanden, deren Urheber André Derain war«) und räumt einer Marie Laurencin denselben Rang wie Picasso oder Braque ein. »Das Wahre ist niemals interessant!« doziert er; er verheimlicht niemandem, daß ihm die historische Wahrheit völlig gleichgültig ist. Da er seinem eigenen Urteil mißtraut, arbeitet er sein Werk über die kubistischen Maler um und behauptet in der zweiten Fassung das Gegenteil von dem, was er in der ersten dargelegt hat. Er dreht sich im Wind wie ein Wetterhahn!

Auch die Kunstkritik war in seinen Augen nur ein Spiel. Er haschte stets der Sensation nach und suchte nur eines:

»choquer les bourgeois«. Seine Vorliebe galt aus diesem Grunde allem, was aus dem Rahmen fiel, was Aufsehen erregte; er nahm die Dinge nicht ernst, war jedoch entrüstet, wenn sich jemand erdreistete, ihn nicht ernst zu nehmen. Sein Hauptvergnügen fand er beim Verspotten seiner Mitmenschen. Er veranstaltete Vortragsabende, bei denen er Benjamin Rabier, den Tiermaler, der sich auch als Zeichner von Kinderbüchern betätigte, mit Hokusai verglich; er stellte sich auf die Seite der Bourbon-Naundorf, als sie ihre Rechte auf den Thron von Frankreich geltend machten; er erfand eine Dichterin, Louise Lalan, deren Dichtungen er gemeinsam mit Marie Laurencin verfaßte, und deren Werke er ernsthaft in der Zeitschrift *Les Marges* rezensierte ... Vieles deutet darauf hin, daß auch sein Interesse am »Zöllner« Rousseau mehr seiner Sensationslust als einer aufrichtigen Bewunderung entsprang.

Dennoch bleibt bestehen, daß Apollinaire durch seine Intelligenz, durch die Macht seiner Sprache, durch die Magie seines Einflusses mehr als irgendein anderer die Aufmerksamkeit seiner Zeitgenossen auf die avantgardistischen Künstler lenkte und sie berühmt machte. Apollinaire, der immer irgendwelche Geschichten zum Besten gab, der an der Quelle der Nationalbibliothek ohne Unterlaß Anekdoten schöpfte, war ein angenehmer Gesellschafter, den man mit offenen Armen empfing. »Wovon auch immer die Rede war«, weiß Gertrude Stein von ihm zu berichten, »Guillaumes Beitrag war immer glänzend, ob er etwas von der Sache verstand oder nicht; er erfaßte stets das Wesentliche, sein Geist und seine Phantasie bemächtigten sich des Gegenstandes und trugen ihn weiter, als es andere, Berufenere, hätten tun können: Das Sonderbare war bei Apollinaire, daß seine Kommentare gewöhnlich den springenden Punkt trafen.«

Im täglichen Leben erschien er keineswegs unruhig oder gequält wie in seinen Gedichten; ganz im Gegenteil! Er zeigte eine deutliche Vorliebe für lockere, ja unappetitliche Anekdoten, die er wohl zum Teil während seiner Internatszeit im »Collège Saint-Charles« in Monaco gesammelt hatte.

Sein Benehmen war nicht das eines feinbesaiteten Literaten; er hielt sich lässig, trug unförmige Tweedanzüge mit ausgebeulten Taschen, in denen er stets Pakete von Manuskripten und Dichtungen mit sich herumschleppte und zeigte eine Neigung zur Feinschmeckerei, die an Gefräßigkeit grenzte. Vlaminck hat uns über die widerlichen »Freßwettbewerbe« Bericht erstattet, die er mit ihm veranstaltete. Sie bestanden darin, daß die beiden Freunde die ganze Speisekarte eines Restaurants von der Vorspeise bis zum Dessert »durchaßen«: wer als erster aufgab, mußte die Rechnung begleichen.

Apollinaire war zweifelsohne ein munterer Geselle, aber seine Leutseligkeit kannte Grenzen. Er war äußerst empfindlich, wenn jemand seine Person oder sein Werk kritisierte. Eines Tages kam es zu einem heftigen Zornausbruch, als Max Jacob eines seiner Gedichte vortrug, in dem vom »ältesten Frauenhandwerk« die Rede war, das Apollinaires Mutter betrieben hatte. Es sei zugegeben, daß der Scherz nicht von Max Jacobs gutem Geschmack zeugte.

Mit Marie Laurencin, einer großen, schlanken Erscheinung, gab er ein merkwürdiges Paar ab. Picasso hatte die beiden zusammengebracht. Er machte eines Tages beim alten Sagot die Bekanntschaft des jungen Mädchens, das mit Braque in der »Académie Humbert« die Miniaturmalerei studierte, und glaubte, in ihr die geeignete Gefährtin für seinen Freund gefunden zu haben. »Ich habe eine Frau für dich!« kündigte er ihm ein wenig spöttisch an. Mehr zum Scherz wurde eine Zusammenkunft vereinbart, und es zeigte sich, daß Picassos geniales Gespür ihn wieder einmal richtig beraten hatte. Es war, als hätten sich zwei verwandte Seelen wiedergefunden: Beide verdankten ihr Dasein ungeordneten Verhältnissen, beide zeigten eine deutliche Neigung zur Überspanntheit. So pflegte die sonst so stille Marie Laurencin von Zeit zu Zeit ein lautes Wiehern von sich zu geben. Ihr kindisch-herausforderndes Benehmen erregte bei den Freunden weniger Anstoß, als daß es sie nervös machte. Es hatte unter anderem zur Folge, daß Fernande in ihren Berichten sich über das zu gut erzogene Mädchen mit dem Lorgnon stets ein wenig lustig machte. Sie behauptete, »Marie gleiche einer kleinen Perversen, oder täte alles, um für eine solche gehalten zu werden«. An anderer Stelle schreibt sie: »In ihrem Gehabe war sie wenig natürlich, sondern eingebildet und albern: sie war eine Zierpuppe, der es auf Wirkung ankam ... Sie hörte sich überaus gerne reden, beobachtete im Spiegel ihre gewollt kindlichen Gesten.«

Marie kümmerte sich wenig um die Gereiztheit und Abneigung ihrer Umgebung. Später berichtete sie humorig, daß ihre Haltung Picasso und dessen Freunden gegenüber der der Carmen glich: »Wenn du mich auch nicht liebst, ich liebe dich.« Immerhin war sie geschickt genug, um aus den Gesprächen der Künstler Nutzen zu ziehen und die neuen Theorien auf ihre bleichsüchtige Kunst anzuwenden.

Ihr Leben mit Guillaume Apollinaire brachte ihr nicht nur Freude und Genugtuung. Der Dichter, ganz auf Gelegenheitsliebschaften eingestellt, war zugleich ein scheuer und brutaler Liebhaber. Marie, des Treibens müde, verließ ihn schließlich, um einen schönen Deutschen aus Picassos Freundeskreis zu heiraten, den Maler Otto von Wattgen. Da die Eheschließung kurz vor der Kriegserklärung stattfand, wurde die Hochzeitsreise zu einer eiligen Flucht nach Spanien, da von Watten Gefahr lief, in Frankreich interniert zu werden.

Der Diebstahl der *Mona Lisa* im Jahre 1911 stellte die Freundschaft zwischen Apollinaire und Picasso auf eine harte Probe. Als der Dichter bei der Bank Lepère angestellt war, hatte er die Bekanntschaft eines jungen Belgiers gemacht, der ihm durch seine großspurigen Finanzpläne und Geschäftsvorhaben imponierte. Er hieß Géry-Pieret und war ein Prahlhans und Taugenichts, der an Gefährlichkeit um ein weites Manolo übertraf, dessen Bubenstreiche in den Bereich der Commedia dell'arte gehörten; es war ihm aber gelungen, die Künstlerkreise um das »Bateau-Lavoir« durch seine schönen Reden zu blenden. Da ihm Apollinaire ein paar Dienste erwiesen hatte, beschloß er, sich durch ein würdiges Geschenk zu revanchieren. Unbekümmert und wagemutig wie er war, begab er sich schnurstracks in den Louvre und stahl dort vor den Augen der Museumswächter zwei phönizische Statuetten. Apollinaire war über die Gabe so erfreut, daß er sich nicht nach ihrer Herkunft erkundigte. Er sah sich dazu um so weniger veranlaßt, als der Belgier ihm empfohlen hatte, sie niemandem zu zeigen. Der Dichter hielt die Gelegenheit für günstig, Picasso ein billiges Geschenk zu machen, und überreichte dem Freund eine der Statuetten.

Bald pfiffen jedoch die Spatzen von den Dächern, wo Bartel seinen Most holte, und das um so mehr, als Géry-Pieret Marie Laurencin mit feinem Humor fragte, ob er ihr »aus dem Louvre« etwas mitbringen solle (er spielte mit der Doppelbedeutung des Wortes »Louvre«, das im allgemeinen Sprachgebrauch sowohl das berühmte Museum als auch das Warenhaus am Louvre bezeichnet). Das ganze »Bateau-Lavoir« atmete auf, als Géry-Pieret nach Belgien heimreiste, um sich mit seinen Eltern auf einem Dreimaster nach Südamerika einzuschiffen. Einige Jahre hörte man nichts mehr von ihm, und die phönizischen Statuetten gerieten in Vergessenheit.

1911 jedoch erschien der Dieb mit Pauken und Trompeten wieder. Er warf mit den Geldnoten um sich und behauptete, in Amerika sein Glück gemacht zu haben. Vorsichtshalber stellte man ihm keine weiteren Fragen. Nach ein paar Monaten hatte der Amerikareisende sein Vermögen durchgebracht und wandte sich hilfesuchend an Apollinaire, der ihn in der Rue Gros als Sekretär, Faktotum und Vertrauten engagierte, obschon seine Unredlichkeit offenkundig war. Erst als Géry-Pieret in der Nebenwohnung einbrach, entschloß sich der Dichter, ihm zu kündigen. Offenbar witterte er Gefahr, denn entgegen seinen sonstigen Gepflogenheiten griff er in die Tasche und kaufte ihm eine Fahrkarte nach Marseille, wo er sich einschiffen sollte ... Aber es war zu spät! Der Diebstahl der *Mona Lisa* am 21. August brachte ganz Frankreich in Aufregung. Die Journalisten waren nur allzu glücklich, ein so dankbares Thema gefunden zu haben, und schrieben wütende Artikel, in denen sie die Inkompetenz der derzeitigen Museumsverwaltung an den Pranger stellten. Sie behaupteten, in den vergangenen Jahren seien mehr als dreihundert Bilder und sonstige Kunstgegenstände entwendet worden. Géry-Pieret, der der Versuchung eines gefährlichen Lorbeerkranzes nicht widerstehen konnte, richtete von Marseille aus einen Brief an *Paris-Journal*, um sich des Diebstahls zu rühmen, den er mehrere Jahre zuvor verübt hatte und von dem heute niemand mehr spräche. Der Brief wurde veröffentlicht und erregte so großes Aufsehen, daß die Polizei eine Untersuchung in die Wege leitete.

Als Picasso von Céret heimkehrte, wo er mit Manolo seine Ferien verbracht hatte, fand er Apollinaire in Panikstimmung; der Dichter sah sich bereits verhaftet und nach Cayenne verschleppt. Fernande hat uns einen ironischen Bericht vom Schrecken der beiden Freunde hinterlassen: »Ich sehe sie noch vor mir, wie zwei von Reue zerknirschte, vor Furcht zitternde Kinder; sie besprachen die Möglichkeit einer Flucht ins Ausland, aber es gelang mir, ihre von der Angst diktierten Pläne ein wenig zu mäßigen. So beschlossen sie, in Paris zu bleiben und sich unverzüglich der kompromittierenden Kunstgegenstände zu entledigen. Aber wie? Nach einem überstürzten Mahl und einem langen Abend faßten sie den Entschluß, die Statuetten in einen Koffer zu pakken und nachts in die Seine zu werfen. Gegen Mitternacht machten sie sich mit dem Koffer auf den Weg; um zwei Uhr kehrten sie zu Tode erschöpft nach Hause zurück. Den Koffer mitsamt seinem Inhalt brachten sie wieder mit. Sie waren umhergeirrt, hatten jedoch keinen günstigen Augenblick gefunden, um sich ihrer Pakete zu entledigen.«

Nach dieser tragikomischen Nacht begab sich Apollinaire zur Redaktion des *Paris-Journal*, wo er Bekannte hatte, und deponierte dort die Statuetten gegen das Versprechen, seine Demarche geheimzuhalten. Vierundzwanzig Stunden später, am 7. September 1911, erschien die Kriminalpolizei und nahm ihn fest.

Für Apollinaire begann nun ein grauenvolles Erlebnis! Er,

der gern mit Paradoxen jonglierte, stieß nun mit der harten Wirklichkeit einer Gesellschaftsordnung zusammen, die keinerlei Spaß verstand. Niemals vergaß er die Schmach, wie er ohne Halsbinde, Gürtel und Schnürsenkel für die Justizarchive fotografiert und mit Handschellen in eine Zelle der »Santé« geführt wurde zu anderen Strafgefangenen.

Die Presse zog gegen ihn und die gesamte literarische und künstlerische Avantgarde zu Felde, die, wie sie behauptete, im Dienst des »Erbfeindes« stünde, den die Vergeltungspatrioten bei allen möglichen und unmöglichen Gelegenheiten ins Spiel zu bringen beliebten. Bei solchen Schicksalsschlägen zeigen sich die wirklichen Freunde: Léon Daudet und Paul Léautaud lassen Apollinaire fallen, während *Paris-Journal* José Théry, einen ausgezeichneten Rechtsanwalt, mit seiner Verteidigung beauftragt; André Billy und André Salmon gründen ein Komitee, das den Dichter unter seinen Schutz nimmt.

Die Haltung Picassos ist weniger eindeutig; offenbar sitzt ihm die Angst im Nacken, als er vom Untersuchungsrichter zu einer Konfrontierung mit dem Dichter vorgeladen wird. Als er Apollinaire »bleich, abgezehrt, unrasiert, mit zerrissenem Kragen und offenem Hemd, ohne Halsbinde, kleinlaut und jämmerlich vor sich stehen sieht«, glaubt er, auch seine Stunde habe geschlagen, und man werde ihn festnehmen, einsperren und auf die Galeeren schicken. Er beginnt wie Espenlaub zu zittern. Apollinaire hat bereits beim ersten Verhör alles ausgesagt, was man von ihm wissen wollte. Vor dem Untersuchungsrichter, der sich darüber im klaren ist, daß er es mit zwei völlig kindischen Menschen zu tun hat, beginnen die beiden Freunde zu weinen. Das Schauspiel dieser infantilen Angst spricht mehr für die Unschuld der Verdächtigen als eine geschickte Verteidigungsrede; Picasso verläßt den Untersuchungsrichter, ohne daß dieser Anklage gegen ihn erhebt. Sechs Tage darauf, am 12. September, wird Apollinaire vorläufig auf freien Fuß gesetzt. Im Januar wird das Verfahren gegen ihn eingestellt.

Géry-Pieret hat mächtig zu seiner Rehabilitierung beigetragen, indem er aus seinem Unterschlupf einen Brief schrieb, der Apollinaire völlig entlastete und in dem er sich selbst als den alleinigen Dieb bezeichnete. Die weitere Laufbahn des Belgiers gehört in die Rubrik »Verschiedenes«: Alice Halicka erwähnt ihn in ihren Erinnerungen: »Nachdem er wegen Diebstahls in einem Hafen festgesetzt wurde (ich glaube, in Marseille), entkam er wie der Graf von Monte-Christo, indem er ins Meer sprang. Er flüchtete sich als Küchenjunge auf ein Schiff und begann mit der Köchin ein Techtelmechtel. Er heiratete sie, ging in Ägypten an Land und wurde – man weiß nicht recht wie – der Veranstalter großer Feste in Kairo. Bei einem dieser Feste wurde den anwesenden Damen – unter denen sich auch die englische Botschafterin befand – während einer organisierten Lichtpanne der gesamte Schmuck geraubt!«

Dieses Abenteuer sollte Apollinaire bis zu seinem Ende zeichnen. Er schien begriffen zu haben, daß es auf dieser Welt »verbotene Spiele« gibt, und bemühte sich, als achtbarer Mann aufzutreten; er suchte nur alle erdenklichen Ehrungen zu ergattern, und alle, die ihn gekannt haben, sind der Meinung, daß er ein »offizieller Dichter« und wahrscheinlich ein Akademiker geworden wäre.

Als er zu Beginn des Krieges Schritte einleitete, um als Freiwilliger einzurücken – als italienischer Staatsangehöriger konnte er nicht zur Fahne gerufen werden –, wollte er sicherlich den schlechten Eindruck verwischen, den die Geschichte mit den phönizischen Statuetten bei vielen seiner Zeitgenossen hinterlassen hatte.

Der Freundeskreis um Picasso zählte noch weitere Koryphäen: Der Kunstkritiker Maurice Raynal galt später als der größte Kenner des Kubismus und der modernen Kunst; der Schauspieler Olin, eine Art »schöner Apache« mit anarchistischen Neigungen, dem Picasso bei einer Generalprobe einmal einen Kranz von Strohblumen auf die Bühne schickte, der aber auf Max Jacob einen schlechten Einfluß ausübte und ihn zum Trinken verführte, sollte vor Verdun fallen;

André Salmon, der Dichter und Journalist, wurde zwar nie wie Max Jacob oder Apollinaire ein Busenfreund Picassos, er erschien jedoch regelmäßig im »Bateau-Lavoir« oder traf die Freunde bei Azon. Er war damals ein magerer, etwas nachlässiger und scheuer junger Mann, den Manolo acht Tage nach der ersten Begegnung zwischen Picasso und Apollinaire eines Abends ins »Bateau-Lavoir« geführt hatte. In den Jahren 1908 und 1909 hauste er einige Monate lang in einem Atelier, das über dem Picassos lag. Dort fand das Bankett statt, das Salmon anläßlich seiner Hochzeit am 14. Juli für seine Freunde gab. Er hatte sich in der Tat verliebt und ein merkwürdiges Geschöpf geheiratet, das durch eine tiefe Brummstimme und seine Ähnlichkeit mit einem Leichenwagenpferd auffiel: »Ganz Paris ist geflaggt«, rief Apollinaire aus, »weil sich mein Freund André Salmon verheiratet.«

Von 1907 an scharten sich um Picasso immer mehr französische Maler, aber er unterhielt mit ihnen weniger brüderliche Beziehungen als mit seinen Landsleuten. Derain, dessen Bekanntschaft er bei Azon machte, wurde bei weitem der intimste seiner französischen Kollegen. Er sprach mit ihm gern über Malerei, vor allem über alte Kunst, besuchte mit ihm zusammen den »Louvre« und studierte mit ihm die ägyptische Bildhauerei. Damals war Derain noch ein schlanker Jüngling, an dessen Silhouette noch nichts auf den zusammengesunkenen Riesen der dreißiger Jahre hindeutete. Mit Vlaminck, seinem Kameraden aus Chatou, bildete sich ein Freundespaar, dessen Aussehen man nicht so schnell vergessen konnte. Der eine trug einen Anzug aus englischem Tweed und eine Melone, der andere, ein fleischiger Rothaariger, war wie ein Angestellter gekleidet; mit seinem roten Halstuch, das die Krawatte ersetzte, machte er den Eindruck, als suche er ständig einen Gegner, dem er »eine in die Fresse hauen könnte«.

Vlaminck begleitete Derain gelegentlich zu Picasso, aber er gehörte nicht zum Künstlerkreis des »Bateau-Lavoir«. Als Naturmensch zog er es vor, mit seiner Frau und seinen Töchtern in Rueil oder im »Bois de la Jonchère« ein Trapperdasein zu führen. Er trug gern seine anarchistischen Theorien zur Schau und beeindruckte Picasso und seine Freunde, indem er ihnen den »großen Abend« voraussagte oder aus den schlüpfrigen Romanen vorlas, die er mit einem etwas gezwungenen Zynismus niederschrieb, um zu ein paar Pfennigen zu kommen. Die Titel gaben meist bereits über Inhalt und Qualität des Machwerkes Aufschluß: *Alles für das eine* oder *Aus einem Bett ins andere.*

Matisse, um vieles älter als Picasso, gehörte niemals zu seinen Vertrauten, aber er besuchte von Zeit zu Zeit das »Bateau-Lavoir«, um sich zu informieren. Ganz im Gegensatz zu den Behauptungen André Salmons machte man sich über den »Herrn Doktor« (wie man ihn wegen seiner goldgefaßten Brille, seines gepflegten Bartes und seiner professoralen Art nannte) keineswegs lustig, sondern lauschte respektvoll seinen Ausführungen. Nichts wäre falscher, als in Matisse und Picasso zwei feindliche Brüder zu sehen; freilich, sie waren Rivalen, aber sie empfanden von der ersten Begegnung an eine gegenseitige Hochachtung, die sich im Laufe der Zeit noch verstärkte. Sie tauschten schon sehr früh ihre Werke aus; und wenn das Bildnis Marguerites, der Tochter Matisses, das sich Picasso ausgewählt hatte, eines Tages als Zielscheibe für ein Pfeilspiel diente, so geschah das zufällig. Picasso bewahrte das Bildnis stets mit seinen Lieblingswerken auf: »Ich war damals der Meinung, es sei ein Meisterstück«, sagte er einmal, »und ich habe meine Meinung darüber nicht geändert!«

Matisse, der Picassos rosa Seiltänzer schätzte, wollte von den *Demoiselles d'Avignon* nichts wissen; noch weniger sagte ihm der Kubismus zu, zu dessen Namensgebung er beigetragen hatte. Am Anfang schien seine Kunst der farbenfreudigen Euphorie der Fauvisten gerade entgegengesetzt zu sein, aber später lenkte er ein, und einige seiner 1912 gemalten Werke zeigen deutlich, daß der Kubismus ihn tief berührt, wenn nicht gar beeinflußt hat.

Die beiden großen Künstler, die Fernande nicht zu Unrecht mit dem Nordpol und dem Südpol der Malerei verglich, beobachteten sich ihr ganzes Leben lang und verfolgten mit leidenschaftlicher Aufmerksamkeit gegenseitig ihre Entwicklung. Kein anderer zeitgenössischer Maler fesselte sie so stark. Als sich Picasso in Golfe-Juan und später in Vallauris niedergelassen hatte, machte er es sich zur Gewohnheit, seinen älteren Kollegen in Nizza aufzusuchen, der infolge einer schweren Operation gelähmt war. Noch ein halbes Jahrhundert nach den Tagen von Montmartre sahen die beiden Männer gegenseitig im anderen den einzigen Gesprächspartner für bestimmte Themen; und nach dem Tode Mattisses im Jahre 1954 stellte Picasso wehmütig fest, daß er für gewisse Gespräche über die Malkunst nun niemanden mehr habe.

Braque, der vergleichsweise spät im »Bateau-Lavoir« auftauchte, rückte bald zum wichtigsten Platz neben Picasso auf, ein Platz, den kein anderer Künstler jemals innehatte; Braque wurde gleichsam zum Doppelgänger Picassos; sein Name ist wesentlich mit der Entstehung des Kubismus verknüpft, seine Rolle sollte kurz nach den *Demoiselles d'Avignon* deutlich in Erscheinung treten.

Die große Zeit des »Bateau-Lavoir« endete mit einem Fest, das gleichsam der Schlußakt einer Epoche war; 1908 gab Picasso in seinem Atelier ein Bankett zu Ehren des »Zöllners« Rousseau. Und mit dieser Veranstaltung fand das fröhliche und brüderliche Beisammensein auf den Anhöhen von Montmartre seinen Abschluß. Die Künstler verliefen sich nach allen Richtungen; Picasso verließ das »Bateau-Lavoir« und richtete sich in einer bürgerlichen Wohnung am Boulevard de Clichy ein.

Er hatte den »Zöllner« entdeckt, als er bei Vater Soulié das Bildnis der Clémence, Rousseaus erster Frau, hängen sah und für den Preis von fünf Francs erstand. Den Spanier hatte die magische Kraft beeindruckt, die das Gemälde ausstrahlt. Von den unzähligen Persönlichkeiten, die sich für den Einsiedler von Plaisance interessierten, schätzte nur er aufrichtig seine Malerei. Wahrscheinlich war er auch der einzige, der den Beitrag einer Kunst, die allen Regeln und Mythen der gelehrten Malerei entsagte, für das Kunstgefühl der modernen Zeit ermessen konnte. Die anderen sahen in Rousseau – trotz ihrer späteren Beteuerungen – wie derzeit Alfred Jarry, die Gelegenheit zu irgendeinem Ulk.

Picasso, der noch niemals etwas vom »Zöllner« Rousseau gehört hatte, glaubte eine Entdeckung gemacht zu haben. In Wirklichkeit war der Zöllner Rémy de Gourmant, Pissaro, Signac und Jarry seit langem bekannt. Apollinaire war ihm bei den »Unabhängigen« begegnet und hatte an seinen geselligen Abenden teilgenommen. Die unglaubliche Naivität dieses halben Kindes gefiel dem stets auf Spinnereien erpichten Dichter; aber im Grunde mochte er die Kunst des Zöllners nicht; ja, er ließ sogar das Bildnis, das er von ihm und Marie Laurencin gemalt hatte, das berühmte »Le Poète et sa Muse«, in der Rue Gros in den Keller tragen!

Er war hocherfreut, daß Picasso für den »Zöllner« Rousseau Interesse zeigte, und nahm ihn mit Fernande und einigen Freunden zu einem der Abende in die Rue Perrel mit, die der Künstler für seine Nachbarn zu veranstalten pflegte. Fernande hat als aufmerksame Beobachterin das Ereignis geschildert und ein Porträt des Gastgebers vorausgeschickt: »Der brave, von der Last des Alters ein wenig gebeugte Mann, der mit seinem grauen, aber trotz seiner fünfundsechzig Jahre dichtem Haar eher umhertrottete als umherging, und dessen ganzes Auftreten an das eines Kleinrentners erinnerte, strahlte durch seinen erstaunten Blick Herzensgüte aus.

Als wir gegen neun Uhr eintrafen, saßen zwei oder drei Ehepaare in Sonntagskleidern steif auf den zu nahe aneinandergerückten Stühlen, die wie in einem Konferenzsaal in Reih und Glied standen. Es waren die Fleischer, Krämer und Bäcker der Umgebung ...

Auch einige Künstler hatten sich eingefunden: Maler, Schriftsteller, Schauspieler; Picasso, Duhamel, Blanche Albane, Max Jacob, Apollinaire, Delaunay, sowie ein paar Deutsche, die unter den Vorstadthändlern und persönlichen Freunden des Zöllners saßen. Dieser trat dann plötzlich aufs Podium und eröffnete den Abend mit einem Vortrag auf der

Geige. Sodann traten Sänger und gestikulierende Künstler auf, es wurden Melodien und nicht enden wollende Monologe zum besten gegeben. Als wir uns verabschiedeten, schien Rousseau entzückt: ›Ein wirklich gelungener Abend!‹ stellte er fest.«

Aus Bewunderung, aus Sympathie, vielleicht aber auch, weil es ihm selbst Vergnügen machte, revanchierte sich Picasso durch eine Gegeneinladung: Er veranstaltete eines jener Bankette, wie sie damals in Künstler- und Literatenkreisen üblich waren. Als Vorwand bot sich der vor kurzem getätigte Kauf des Bildnisses der Clémence.

Das Fest, das mehr beschrieben als begossen wurde, hat zu mancherlei Berichten Anlaß gegeben. André Salmon, der dabei eine wenig glorreiche Rolle gespielt haben soll, will besser informiert sein als andere Zeugen, vor allem Gertrude Stein, aber auch Maurice Raynal und Fernande. Freilich, Gertrude hält es mit ihren Berichten nicht immer so genau, aber Maurice Raynal und Fernande, die beide mit wachen Augen in die Welt blickten, haben uns Beschreibungen der Veranstaltung gegeben, die trotz der zwanzig Jahre, die eine von der anderen trennen, übereinstimmen. Außerdem wurde ihre Fassung von den Ereignissen durch Picasso bei seinen Gesprächen mit Antonina Vallentin bestätigt.

Picasso wollte dem Fest ein wirklich feierliches Gepräge geben. Sein Atelier wurde von allem Gerümpel geleert, zwei anliegende Künstlerwerkstätten als Anrichteraum und Garderobe requiriert. Laubgewinde, Spruchbänder, Lampions und Fahnen sorgten für die rechte Nationalfest-Atmosphäre. Auf einem breiten, quer durch den Raum gespannten Transparent stand zu lesen: »Rousseau zu Ehren!«, während vor dem gedeckten Tisch, zu dem Azon den nötigen Zubehör geliehen hatte, das *Bildnis der Clémence* in einem Rahmen von Laubwerk auf einer Staffelei prangte.

Zu Beginn des Festes ging alles drunter und drüber; die dreißig Gäste mußten lange warten, ehe sie zu Tisch gerufen wurden. Felix Potin, bei dem Fernande das Essen bestellt hatte, vergaß die Lieferung. Man hat niemals ermitteln können, ob der Stadtkoch den Auftrag vergessen oder ob sich Fernande in der Angabe des Tages geirrt hatte. Fest steht jedoch, daß das Essen erst am Tage darauf gebracht wurde!

Trotzdem knurrte den Gästen nicht der Magen, denn Fernande speiste die Gesellschaft mit einem großen Reistopf nach Valencienner Art ab. Picasso und einige der Geladenen hatten, um die Mahlzeit etwas abzurunden, bei den noch offenen Metzgern und Konditoren Vorspeisen und Leckereien zusammengeholt. Diese auf dem Diwan abgestellten Viktualien sollten Apollinaire veranlassen, die arme Marie Laurencin hart anzufahren und zu ihrer Mutter zurückzuschicken. Sie hatte viel zu tief ins Glas geblickt (Spaßvögel hatten ihr vor dem Essen zuviel zu trinken gegeben!) und stolperte, als sie ins Atelier eintrat, um auf einer Kuchenschüssel mitten in Torten und Blätterteig mit Schlagsahne zu landen. Sie war über den Zwischenfall entzückt und wollte alle Leute in ihre Arme schließen, um sie mit Sahne zu beschmieren. Man packte sie jedoch und jagte sie davon.

Nach dieser »Polizeiaktion« nahm man endlich Platz: der Zöllner erschien, erregt und rosig, in der Hand die Violine, auf dem Kopf einen kleinen Hut. Man führte ihn auf eine Art Podium, das man vor der Tafel aufgestellt hatte. Rousseau hatte das Gefühl, seine ruhmreichste Stunde inmitten einer Schar von jungen Künstlern zu erleben, er zeigte sich überaus würdevoll und verzog keine Miene, als das Wachs einer über ihm angebrachten Lampionkerze auf seinen Schädel tropfte. Schließlich trug er auf seinem Kopf einen regelrechten kleinen Wachshut.

Zwischen den verschiedenen Gängen wurden »Nummern« eingeschoben: Braque spielte auf dem Schifferklavier, Apollinaire trug sein wunderbares Gedicht vor: »Tu te souviens, Rousseau du paysage aztèque ...« Wobei er so tat, als hätte er es am Tisch improvisiert. Pichot mimte das Leiden Christi, der »Zöllner« gab sein Repertoire auf der Geige zum besten.

Nur das Benehmen André Salmons ließ zu wünschen übrig. Um Gertrude Stein und ihren amerikanischen Freunden einen Schrecken einzujagen, simulierte er mit Cremnitz einen Anfall von Delirium tremens. Er simulierte so gut, daß Gertrude Stein noch zwanzig Jahre später in der *Autobiographie d'Alice B. Toklas* beteuert, Salmon habe tatsächlich am Delirium tremens gelitten. Dabei war allen Teilnehmern am Bankett bekannt, daß er und Cremnitz Seife gekaut hatten, um den charakteristischen Schaum vor dem Mund hervorzurufen. Aber die Teilnehmer wußten auch, daß Salmon am Ende des Festes völlig betrunken war, so daß man ihn in die Besenkammer des Ateliers einschließen mußte, wo man ihn am nächsten Morgen schlafend fand. Er lag neben einem Haufen Federn, die vom Hute Alice Toklas' stammten, den er zum Spaß zerrissen hatte.

Mit fortschreitender Nacht sank der Zöllner förmlich in sich zusammen: Die freudige Erregung mehr noch als Wein und Alkohol hatte ihm den Rest gegeben. Er wußte nicht mehr recht, was um ihn geschah, und bemerkte nicht einmal, daß ein Lampion über seinem Kopf Feuer fing. Picasso ließ vom Place d'Anvers einen Fiaker kommen und den braven Alten nach Plaisance zurückbefördern: Er verließ Montmartre mit dem Gefühl, dort den schönsten Tag seiner Künstlerlaufbahn erlebt zu haben.

Ehe der Kutscher auf die Pferde schlug, erwachte Rousseau aus seinem Halbschlaf und rief dem Veranstalter des Festes ein geradezu geniales Wort des Dankes zu: »Du und ich, wir sind die beiden größten Maler der Welt. Du im ägyptischen Stil, ich im modernen!«

5

Meine hübsche Eva

Im Herbst 1909, nach seiner Rückkehr aus Horta de Ebro, verläßt Picasso, wie wir sagten, das »Bateau-Lavoir« und bezieht eine Wohnung Boulevard de Clichy Nummer 11. Der Künstler wird sein ganzes Leben lang der schmutzigen Bude nachtrauern, in der er als Zwanzigjähriger Tage des Elends, der Hoffnung und jugendlicher Liebe verbrachte. Fünfunddreißig Jahre später erklärt er André Salmon: »Wirklich glücklich sind wir nur da gewesen!«

Picasso und Fernande richten sich also in einem typisch bürgerlichen Haus ein, das einen für damalige Verhältnisse ungewöhnlichen Komfort aufweist, fließendes Wasser, Gas und Elektrizität. Das Haus gehört dem Politiker Theophil Delcassé, der mehrmals französischer Außenminister war und den ersten Stock bewohnt. Die Umzugsleute, die Picassos ärmliches Mobiliar ausladen, wundern sich, wie man mit solcher Habe in eine so reiche Wohnung ziehen kann. »Sie haben wahrscheinlich eine Erbschaft gemacht!« mutmaßen sie. Sie wären noch erstaunter gewesen, hätte man ihnen gesagt, daß Picasso, nachdem er Besitzer zweier Schlösser und Milliardär geworden war, sich niemals der Holzmöbel und zerfransten Strohstühle seines ersten Ateliers entledigte und sie bei jedem Wohnungswechsel mitnahm.

Die Wohnung bestand aus einem geräumigen, auf einen hofartigen Garten gehenden Atelier und aus mehreren sonnigen Zimmern, deren Fenster sich auf der Südseite zum Boulevard de Clichy öffneten. Fernande war von ihrem Schlafzimmer mit dem großen englischen Messingbett begeistert; sie verfügte über einen eigenen kleinen Salon, in dem sie einen Flügel aufstellte, dem sie mit lässiger Hand gelegentlich einige Akkorde entlockte.

Die Möbel aus dem »Bateau-Lavoir« wurden in der Mädchenkammer untergebracht, und Picasso besorgte sich die nötigen Einrichtungsgegenstände bei den Trödlern der Umgebung und auf dem Flohmarkt. »Er kaufte auf seinen Spaziergängen alle möglichen Dinge und Antiquitäten«, erzählt Fernande, »die seine schon ohnehin überladene Künstlerwerkstätte anfüllten. Ich erinnere mich, wie er eines Morgens begeistert nach Hause kam, gefolgt von einem Mann, der beinahe unter der Last eines prächtigen, riesengroßen Louis-Philippe-Diwans aus lila Velours mit goldgelben Sitzkissen zusammenbrach.«

Bei anderer Gelegenheit wurde einem alten, niedrigen Lehnstuhl mit verblaßtem, fadenscheinigem Bezug der Ehrenplatz im Atelier zugewiesen. An den Wänden hingen Wandteppiche, Negermasken und Musikinstrumente, in deren Mitte ein kleiner Corot, ein hübsches Frauenbildnis, glänzte. Auf den Tischen standen Negerskulpturen herum, die er seit ein paar Jahren sammelte.

So begann sich schon früh Picassos Leidenschaft fürs Sammeln, genauer gesagt, für das Sammeln von Gerümpel kundzutun, die sonderbare Früchte zeitigen sollte. Der Künstler bewahrt zuhauf Gläser, Saftflaschen, Büchsen, Buntdrucke in kunstvoll mit Stroh verzierten Rahmen auf, mit denen er Wände und alte Tassen schmückt. Des Sammelns ist kein Ende mehr: Picasso stapelt in seinen Wohnungen in der Rue La Boétie, in Boisgelou, in der Rue des Grands-Augustins, in »La Californie«, in Vauvenargues, in Notre-Dame-de-Vie Berge von Kuriositäten, Bildern, Statuen und Büchern auf, mit denen er mehrere Trödlerläden jahrelang hätte versorgen können. Bei all dem Wust finden sich nur wenig wertvolle oder wirklich bemerkenswerte Stücke. Seine Devise lautete: »So extravagant wie irgend möglich!«

Fernande fühlt sich in ihrer neuen Wohnung glücklich. Ihre bürgerlichen Neigungen setzen sich immer mehr durch, sie nimmt mondäne Allüren an, bittet ihre Freundinnen zum Tee und empfängt an ihrem »Jour«. Sie hat das Gefühl, auf der Höhe ihres Ruhmes angelangt zu sein, als Poiret sie mit Picasso auf seinem Schiff einlädt und ihr eine entzückende, goldbestickte rosa Schärpe zum Geschenk überreicht. Sie hat auch ein Stubenmädchen, das ihr als das lebende Symbol ihres Aufstiegs erscheint; aber das Mädchen hat nur wenig zu tun. Am Morgen, wenn die Herrschaft schläft, darf sie keinerlei Geräusch machen. Picasso wiederum untersagt ihr, sein Atelier auszufegen, da er befürchtet, der Staub könne sich auf den frischen Gemälden festsetzen. Alle drei Monate jedoch räumt er seine Künstlerwerkstätte zum »Großreinemachen« aus.

Mit dem Boulevard de Clichy beginnt für Picasso eine neue Zeit, eine Zeit des Erfolges und des Wohlstandes. Der Künstler hat keinerlei Ähnlichkeit mehr mit dem armen kleinen Anfänger, der fünf Jahre zuvor fröstelnd am Quai d'Orsay aus dem Zuge gestiegen war. Alle Ängste sind von ihm gewichen, er fühlt sich sicher und selbstbewußt, und er sonnt sich in der Bewunderung, die ihm Schriftsteller, Künstler und Liebhaber zollen. Eugenio d'Ors kommt aus Madrid, um ihm zu sagen, daß er eines Tages im Prado thronen wird. Picasso ist aber nicht nur ein anderer Mensch, sondern vor allem ein anderer Künstler geworden. Was haben die *Saltimbanques (Die Gaukler)* mit den kubistischen Landschaften gemein, die er während der Ferien ausführt? In ihnen tut sich nicht nur ein anderer Stil, sondern vor allem ein anderer Geist kund!

Die große Wendung war zwei Jahre zuvor, das heißt 1907 erfolgt. Nach einer Reihe von Kohlezeichnungen, von skizzenhaft ausgeführten Pastell- und Ölgemälden schuf er die *Demoiselles d'Avignon.* Dieses Werk, dessen Figuren wie mit der Axt gehauen scheinen, erinnert an Negerskulpturen oder polynesische Bildwerke; es kündigt den Bruch mit allen seinen vorhergehenden Kunstwerken an. Die realistische Darstellung weicht der Andeutung. Das Werk ist die Frucht eines langen Aufenthalts, den Picasso 1906 in Gosol, einem kleinen, nur auf dem Rücken eines Maulesels zu erreichenden spanischen Pyrenäendorfes unweit des Freistaates Andorra nahm. In der Einsamkeit der Berge, in über 1400 Meter Höhe, erlebte der Künstler eine überaus ertragreiche Schaffensperiode; er brachte Skizzen von Bergbauern zu Papier, entwarf unzählige Zeichnungen und verwirklichte zwei seiner wichtigsten Werke: *La Porteuse de Pain (Die Opfergabe)* und *La Toilette (Die Badende)*. Das urwüchsige, naturnahe Bauernmilieu legte ihm mit großer Selbstverständlichkeit einen einfacheren Stil nahe, der sich an die katalanische Romantik anlehnte, von der die Gegend zahlreiche Beispiele bietet. Mitte August kehrte er nach Paris zurück. Er verließ die Ortschaft fluchtartig, als er erfuhr, daß die Tochter seines Gastwirts an Typhus erkrankt war: Fernande erinnerte sich noch lange an den Eilmarsch über das Gebirge, der die Fliehenden nach zwölf Stunden ins erste französische Dorf brachte, wo sie die Postkutsche bestiegen. Der Künstler fand in seinem Pariser Atelier das Bildnis der Gertrude Stein wieder, das er vor seiner Abreise begonnen hatte. Das im realistischen Stil gehaltene Porträt der Amerikanerin, das achtzig Sitzungen erfordert hatte, befriedigte trotz gegenteiliger Beteuerungen des Modells und seiner Freunde den Künstler nicht; er löschte das Gesicht mit Terpentinöl aus. Nachdem er sich vier Monate zuvor ohne Erfolg mit dem Bildnis abgemüht hatte, beendete er es nun ohne das Modell im Stile von Gosol. Er verzichtete auf jede Ähnlichkeit und beachtete kaum die morphologischen Gegebenheiten des Gesichts, das bald mit den grandiosen urigen Zügen der alten griechischen und romanischen Kunst entstand. Gertrude Stein erhob heftigen Einspruch: »Das Bildnis ähnelt mir nicht!«

»Sie werden sehen«, erwiderte Picasso, »eines Tages werden Sie diesem Bildnis ähneln!«

Genau dies traf ein! Picasso hat nur noch die Komposition als solche im Auge, seine Sorge gilt der Farbe, dem Material. Im Fahrwasser des Porträts der Gertrude Stein malt er nun sein Selbstbildnis, das berühmteste, das er uns gelassen hat: Es zeigt ihn großstrichig mit riesigen Augen und einer flachen Nase. Wenn man es betrachtet, meint man, eine moderne Fassung des *Dévot Christ* von Perpignan vor sich zu haben.

Die *Demoiselles d'Avignon,* denen eine Reihe zur Geometrie tendierender Akte vorausgeht, werden im Frühling des Jahres 1907 geschaffen. Picasso hält das Werk im wesentlichen für ein Experiment; er sieht es nie als wirklich vollendet an und zeigt es erst 1937 im »Petit Palais« der Öffentlichkeit. Ja, er setzt seine Studien für die einzelnen Figuren fort, nachdem er die Arbeit an dem Bild bereits eingestellt hat. So kommt es, daß zahlreiche Skizzen zu den *Demoiselles d'Avignon* erst nach dem Gemälde entstanden sind.

Das Werk trug von Anfang an die Spuren einer gewissen Unentschlossenheit. Im Verlauf einiger weniger Wochen änderte es Picasso mehrere Male. Er löschte zwei Figuren aus, die er anfänglich vorgesehen hatte, einen Seemann und einen Studenten mit einem Totenkopf, um sie durch zwei nackte Frauen zu ersetzen. Während er das Gemälde schuf, vollzog sich in ihm eine Entwicklung: Man kann sich durch einen Blick davon überzeugen, daß die linke Seite zur »rosa Periode« gehört, während die rechte den Stempel der primitiven Kunst trägt. Man erkennt unter anderen, weniger deutlichen Einflüssen den der einheimischen Kunst Polynesiens und Schwarzafrikas wieder. »Ich hatte die Hälfte des Bildes gemalt«, erklärt Picasso später Antonina Vallentin, »und es war mir sofort, als entspräche es nicht meinen Vorstellungen! Da habe ich die andere Hälfte hinzugefügt. Ich fragte mich, ob ich nicht alles wieder von vorn anfangen sollte. Dann jedoch sagte ich mir, ›warum eigentlich? Man wird verstehen, was ich gemeint habe!‹«

So wie wir sie heute kennen, zeugen die *Demoiselles d'Avignon* von einer Anzahl sensationeller Neuerungen, die besonders im Fehlen jeder linearen Perspektive und jeder Rundformen bestehen. Die Formgebung ist durch geometrische Gebilde, Rechtecke, Quadrate und Dreiecke ausgedrückt. Anstelle der Schatten stehen scharfe Schraffierungen, geschweifte Linien kommen so gut wie überhaupt nicht vor. Wenn die *Demoiselles d'Avignon* auch nicht das erste kubistische Werk sind, wie man gelegentlich behauptet hat, so tragen sie doch bereits deutliche Merkmale des späteren Kubismus.

Die Freunde Picassos haben sich oft gefragt, wie das Gemälde zu dem Namen *Les Demoiselles d'Avignon* kam. Sicher scheint, daß der Künstler, als er das Werk schuf, die Bewohnerinnen eines ganz bestimmten Toleranzhauses im Auge hatte; und zwar handelt es sich um die Mädchen eines nahe bei seinem Atelier in Barcelona, in der Carer d'Avinyo gelegenen Hauses. Einer seiner Scherze bestand darin, während der Arbeit zu behaupten: »Das ist Max' Großmutter! (Sie war tatsächlich in Avignon geboren.) Und das ist Marie Laurencin ...« Als Sabartès 1938 näheres über den Namen des Bildes wissen wollte, erwiderte ihm Picasso: »Die Idee stammt von Salmon. Für mich stellt das Werk ein Bordell in Avignon dar ... Aber du verstehst, für einen Kunstsammler wäre es kompromittierend, ein Bordellgemälde im Hause zu haben ... Ja, ich glaube, es war Salmon, der dem Bild seinen heutigen Namen gab ...«

Mit den *Demoiselles d'Avignon* tat Picasso einen mächtigen »Sprung nach vorn«. Viele Künstler hätten sich damit begnügt, den Stil, den sie kreiert hatten, auszubeuten und im Zuge einer langsamen Evolution weiterzuentwickeln. Aber Picasso brach mit der »rosa Periode« und zeigte damit sein überragendes Genie. Er gehört zu jenen Schöpfern, die sich niemals mit dem Erreichten zufriedengeben; sobald er fühlt, daß er in die Fahrbahn der Routine gerät, bricht er die Brükken hinter sich ab und stellt alles in Frage. Die *Demoiselles d'Avignon* bedeuten nicht nur eine wichtige Errungenschaft für das plastische Gefühl unserer Zeit, sondern sie stellen eine eklatante Selbstbehauptung des unabhängigen Schöpfergeistes dar, eines Schöpfergeistes, der nicht vor Herausforderungen zurückschreckt und Verständnislosigkeit und geistige Einsamkeit mit in Kauf nimmt. Es ist häufig betont worden, daß Picasso in diesem Werk alle Dinge verarbeitet hat, die ihn damals seit einiger Zeit beschäftigten: das griechische Altertum, die ägyptische Frontalität, die Formgebung der katalanischen Marienstandbilder, die geometrische Aufteilung der Flächen in der Art Cézannes, der nüchterne Expressionismus der Negerskulpturen. Über den Einfluß der schwarzafrikanischen Kunst auf sein damaliges Werk ist viel geschrieben worden, was bei Picasso einen Reflex des Ärgers auslöste: »Ich habe noch nie etwas von schwarzafrikanischer Kunst gehört!« erwiderte er einmal einem unbeholfenen Interviewer.

Aber selbst in seinen affektfreien Äußerungen hat er stets den Einfluß der Negerkunst auf sein Werk geleugnet. Immerhin gab er zu, sich zur Zeit der *Demoiselles d'Avignon* für die schwarzafrikanische Kunst interessiert zu haben. Alle avantgardistischen Künstler fühlten sich von der Negerkunst angezogen, deren auf das Wesentliche beschränkte Plastik den Kunstbestrebungen vieler entgegenkam. Picasso war ein ausgezeichneter Kenner der schwarzafrikanischen Kunst; oder besser gesagt: Er kannte alles, was man auf diesem Gebiet damals in Paris sehen konnte. Nach der übereinstimmenden Aussage seiner Zeitgenossen wurde er von Matisse auf die afrikanische Kunst aufmerksam gemacht, der gerne im Schaufenster eines Kuriositätenhändlers in der Rue de Rennes, den man »Le Père Sauvage« nannte, dessen Laden aber in Wirklichkeit »Au Vieux Rouet« hieß, Negerstatuetten betrachtete.

»In seiner Auslage«, erzählt Matisse, »standen Negerstatuetten. Ihre Eigenart, die Reinheit ihrer Linien beeindruckten mich stark. Sie besaßen die Schönheit der ägyptischen Kunst. Ich habe eine dieser Statuetten gekauft und sie Gertrude Stein gezeigt, die ich am gleichen Tage aufsuchte. Da erschien unversehens Picasso. Er war sofort begeistert.« Max Jacob hat uns eine etwas andere Beschreibung der Szene hinterlassen, die sich nach seinem Bericht bei Matisse im Verlaufe eines Abendessens abspielte. Picasso war von der Negerskulptur so begeistert, daß er einen Teil der Nacht damit verbrachte, Skizzen nach ihr anzufertigen.

Damit soll aber keineswegs gesagt sein, daß Matisse und Picasso, die oft gemeinsame Interessen zusammenführten, die schwarzafrikanische Kunst »entdeckt« hätten! Vlaminck zum Beispiel bestreitet das formell und berichtet in seinem durchaus glaubwürdigen, handfesten Stil, wie *er* die Negerkunst entdeckte: »An einem Nachmittag des Jahres 1905 hatte ich mich nach Argenteuil begeben, wo ich die Seine, die Kähne, die Hügel malte. Die Sonne brannte heiß. Nachdem ich meine Farben und Pinsel eingeräumt hatte, nahm ich mein Gemälde und trat in eine Kneipe ein. An der Theke standen Flußschiffer und Kohlenträger. Während ich mich an einem Weißwein mit Sprudelwasser erfrischte, bemerkte ich auf einer Etagere zwischen Pernod-, Anis- und Curaçaoflaschen drei Negerskulpturen; zwei waren mit roter und gelber Ockerfarbe bemalt; die dritte war völlig schwarz und stammte von der Elfenbeinküste.

War es, weil ich zwei bis drei Stunden in der glühenden Hitze gearbeitet hatte? Oder weil ich mich damals in einer besonderen Gemütsverfassung befand? Oder weil meine Entdeckung gewissen Experimenten entsprach, mit denen ich mich damals beschäftigte? Tatsache ist, daß mich die drei Skulpturen beeindruckten. Mir wurde intuitiv klar, welche Möglichkeiten sie in sich bargen. Sie eröffneten mir den Weg zur Negerkunst.

Ich fragte den Bistroinhaber, ob er sie mir verkaufen wolle. Zuerst machte er Einwände; ich ließ nicht locker; nach zahlreichen Bedenken, Ausflüchten und Vorwänden überließ er sie mir unter der Bedingung, daß ich für alle eine Runde Rotwein stiftete, und ich zog mit den drei Statuen ab.

Etwas später bot mir ein Freund meines Vaters, dem ich meine Errungenschaften zeigte, andere Negerkunstgegenstände an, die sich in seinem Besitz befanden; seine Frau hatte nämlich erklärt, sie wolle diese ›Scheußlichkeiten‹ in den Mülleimer werfen. Ich suchte ihn auf, und er überreichte mir eine große, weiße Maske und zwei wundervolle Statuen von der Elfenbeinküste.

Als Derain erschien, blieb er wie gebannt vor der weißen Maske stehen. Er fand so schnell nicht die Fassung wieder und bot mir zwanzig Francs an, wenn ich sie ihm überließe. Ich weigerte mich. Acht Tage später erhöhte er sein Angebot auf fünfzig Francs. Da ich an diesem Tag ›pleite‹ war, verkaufte ich ihm die Maske. Er nahm sie mit und hängte sie in seinem Atelier in der Rue Tourlaque auf. Als Picasso und Matisse Derain besuchten, erlebten sie einen ähnlichen Schock. Von diesem Tage an begann die Jagd auf Negerkunstobjekte!«

So jedenfalls erklärt der Fauvist aus Chatou den Vorgang. Seine These wurde auch von Apollinaire übernommen, der sowohl Vlaminck als auch Picasso kannte.

Die *Demoiselles d'Avignon* brachten ganz Montmartre in Erregung; man begab sich in Picassos Künstlerwerkstätte aus Neugierde, aber auch, um sich über den Maler lustig zu machen. Vollard, dessen Haupttugend nicht das Wohlwollen war, erklärte Picasso für verrückt. Stschukin war untröstlich: »Welch ein Verlust für die französische Malerei!« Léon Stein spottete: »Sie haben versucht, die vierte Dimension zu malen! Wie lustig!« Derain behauptete, man würde den Maler bald erhängt hinter seinem Bild finden. Braque, den Apollinaire vor kurzem zu Picasso gebracht hatte, wurde von Panik ergriffen. Nach einer langen Diskussion vor dem Gemälde verließ er das Atelier mit den Worten: »Trotz aller deiner Erklärungen mutet mich dies Bild an, als wolltest du uns Werg zu essen und Petroleum zu trinken geben.«

Immerhin regte ihn das Gesehene zum Nachdenken an, und er ging bald zu einem plastischen Kunstkonzept über, das die Ausdruckskraft der Zeichen und Symbole betonte und sich nicht so wesentlich vom Fauvismus unterschied, dessen Anhänger er spät geworden war. Er hatte soeben in Gesellschaft von Othon Friesz, mit dem er zusammen in Le Havre auf die Kunstschule gegangen war, in Antwerpen eine Reihe von zwölf Gemälden fertiggestellt, die zu den schönsten des Fauvismus gehören. Aber die überschwengliche Farbenpracht befriedigte nicht vollständig seinen scharfen Geist. Er sah sich nach etwas anderem um, das ihm weitere Fortschritte ermöglichte.

Braque war damals ein 1,80 m großer, kräftiger Geselle,

der beim Gehen die Schultern wiegte. Seit seiner Entlassung aus dem Militärdienst, den er als Sergeant in Paris absolviert hatte, trug er den Kittel der Malschüler, in dem er einige Jahre zuvor aus Le Havre auf dem Fahrrad nach Paris gekommen war; in der Seine-Metropole setzte er seine Ausbildung gleichzeitig beim Dekorateur Laberthe und im Atelier von Bonnat in der Kunstakademie fort, als ernsthafter junger Mann kleidete er sich dunkelblau; die Eleganz seiner Anzüge bildete einen scharfen Gegensatz zu dem schlampigen Äußeren der anderen Maler. Später allerdings änderte er unter dem Einfluß des Kreises um Picasso seine Lebensweise und lief ebenfalls im blauen Arbeitskittel herum, zu dem später die graue Melone und die Strickkrawatte kamen. Braque war zweifelsohne ein seriöser Mann ... aber wie alle Arbeiter suchte er auch sonntags Erholung und führte die Mädchen in der »Moulin de la Galette« tanzen. Manchmal spielte er auch in seinem Atelier unweit des »Théâtre Montmartre« für seine Freunde auf dem Schifferklavier.

Mehrere Jahre schritt er auf demselben Weg wie Picasso voran. Die beiden Künstler sahen sich täglich und unterhielten sich im Atelier des einen oder des anderen über die Arbeit des Tages. Bei Azon trafen sie den Versicherungsmathematiker Princet, der ihnen einige Grundelemente der Raumgeometrie erklärte; oder sie unterhielten sich mit Derain, den ähnliche Probleme wie Braque und Picasso beschäftigten. Fernande beschuldigt Braque in ihren *Aufzeichnungen,* Picasso plagiiert zu haben; diese Meinung schien auch bei den anderen Mitgliedern von Picassos Freundeskreis vorgeherrscht zu haben; aber sie ist völlig irrig! Braque fühlte sich ohne Zweifel von den *Demoiselles d'Avignon* zunächst abgestoßen; dann aber dachte er nach und erfaßte, worauf Picasso abzielte; die Experimente des Spaniers lagen ganz in der Linie seiner eigenen Bestrebungen. Bei Azon wurde im Freundeskreis über die Gemälde und die Kunstauffassungen Cézannes diskutiert, über die neuen Wege, die die schwarzafrikanische und ozeanische Kunst eröffneten, über die grandiose Kindlichkeit des »Zöllners« Rousseau. Die

Vorstellungen, die dort ausgetauscht wurden – und deren Einfluß sich in den Werken Derains, in geringerem Maße sogar in denen Vlamincks geltend macht –, bestimmten die Entwicklung des jungen Malers aus Le Havre und veranlaßten ihn, sich etwas von seinen fauvistischen Freunden Othon Friesz und Raoul Dufy zu distanzieren. Diese Entwicklung zeichnete sich bereits im Sommer 1907 während Braques Aufenthalt im Marseiller Vorort L'Estaque ab. Seine Studien aus dieser Zeit, die auf den Einfluß Cézannes zurückgehen, erlaubten ihm, nach seiner Rückkehr nach Paris eine Reihe von Gemälden auszuführen, die der Farbe weniger Platz einräumten als der geometrischen Gestaltung des Werkes. Im folgenden Jahr kehrte Braque in Begleitung Dufys nach L'Estaque zurück und malte dort Bilder, die man durchaus kubistisch nennen kann. Eben jene Bilder, die zuerst 1908 im »Salon d'Automme« und dann später bei Kahnweiler ausgestellt wurden, waren es, die einige wenig wohlwollende Kritiker zu der Behauptung veranlaßten, er plagiiere Picasso. Es sei hierbei bemerkt, daß Louis Vauxelles, der auch den »Fauvisten« ihren Namen gegeben hatte, die Bilder Braques in Anlehnung an einen Ausspruch Matisses zum ersten Mal »kubistisch« nannte. Fernande behauptet, Picasso sei darüber ärgerlich gewesen. Man mag sich jedoch fragen, was Picasso wohl zu einer Beanstandung Anlaß gab, da Braque alle seine Arbeiten unter den Augen des Spaniers ausführte. Beide Künstler bemühten sich damals um dasselbe Problem, Volumen auf einer zweidimensionalen Fläche wiederzugeben. Ihre Experimente führten sie dazu, ihre Gegenstände in kühner Weise »aufzurollen« und ihre verschiedenen Seiten zugleich auf der Leinwand festzuhalten oder ihre Fragmentierung in Würfel oder Prismen vorzunehmen, um die Simultaneität im Raum zu erwirken. Ihre Methoden ähnelten sich derart, daß es praktisch unmöglich ist, die Werke des einen von denen des anderen zu unterscheiden, und dies um so weniger, als sie mehr oder weniger dazu übergingen, ihre Gemälde auf der Rückseite zu signieren, um die Einheitlichkeit der Komposition nicht zu stören. Einer Legende zufolge hätten sie auch ihre Namenszüge ausgetauscht, um die Freunde zu verwirren. Picasso hat dies jedoch stets bestritten.

Die *Demoiselles d'Avignon* sollten eine neue wichtige Persönlichkeit ins Leben Picassos einführen. Wilhelm Uhde, der beim alten Soulié für zehn Francs *La Femme au tub (Die Badende)* gekauft hatte, berichtete Kahnweiler voller Begeisterung von einem »assyrischen« Gemälde des Spaniers; Kahnweiler begab sich sogleich ins »Bateau-Lavoir«, um sich das Werk selbst anzusehen, das ihm als »außerordentlich« geschildert worden war. Kahnweiler, ein junger Bankierssohn aus Mannheim, hatte soeben eine kleine Kunstgalerie in der Rue Vignon Nummer 28 eröffnet. Trotz seiner dreiundzwanzig Jahre sah er wie ein Knabe aus, was Vollard zu der Behauptung veranlaßte, seine Eltern hätten ihm die Kunstgalerie zur ersten Kommunion geschenkt. An dieser Behauptung war insofern etwas Wahres, als ihm seine Onkel als Hochzeitsgabe ein Darlehen von 25 000 Goldfrancs zukommen ließen, nachdem er erklärt hatte, daß ihn das Bankgeschäft nicht interessiere: »Wenn du bis Ende des Jahres zu keinem positiven Ergebnis kommst, arbeitest du weiter; sonst schicken wir dich nach Südafrika!«

Der Spielraum, über den Daniel Heinrich Kahnweiler verfügte, war also klein, und er begann sehr vorsichtig, Bilder zu erwerben. Sein erstes Interesse galt den Fauvisten, die er bei den Unabhängigen und im Salon d'Automme entdeckt hatte und deren Stil an den der deutschen Expressionisten erinnerte. Er hatte sich Braque, Van Dongen, Vlaminck und Derain gesichert.

Die *Demoiselles d'Avignon* ließen ihn perplex. Es war ihm jedoch klar, daß er etwas gänzlich Neuartiges vor sich hatte, aus dem eine neue Ära der Malerei hervorgehen würde. Mit dem ihm eigenen kaufmännischen Flair sagte er sich, daß er bei den Fauvisten schon zu spät käme, da sie Vollard praktisch mit Beschlag belegt hatte, während ihm das Glück in Picasso einen Maler in die Hand spielte, der am Anfang seiner Laufbahn stand. Und er beschloß, auf dieses Pferd zu setzen.

Der junge Kahnweiler war nicht nur ein hervorragender Kunstkenner - er sollte später ausgezeichnete Studien über den Kubismus, Juan Gris und Paul Klee verfassen –, sondern auch ein gerissener Geschäftsmann. Er unterschied sich in seiner Art völlig von Vollard. Er liebte nicht nur die Kunst, sondern auch die Künstler und verstand es, freundschaftliche Beziehungen mit ihnen anzuknüpfen, die sich auf die Dauer als überaus lohnend erwiesen. Vor Ausbruch des Ersten Weltkrieges besaß er mit Vlaminck zusammen zwei Schiffe auf der Seine, eine Regatten-Jacht und ein Motorboot, das er *Saint Matorel* getauft hatte. Er begleitete Picasso in den Zirkus »Medrano« und zum »Rat Mort«. Später verbrachte er seine Nächte mit Juan Gris in Tanzlokalen, nicht, weil er irgendein Vergnügen dabei fand, sondern um seinen Schützling diskret zu beaufsichtigen. In geschäftlichen Dingen ließ er sich aber nie zu Gefühlsentscheidungen verleiten; Fernande schilderte ihn als »den Typ des jüdischen Geschäftsmannes, der das Risiko nicht scheute, wenn ihm ein Gewinn winkte«. So zeigte er sich unternehmungslustig und aktiv; er feilschte oft stundenlang mit den Künstlern, bis sie ihm, des Kampfes müde, die gewünschte Ermäßigung einräumten. Alice Derain, die ihn weniger streng beurteilt, fügt hinzu, daß er sich jedoch schämte, so wenig zu zahlen, denn er wußte, daß er knauserig war.

Wie Vollard, verlegte sich auch Kahnweiler auf die Herausgabe von Prachtausgaben, die er von den Künstlern seiner Galerie bebildern ließ; so veröffentlichte er als erster *L'Enchanteur Pourrissant* von Apollinaire mit Holzschnitten von Derain, sowie den *Saint Matorel* von Max Jacob mit Illustrationen von Picasso. Als er nach dem Ersten Weltkrieg nach Paris zurückkam, verlegte er bald den ersten Roman eines jungen Schriftstellers, *Les Lunes de papier* von André Malraux.

Zu Anfang zeigte Picasso dem blutjungen Kahnweiler ein wenig Mißtrauen; er zweifelte etwas am Ernst des Bilderhändlers und vermied, mit ihm zu große Bindungen einzugehen. Aber bald konnte er sich von der Lauterkeit seiner Absichten überzeugen und schloß mit ihm seinen ersten Exklusivvertrag. Von diesem Augenblick an war die Zeit der Geldschwierigkeiten für Picasso vorüber; er verkaufte, was er wollte und an wen er wollte; zu den ersten Liebhabern seiner Bilder, Sainclère, Level und Hessel, gesellten sich drei bedeutende Kunstsammler: Serge Stschukin, Gertrude und Léo Stein.

Die Geschwister Stein waren Vegetarier und Anhänger der Naturheillehre des Raymond Duncan; sie gehörten der vagabundierenden Intelligenzija der »Belle-Epoque« an. Sie waren bereits als Kinder nach Europa gekommen und hatten mit ihren Eltern die bedeutendsten Museen und die bemerkenswertesten Sehenswürdigkeiten des Kontinents besucht. Nach einem langen Aufenthalt in Paris waren sie nach Kalifornien zurückgekehrt, um dort ihre Studien zu beenden. Aber beim Tode ihrer Eltern erbten sie ein kleines Vermögen, das ihnen erlaubte, mit der Rendite ein angenehmes Bohemeleben in Paris zu führen. Sie überließen ihrem ältesten Bruder die Verwaltung des Familienvermögens und bezogen 1904 ein bescheidenes Privathaus, Rue de Fleurus Nummer 27. Léo stellte zunächst eine Sammlung japanischer Stiche zusammen, die ein paar bemerkenswerte Stücke umfaßte. Dann aber machte ein Freund das Geschwisterpaar auf die avantgardistische Kunst aufmerksam und riet ihnen, sich eine Reihe von Cézannes zu kaufen. Er führte sie zu Vollard, der sie mißtrauisch und brummig empfing und ihnen nur mit äußerstem Widerwillen die Werke des Meisters von Aix überließ, nachdem er zuvor versucht hatte, ihnen zweitrangige Kunstwerke zuzuschieben. Nach langem Zögern willigte er endlich ein, den Amerikanern das Bildnis der Madame Cézanne abzutreten. Diese erste Berührung mit der modernen Kunst sollte die Geschmacksrichtung der Geschwister Stein für immer bestimmen; sie machten es sich bald zur Gewohnheit, den Salon der Unabhängigen und den Salon d'Automne zu besuchen. Dort stießen sie 1905 auf die ersten Fauvisten und kauften Matisse für fünfhundert Francs die *Femme au chapeau* ab, nachdem sie vergeblich versucht hatten, hundert Francs herunterzuhandeln. Kurz darauf entdeckten sie zufällig Picasso, als sie eines Tages den Laden von Clovis Sagot nach Gelegenheiten durchstöberten.

Tief ergriffen von der warmherzigen Bewunderung, die ihm die Amerikaner bezeugten, schlug Picasso Gertrude Stein, deren massive Silhouette ihn fesselte, vor, ihr Porträt zu malen. Fernande nahm die Gelegenheit wahr, um die sonderbare Frau, ein in gerippten Samt gekleidetes Zwitterwesen, ebenfalls zu porträtieren; Fernande beschrieb sie folgendermaßen: »Sie war dickleibig, klein, massiv, hatte einen schönen Kopf mit edlen, auffälligen, regelmäßigen Zügen, intelligente, geistvolle Augen. Ihr Verstand war durchdringend und hell. Ihre Stimme, ihr ganzes Gehabe hatten etwas Männliches.« Sie sollte kurz darauf, besonders aber in der Zeit zwischen den beiden Weltkriegen, das Orakel der amerikanischen Literaten werden; nach der Veröffentlichung ihres wichtigsten Werkes *The Making of Americans,* trug sie wesentlich zum Durchbruch der Schriftsteller der »lost generation« bei, der Scott Fitzgerald, Hemingway, Robert Coates und T. S. Eliot angehörten.

Man wundert sich heute darüber, daß dieser mit wenig Scharfsinn begabte Blaustrumpf eine solche Rolle hat spielen können; aber die Tatsache läßt sich nicht leugnen: Gertrude Stein besaß trotz ihrer Eitelkeit, ihrer Leichtgläubigkeit, ihrer ausgesprochenen Neigung zu Plattheiten und Klischees die Gabe, durch die Stärke ihrer Persönlichkeit die hervorragendsten Geister ihrer Zeit anzuziehen. Zwanzig Jahre lang konnte kein amerikanischer Schriftsteller berühmt werden, ohne im Salon der Gertrude Stein, Rue de Fleurus, zum Ritter geschlagen worden zu sein. Hemingway versuchte, sich dieser Regel zu widersetzen, was ihm die Beschuldigung des Plagiats eintrug. Gertrude umgab sich mit einem Verhau von vorgefaßten Meinungen und Tabus; sie rühmte sich, keine Zeile französisch zu lesen, und verachtete die französischen Schriftsteller. Bernard Fay, der ihr beteuerte, sie sei mit

Picasso und Gide die bedeutendste Persönlichkeit, der er jemals begegnet sei, antwortete sie seelenruhig: »Sie haben recht, aber warum wollen Sie ausgerechnet Gide dazuzählen?«

Picasso und seine Freunde hatten bald die Schwächen der Amerikanerin entdeckt und machten sich über sie lustig . . . aber nur in ihrer Abwesenheit, denn die Kunstsammler waren rar, und die Geschwister Stein zahlten zwar wenig (Gertrude rühmte sich Marie Cuttoli gegenüber, die schönsten Guascharbeiten der »rosa Periode« für fünfundzwanzig Francs erworben zu haben), aber kauften gern. So kam es, daß sich die engen Zimmer des Hauses in der Rue de Fleurus mit einer unermeßlichen Sammlung von Kunstschätzen füllten; in den dreißiger Jahren, als sich die Vermögensverhältnisse Gertrudes infolge der Krise verschlechtert hatten, konnte sie nach Herzenslust aus ihren »Goldkammern« schöpfen.

Obschon Gertrude Stein zwei Studien über Picasso und Juan Gris verfaßt hat, verstand sie wenig von Malerei, und die schönsten Stücke ihrer Sammlung waren von ihrem Bruder Léo, einem feinen und kultivierten Mann, ausgesucht worden. Als sich Bruder und Schwester 1929 trennten und Léo nach Amerika zurückging, teilten sie ihre Sammlung: Léo nahm Cézanne und Matisse und ließ Picasso und die Kubisten seiner Schwester. Nach Léos Abreise trat die künstlerische Ungewißheit Gertrudes deutlich zutage; sie interessierte sich nur noch für Maler zweiten Ranges, was ihr die bissigen Kommentare Picassos eintrug, der feststellte, daß sie ihren Spürsinn von ehedem verloren hatte. Gertrude Stein zeigte sich verärgert und schmollte.

Damals war die Zeit der engen Freundschaft vorüber; Gertrude führte mit Picasso nur noch jene langen Unterhaltungen, die sie in ihrer *Autobiographie d'Alice B. Toklas* wiedergibt; das Buch ist mehr ihre eigene Lebensbeschreibung als die ihrer Freundin. Bei genauerem Nachdenken fragt man sich, was sich die Amerikanerin und Picasso überhaupt zu sagen hatten, denn der Künstler war allen Vertraulichkeiten und mehr noch allen ästhetischen Erörterungen abhold. Das hindert Picasso nicht, sich vor dem Ersten Weltkrieg jeden Sonnabend in der Rue de Fleurus zum Abendessen einzufinden und dem Empfang beizuwohnen, den die Amerikanerin nach dem Diner gab. Picasso machte es sich nach seinem Bruch mit Fernande zur Gewohnheit, Gertrude Stein und ihrer Freundin alle seine neuen »Errungenschaften« vorzustellen und von ihr auf Herz und Nieren »prüfen zu lassen«. So kam es auch, daß Picasso ihr kurz vor ihrem Tod Françoise Gilot vorführte, die bei dem Anblick der beiden Frauen mit dem inquirierenden Blick der Schrecken packte: Die eine glich einer großen, gefräßigen Katze, die mit ihrer Beute spielt, die andere einer besonders giftigen Spinne. Alice, die Spinne, terrorisierte übrigens die große Katze.

Trotz der Freundschaft, die Gertrude und Picasso verband, waren Meinungsverschiedenheiten und Streitereien häufig, und das gute Einvernehmen litt darunter; der bevorzugte Zankapfel war Matisse: Picasso sah nur äußerst ungern, daß die Amerikanerin freundschaftliche Beziehungen zu dem fauvistischen Maler und dessen Frau pflegte. Matisse tat ein übriges, um die Spannung zu verschärfen: »Picasso ist kein Mann für Sie!« erklärte er Gertrude. Später, zur Zeit der Ballette, pflegten Gertrude Stein und Picasso jahrelang keinen Umgang mehr, weil Picasso der Amerikanerin ihre Bewunderung für Juan Gris nicht verzieh. Nach dem Tode des Malers jedoch nahm Gertrude die Verbindung mit Picasso wieder auf, ohne daß die alte Freundschaft neu erblühte. Beide waren inzwischen berühmt geworden, und jeder hatte seinen Kreis von Bewunderern, die sie in Anspruch nahmen und von der übrigen Welt abschirmten.

Serge Stschukin, Picassos letzte Bekanntschaft aus der »rosa Periode«, gehörte der Gattung der Mäzene mit unbegrenzten Mitteln an. Fernande hat den Moskauer prinzlichen Geschäftsmann völlig falsch gesehen, wenn sie von ihm schreibt: »Stschukin, ein steinreicher russischer Jude, war ein Liebhaber der modernen Kunst. Der kleine, bleiche, schnurrige Mann mit dem großen Kopf und der Schweineschnute stotterte so furchtbar, daß er kaum imstande war, sich verständlich zu machen; die Peinlichkeit, die sich daraus ergab, schien bis auf sein Äußeres abzufärben. Picassos Methode war für den Russen eine Offenbarung. Er kaufte für einen für die damalige Zeit hohen Preis zwei Gemälde, darunter die wunderschöne *Frau mit dem Fächer*, und wurde ein ziemlich treuer Kunde. Und das vor allem deshalb, weil er sich vom Kubismus nicht abschrecken ließ und weiter kaufte.«

Fernande ist nicht nur bösartig, sondern schlecht unterrichtet. Stschukin war kein Jude, sondern gehörte im Gegenteil der puritanischen orthodoxen Sekte der »Altgläubigen« an. Er war ein fanatischer Kunstfreund und kam eigens aus Moskau, als ihm Kahnweiler durch ein Telegramm den Erwerb einiger Gemälde Picassos ankündigte. Zur Zeit der Oktoberrevolution zählte seine im Trubetskoi-Palast aufgestapelte Sammlung neben zahlreichen Cézannes, van Goghs und Gauguins nicht weniger als fünfzig Werke von Picasso und vierzig von Matisse. Matisse war 1910 eigens nach Moskau gereist, um das Aufhängen der *Danse* und der *Musique* zu überwachen, die Stschukin bei ihm bestellt und für die Summe von zwanzigtausend Goldfrancs erworben hatte.

Als die Revolution 1917 den Kunstsammler verjagte, floh er nach Paris. Man sah ihn auch ferner noch in Gemäldegalerien, aber er hatte sein Vermögen verloren und kaufte nichts mehr. Er verzieh den Sowjets, seine Bildersammlung verstaatlicht zu haben: »Ich hatte ohnehin die Absicht, meine Kunstsammlung einem Museum zu vermachen«, erklärte er.

Nach seiner Übersiedlung auf den Boulevard de Clichy sieht sich Picasso veranlaßt, seine Lebensweise zu ändern; er arbeitet nun vornehmlich am Tage in seinem Atelier oder im »Bateau-Lavoir«, wo er ein anderes Lokal gemietet hat. Bei Einbruch der Nacht geht er aus, besucht Kunstgalerien oder verbringt den Abend mit Freunden. Wenn er auch nicht mehr die Anhöhe erklimmt, um sich zum »Lapin Agile« oder in ein anderes schmieriges Bistro von Montmartre zu begeben, so sieht man ihn nun häufig in der »Ermitage«, einem unweit seines Wohnsitzes gelegenen Bierlokal. Dort begrüßt er die aus Italien gekommenen »Futuristen«, und dort wird auch dem neuen Gedichtband Apollinaires der Name *Alcools* gegeben.

In eben diesem Bierlokal sollte sich auch der Bruch zwischen Fernande und Picasso vollziehen. Picasso und Fernande hatten ein anderes Liebespaar kennengelernt, Louis Markous und seine Freundin Marcelle Humbert. Markous, dessen Name Apollinaire in »Marcoussis« – nach einem reizvollen Dörfchen in der Ile-de-France – umwandelte, war ein humoristischer Zeichner und Mitarbeiter der Zeitschrift *Rire*, der in einer vom Kubismus beeinflußten Art zu malen begann. Er erschien als ein zartsinniger Künstler mit einem beschränkten Register, der nach dem Krieg in den besseren Kreisen als die Verkörperung des Kubismus galt, in Wirklichkeit aber nur sein Verbreiter war.

Eine innige Zuneigung verband Marcelle und Fernande, und die beiden Paare hatten eine Gewohnheit daraus gemacht, sich beinahe allabendlich in der »Ermitage«, im Zirkus »Medrano« oder im Lichtspielhaus zu treffen. Picasso fühlte sich von der exkisen Schönheit, von der raffinierten Eleganz Marcelles angezogen, die einen lebhaften Gegensatz zu den plastischen Formen Fernandes bildeten. Nachdem er so viele Jahre mit einer Rubensfigur gelebt hatte, war er bereit, es einmal mit einer der anmutigen Damen Watteaus zu versuchen.

Gino Severini, ein Pariser Futurist, der häufig seine Abende in der »Ermitage« verbrachte, hat uns einen Bericht über den Bruch zwischen Picasso und Fernande hinterlassen, dessen unfreiwilliges Werkzeug er wurde: »Fernande«, schreibt er, »war keine seriöse Frau. Sie verliebte sich in einen jungen italienischen Maler, einen liebenswürdigen und intelligenten Mann, namens Ubaldo Oppi, der mich aufgesucht hatte, weil er durch mich Picasso kennenlernen wollte.

Er war in die Seine-Metropole gekommen, um sich über das Pariser Leben zu informieren. So nahm ich ihn eines Abends in die Ermitage mit, wo ich ihn meinen vier Freunden vorstellte.«

Fernande wußte damals – oder vermutete wenigstens –, daß Picasso ihr untreu war. Warum hatte er im »Bateau-Lavoir« ein Atelier gemietet, wenn nicht, um dort in aller Ruhe eine andere Frau empfangen zu können? Die dicke Gertrude Stein, die sich sicherlich nicht durch einen besonderen Spürsinn auszeichnete, war auf Grund ihrer Beobachtungen zu einer ähnlichen Schlußfolgerung gekommen. Als sie eines Tages Picasso im »Bateau-Lavoir« aufsuchte, hatte sie auf einer Staffelei ein unvollendetes Gemälde erblickt, das über einer Partitur die Legende »Meine Hübsche« trug. »›Meine Hübsche‹ kann sicherlich nicht Fernande sein«, erklärte sie beim Fortgehen ihrer Freundin Alice Toklas. »Es würde mich interessieren, wer wohl damit gemeint ist.«

Gemeint war Marcelle! Fernande hielt den Augenblick für gekommen, zum Gegenschlag auszuholen. Sie hatte sich in Ubaldo Oppi verliebt, wollte aber zugleich ihren Geliebten wiedergewinnen; das beste Mittel schien ihr, ihn eifersüchtig zu machen, indem sie mit dem Italiener durchging. Der schlaue Plan scheiterte völlig. Weit davon entfernt, über Fernandes Seitensprung bestürzt zu sein, fühlte sich Picasso geradezu erlöst! Er verlor nicht eine Minute und entführte am nächsten Tag bereits Marcelle nach Céret.

Marcoussis, der nichts ahnte, war über das Verschwinden seiner bildschönen Mätresse, die er aufrichtig liebte, untröstlich. Nachdem er in allen Bistros von Montmartre seine Verzweiflung und seine Empörung herumposaunt hatte, rächte er sich durch eine Zeichnung, auf der sein Rivale von seiner neuen Eroberung gefesselt wurde und einen hindernisreichen Weg beschritt.

Die Rache war mild und die »Fesseln« für Picasso durchaus erträglich. Der Frühling hatte seinen Einzug gehalten, in Céret standen die Bäume in Blüte. Aber die Liebenden stellten sofort nach ihrer Ankunft fest, daß sie nicht allein auf der Welt waren. Die kleine Bohemekolonie von Céret, zu der Manolo, Totote und Franck Haviland gehörten, erhielt rasch Zuwachs von Neugierigen, die sich über die letzten Klatschgeschichten besser informieren wollten. Juan Gris erschien, desgleichen Braque und seine junge Frau Marcelle; eines schönen Tages stieg auch Fernande mit den Pichots aus dem Zuge aus. Die Lage wurde für Picasso unhaltbar. Die Künstlerwelt beobachtete ironisch die Zusammenkünfte der ehemaligen Liebenden. Fernande spielte vergeblich die klassische Rolle der verzweifelten und reumütigen Sünderin. Picasso wollte nichts mehr von ihr wissen: »Ihre Schönheit bezaubert mich noch immer«, erklärte er Gertrude Stein, als er ihr von seinem Bruch mit Fernande Bericht erstattet, »aber ich kann ihre Kaprizen nicht mehr ertragen!«

Um seiner Liaison ein unwiderrufliches Ende zu setzen, reiste er am 19. Mai mit Marcelle nach Avignon, ohne irgend jemanden zu benachrichtigen. Die Liebenden der »rosa Periode« sollten sich nie mehr wiedersehen. Fernande richtete an Gertrude Stein ein sehr würdiges Schreiben, um ihr zu sagen, daß sie ihre Freundschaft mit Picasso verstünde und »trotz aller Sympathie, die sie ihr gezeigt habe, nicht mehr in der Lage sei, weitere Beziehungen mit ihr zu pflegen ...« Und damit begann ihr langer, beschwerlicher Leidensweg. Im Jahre 1934 schien ihr die Zeit der Erinnerung gekommen, und sie schrieb ohne Leidenschaft oder Groll ein hervorragendes Buch, *Picasso et ses amis (Picasso und seine Freunde)*, in dem sie mit Inbrunst und Ergriffenheit das beste Porträt ihres einstigen Geliebten entwarf, das je zu Papier gebracht wurde. Picasso war über diese späte Ehrung wenig begeistert und ließ alle Exemplare aufkaufen, deren er habhaft werden konnte.

Für Fernande nahm das Leben einen eintönigen Verlauf. 1958, als sie bereits das Gehör verloren hatte und an Gelenkrheumatismus litt, erkrankte sie an einer Lungenentzündung. Marcelle Braque, die wie Alice Derain auch weiterhin mit ihr verkehrte, berichtete Picasso von ihrer Not. Der Künstler schickte ihr postwendend einen Scheck von 10 000 Francs (ca. 6500 DM), damit sie sich in ordentliche Pflege begeben konnte. Im Gegensatz zu dem, was man behauptet, setzte er ihr keinerlei Rente aus, und Fernande bezog auch weiterhin die staatliche Altersunterstützung.

Als sie am 1. Februar 1966 allein in ihrer kleinen Wohnung in Neuilly starb, ließ sie so gut wie nichts zurück, aber in ihrer Schmuckkassette fand man einen kleinen, herzförmigen Spiegel, den Picasso ihr in der Zeit ihrer Liebe geschenkt hatte: Es war ihr letztes Kleinod.

Picasso und Marcelle hielten sich nicht lange in Avignon auf; sie wollten lediglich ein Haus in der Umgebung der Päpstestadt mieten: Man bot ihnen in Sorgues die Villa »Les Clochettes« an, eines jener Landhäuschen, die man in Südfrankreich »bastides« nennt; leider hatte man das Gebäude durch eine Reihe von geschmacklosen Anbauten verunstaltet. Dort richteten sich die beiden für den Sommer ein. Picasso, der sich wie bei allen seinen Liebesabenteuern voll schöpferischer Kraft fühlte, bat Braque und seine Frau, zu ihnen zu kommen. Die beiden Künstler arbeiteten Seite an Seite und schafften im Verlauf des Sommers eine Kunstform, der man den Namen »Synthetischer Kubismus« gegeben hat. Wenn auch die Volumen weiterhin aufgeblättert werden, so verschwinden die Prismen, und die Bilder gewinnen an Klarheit. Gewisse Gegenstände wie Obstschalen, Mandolinen und Siphons behalten ihre Form. Auf der Leinwand erscheinen Tapetenmuster, Druckbuchstaben, falsche Hölzer, falscher Marmor, die nach dem Prinzip der Augentäuschung dargestellt werden: Die Devise der beiden Künstler scheint zu lauten: »Humor und Phantasie«.

Picasso erlebt den Rausch einer neuen Liebe: Um deutlich zu machen, daß Marcelle die erste Frau seines Lebens sei, tauft er sie um und nennt sie Eva.

Eva, der es beschieden war, niemals ihren wirklichen Namen zu tragen (sie hieß nicht Humbert, sondern Gouel), und die Marcoussis stets mit dem Kosenamen »Pépé« ansprach, hat kaum irgendwelche Spuren hinterlassen. Wir besitzen von ihr nur eine kleine, ziemlich verwaschene

Momentaufnahme, die sie – gleichsam im Schleier der Erinnerung – als schmale, elegante Silhouette in einem japanischen Kimono, mit einem blassen, von einem romantischen Haarkranz umsäumten Gesicht und großen, sanften Augen zeigt ... Picasso, der Fernande unzählige Male porträtierte, hat uns von Marcelle keinerlei Bildnis hinterlassen. Zur Zeit ihrer Liebschaft hatte er das menschliche Antlitz aus seinen Werken verbannt. Pfeifen, Tabaksbeutel, Gitarren, Partituren, Obstschalen genügten seinem ganz auf Genauigkeit ausgerichteten Geist. Dabei hatte er Kahnweiler geschrieben: »Ich liebe sie innig ... und ich werde sie auf meiner Leinwand festhalten.«

Tatsächlich figuriert Eva auf mehreren seiner Gemälde. Neun tragen den Vermerk *Pablo-Eva, Hübsche Eva, Ich liebe Eva, Meine Hübsche.* Hierbei handelt es sich um den Refrain einer Schnulze von Frangson, die sie zur Zeit ihrer Liebe sangen: »O Manon, ma jolie, mon cœur te dit bonjour« (»Mariechen, meine Hübsche, dich grüßt mein Herz«). Eine der Kompositionen mit der Inschrift »Ma Jolie« hatte Picasso an die Küchenwand der Villa »Les Clochettes« gemalt. Kahnweiler schickte nach der Abreise Picassos ein Team von Fachleuten nach Sorgues, um das Werk von der Mauer zu lösen. Der Eigentümer erklärte wütend, daß man ihm das Haus ramponiere!

Als Picasso und Marcelle Ende Oktober nach Paris zurückkehrten, richteten sie sich nicht wieder am Montmartre ein. Der Künstler wollte dem dortigen Milieu entkommen; er hatte Kahnweiler gebeten, während seiner Abwesenheit seine Wohnung auf dem Boulevard de Clichy zu räumen. Das Paar zieht in eine neue Wohnung am Montparnasse, 242, Boulevard Raspail ein. Dort bleibt es nur wenige Monate, um sich unweit von dort, 5, Rue Schoelcher, gegenüber dem Friedhof von Montparnasse, in einem bequemen, ja luxuriösen Atelier niederzulassen. Die Aussicht auf den Friedhof hat jedoch etwas Bedrückendes, um so mehr, als »Eva« bald erschreckend zu husten beginnt.

Der Umzug Picassos nach Montparnasse kommt dem

Bruch mit seinen alten Freunden gleich: Die Zeit der Dichter ist vorüber! Der Künstler schreibt auf dem Boulevard Raspail und in der Rue Schoelcher nicht, wie im »Bateau-Lavoir« über seine Tür: »Zum Stelldichein der Dichter!«

Allerdings verkehrt er auch später noch mit Max Jacob und Apollinaire, vor allem mit letzterem, der aus seiner Vorliebe für das Montparnasse-Viertel kein Hehl macht und häufig bei »Baty« oder »Rosalie« zu Mittag speist, die in etwa den Bistros von Montmartre entsprechen. Picasso pflegt nun nachbarliche Beziehungen zu einem anderen Geschwisterpaar, das er durch Apollinaire kennengelernt hat, der Baronin von Oettingen und ihrem Bruder, Serge Jastrebzoff, mit seinem Künstlernamen Serge Férat. Da der Spanier außerstande ist, seinen komplizierten Namen auszusprechen, nennt er ihn »Jott-Apostroph«. Die Baronin, die sowohl die Feder wie den Pinsel führt, finanziert die Zeitschrift *Les Soirées de Paris*, deren Leitung nach André Billy Apollinaire übertragen wurde. In ihrem Salon finden sich die Avantgardisten aller Tendenzen zusammen: Blaise Cendrars, Modigliani, Severini, Survage, der dienende Ritter der Hausdame, die Maler der »Section d'Or«, und die Futuristen. Am Abend, wenn sich die Gäste trennen, schwärmen sie in die verschiedenen Restaurants und Bistros des Montparnasse-Viertels aus und legen so den Grundstein zu den späteren »warmen Nächten von Montparnasse«. Apollinaire, der gerne den Propheten spielt, sagt dem Stadtviertel herrliche Tage voraus: »Montparnasse wird seine Nachtlokale, seine Barden haben, wie es heute schon Dichter und Maler zählt. Dann aber ist es mit Montparnasse vorüber, denn das Reisebüro Cook wird ihm seine Kunden schicken!«

1914 hätte für Picasso ein Jahr des Triumphes werden können. Am 2. März wurde im Versteigerungshaus »Hôtel Drouault« die Sammlung der Vereinigung »Das Bärenfell« verkauft. Seine große Komposition *La famille des saltimbanques* wurde vom deutschen Kunsthändler Thannhauser für die beträchtliche Summe von elftausendfünfhundert

Francs erworben; die Maler, die vom Montmartre und Montparnasse herbeigeströmt waren und sich unter die Schar der internationalen Bilderhändler verstreut hatten, klatschten Beifall. Picasso feierte nicht nur einen persönlichen Sieg, sondern er wohnte dem Sieg der Avantgarde bei. Der Beweis war erbracht, daß die neue Kunst ebenso hohe Preise erreichte wie die Gemälde der »chers maîtres« aus dem Salon. Die Festung der traditionellen Malerei war erschüttert, der Krieg sollte sie dem Erdboden gleichmachen.

Anfang August, im Augenblick der Kriegserklärung, befindet sich Picasso mit Eva, Braque und Derain in Avignon. Während seine Freunde dem Mobilisierungsbefehl nachkommen, bleibt er allein zurück. Picasso ist Pazifist und denkt nicht daran, sich wie Apollinaire oder viele andere fremde, in Frankreich lebende Künstler freiwillig zum Heer zu melden. Er ist Spanier und fühlt sich dem Lande gegenüber, das ihm seine Gastfreundschaft gewährt, in keiner Weise verpflichtet, obschon er in Frankreich künstlerische Entwicklungsmöglichkeiten und Anerkennung seines Talentes fand. Seine Sympathie gehört den Franzosen, und seine besten Freunde sind Franzosen. Das hindert ihn jedoch nicht, die Frage zu stellen, ob er Frankreich liebt und jemals lieben wird. Nur allzu oft wählt er Frankreich zur Zielscheibe seiner bitteren und spöttischen Bemerkungen.

Tatsache ist, daß ihn die Abreise seine Freunde mehr bestürzt als der Ausbruch des Weltkonflikts; er hat das Empfinden, daß ein Abschnitt seines Lebens zu Ende geht: »Ich habe Derain und Braque an den Bahnhof begleitet«, erzählt er nach dem Kriege Kahnweiler, »und ich habe sie niemals wiederfinden können«, womit er der geistigen Entfremdung Ausdruck geben wollte, die ihn für immer von seinen einstigen Freunden trennte. Vor ihm liegen Tage des Trübsinns und der Einsamkeit. Eva ist 1913 bei einem fröhlichen Ferienaufenthalt in Céret erkrankt; die Diagnose des Arztes lautete auf schwere Bronchitis. In Wirklichkeit hatte sie die Schwindsucht, die sie 1916 dahinraffen sollte. Trotz seiner Ichbezogenheit und seines festen Willens, sich nicht dem

Schmerz hinzugeben, berührt der Tod seiner Geliebten Picasso tief; an Gertrude Stein, der er sein Herz ausschüttet, schreibt er: »Für mich ist es ein großer Schmerz, sie war immer gut zu mir.« Die Bestattung Evas wurde für den Künstler eine schwere Prüfung, denn der Krieg hinderte die meisten seiner Freunde, ihm tröstend zur Seite zu stehen: »Es waren nur sieben oder acht Freunde zu Evas Beerdigung gekommen, die überaus traurig verlief«, schreibt Juan Gris an Kahnweiler, »und die Späße, die Max zum besten gab, machten das Ganze noch schrecklicher.« Max war kein Liebhaber von Frauen, nicht einmal von toten.

Picasso lebt nun allein am Montparnasse; der Krieg bedrückt ihn, er arbeitet wenig. Die meisten seiner Freunde sind an der Front. Braque, der in Carency am Kopf verletzt wurde, mußte trepaniert werden und war aus dem Lazarett ins Revier entlassen worden; Apollinaire, der in Berry-au-Bac an der Schläfe verwundet worden war, erholte sich im französisch-italienischen Lazarett langsam von seiner Trepanation; Kahnweiler, der sich in die Schweiz geflüchtet hatte, machte sich um seine als feindliches Gut beschlagnahmten Bilder Sorgen; Juan Gris, der im »Bateau-Lavoir« ein kümmerliches Dasein fristete, nagte mehr und mehr am Hungertuch; und dies trotz der Hilfe Léonce Rosenbergs, der bei den Kubisten die Rolle Kahnweilers übernommen hatte; Marie Laurencin und ihr Mann, Gleize und Delaunay lebten in Spanien im Exil ... Picasso fühlte sich nicht recht wohl in seiner Haut, er suchte die Gesellschaft anderer und führte dennoch ein Einsiedlerdasein. Abends erschien er in einem alten, lakritzefarbenen Regenmantel, mit einer schwarzweißkarierten Stallburschenmütze in der »Rotonde«. Er setzte sich finster und wortlos im Hintersaal nieder, der den Stammkunden reserviert war, und beobachtete mit trübem Blick das Kommen und Gehen der Gäste. Man war versucht, ihn für völlig geistesabwesend zu halten, so wenig schien er sich um die Unterhaltung seiner Tischgenossen zu kümmern; aber wie schon im »Els 4 Gats« nahm er manchmal unversehens am Gespräch teil, wenn irgend etwas sein Interesse weckte.

Gabriel Fournier, der mit ihm damals verkehrte, hat uns eine seiner blitzartigen Interventionen geschildert: »Eines Abends brach er sein Schweigen, als hätte er Feuer gefangen: Seine Augen sprühten Funken, während seine geweiteten Pupillen das Band der Militärmedaille fixierten, die einer unserer Kameraden auf dem Dolman trug. Picasso rief, indem er mit dem Finger darauf zeigte: ›Dies Geld zwischen den grünen Streifen erscheint mir rot! Es ist rot!‹ Danach verfiel er wieder in sein dunkles Grübeln.«

Die Maler aus Rußland und Osteuropa, die sich an den Tischen der »Rotonde« und des »Dôme« drängten, erregten sein Mißfallen. Ihr Benehmen, ihre künstlerischen Theorien riefen bei ihm Befremden hervor. Soutine ließ er noch eben gelten, aber Modigliani, den er auf dem Montmartre kennengelernt hatte, fiel ihm mit seiner Großsprecherei auf die Nerven: »Warum findet man ihn immer völlig betrunken am Montparnasse und nie auf den großen Boulevards?« fragte er ärgerlich. Das hinderte ihn jedoch nicht, ihm eines Abends einen Hundert-Francs-Schein in die Jackentasche zu stecken, als er ihm – wie gewöhnlich betrunken – auf dem Boulevard du Montparnasse begegnete ... Ein paar Jahre später gibt er ihm mit Kisling, Salmon, Cendrars und Max Jacob das letzte Geleit. Als die Polizisten vor dem Leichenwagen salutierten, bemerkt Picasso zu Carco: »Siehst du, nun ist er gerächt!«

Picassos liebste Freunde sind der Bildhauer Gargallo, mit dem er auf spanisch fachsimpeln kann, sowie das Paar Férat, das er häufig aufsucht und das ihm mehr zum Zeitvertreib die Grundlagen des russischen Alphabets beibringt. So erklären sich die cyrillischen Schriftzeichen auf einigen seiner Bilder. Er stattet auch Gertrude Stein nach ihrer Rückkehr nach Paris einen Besuch ab, nachdem sie durch die Kriegsereignisse mehrere Monate lang in London festgehalten worden war. Als er eines Tages auf dem Boulevard Raspail spazierengeht, deutet er auf einige Geschütze, die mit braunen, grauen und grünen Flecken getarnt sind: »Das haben wir erfunden«, meint er.

Seit dem Tode Evas kann er seine Wohnung in der Rue Schoelcher nicht mehr sehen. Im Oktober zieht er wieder einmal um. Diesmal flieht er in einen Pariser Vorort. Seine Wahl fällt auf eine Villa im Stil Napoleons III., die mitten in einem Garten in der Rue Victor-Hugo in Montrouge liegt. Doch steht sein Wohnungswechsel unter einem schlechten Stern. Beim Umzug werden zahlreiche seiner Sammelobjekte beschädigt, und kurz darauf wird bei ihm eingebrochen. Er ist ärgerlich, daß man ihm seine Wäsche und nicht seine Bilder stiehlt, was auf seine Berühmtheit hingedeutet hätte. Als er 1917 von einer Spanienreise nach Paris zurückkehrt, findet er sein Atelier überschwemmt.

Diese Zeit der Trauer und Einsamkeit sollte auch eine neue Wendung seiner Kunst zur Folge haben; man kann noch keine klare Tendenz erkennen. Picasso findet zunächst den Weg zum Realismus zurück. Als sich Max Jacob taufen läßt, malt er von ihm ein Bildnis im Stile Ingres. Ungefähr zur gleichen Zeit porträtiert er Jean Cocteau nach echt kubistischem Konzept. Man spürt deutlich seine Unentschlossenheit; was ihm fehlt, ist der Auftrieb, den ihm nur die Liebe zu geben imstande ist, und zwar die wirkliche Liebesleidenschaft, denn er unterhält zahlreiche Bekanntschaften mit Frauen. Seine Montrouger Abenteuer sind alle von kurzer Dauer. Gertrude Stein, eine wenig auf Klarheit bedachte Klatschbase, nennt mehrere Frauen: Pâquerette, »ein wunderhübsches Mädchen«, Irene, »eine Gebirglerin, die die Freiheit sucht«. Diese Details muten bei so vagen Berichten sonderbar an.

All diese kurzen Liebschaften, die einen Abend oder ein paar Tage dauern, befriedigen vielleicht die Sinne des Künstlers, aber sie machen ihn nicht glücklich. Irgend etwas in seinem Innern ist zerbrochen, und trotz seiner Erfolge wird er immer wieder von den Ängsten seiner Jugendzeit geplagt. Gertrude Stein bemerkt, wenn sie von dieser Periode seines Lebens spricht: »Man hörte niemals mehr sein fröhliches Lachen!«

6

Eine Walzertour

Wie der Engel »Heurtebise«, so erschien an einem Wintertag des Jahres 1917 Jean Cocteau, um Picasso aus dem Sumpf seiner Trostlosigkeit zu ziehen, in dem er immer mehr versank. Der Dichter war damals achtundzwanzig Jahre alt; trotzdem lebte in ihm der Jüngling fort: »Er hatte ein merkwürdiges Gesicht«, schreibt Maurice Sachs, »ihm war etwas Spitzes, Ausdrucksvolles und Hartes eigen, es bestand aus lauter Winkeln und beherbergte eine lange, spitze Nase; es fiel durch hervorstehende Backenknochen, buschige Augenbrauen und ungewöhnlich glänzende blaue Augen auf, kalte Augen, die jedoch funkelten, Augen aus Stahl. Über der Stirn bildeten die fächerartig gekämmten Haare eine schwarze Aureole. Er war nicht so schön, wie man ihn mir geschildert hatte, aber es ging von ihm ein Zauber im ursprünglichen Sinne des Wortes aus, eine geradezu hypnotische Kraft.«

Der nervöse, hektische, mit schnellem Auffassungsvermögen begabte junge Mann, dessen dichterische Gewandtheit an Zauberei grenzte und der vom Verlangen nach Ruhm geradezu besessen war, empfand stets das Bedürfnis, sich ins Rampenlicht des Zeitgeschehens zu stellen. Der Verfasser dieser Zeilen entsinnt sich, ihm einmal in der Rue du Faubourg-Saint-Honoré bei einem Regenguß begegnet zu sein und sich mit ihm in eine Gemäldegalerie geflüchtet zu haben. Cocteau zog ihn sofort in ein Schaufenster, in dem Maschinen von Tinguely ausgestellt waren, setzte sich in Pose und spielte für die Passanten eine erstaunliche »Commedia dell'arte«, von deren Charme und Reichtum sie sich durch die Scheibe leider kein Bild machen konnten. Auf seinem Weg zur Berühmtheit amüsierte sich Cocteau köstlich, indem er die anderen amüsierte; sein Feuerwerk durchsprühte die

Tage und Nächte der »années folles«, wobei er – wie Péguy bereits feststellte – stets wußte, »wie weit man etwas zu weit treiben darf«.

Er war im Boudoir der Gräfin von Noailles zu Ruhm und Ansehen gelangt und erfreute sich mit neunzehn Jahren bereits weltweiter Berühmtheit: De Max las in der »Comédie Française« und in den Pariser Salons seine ersten Gedichte einem Publikum vor, das von vornherein gewillt war, sie mit lebhaftem Beifall zu begrüßen.

Als der Musiker Edgar Varèse ihn Picasso vorstellte, hatte er soeben eine Reihe von Abenteuern durchlebt, aus der die verschiedenen Episoden seines *Thomas l'imposteur* hervorgehen sollten. Er war 1914 nichtmobilisierbar und ließ sich auf Umwegen beim zivilen Sanitätsdienst einstellen, den Graf Etienne de Beaumont, der künftige Animator der »tollen Jahre«, leitete. Cocteau zeigte Mut, als er im beschossenen Reims Verwundete barg und nach Paris ins Lazarett brachte. Etienne de Beaumont schickte ihn sodann in eine Formation des Roten Kreuzes, wo er sehr schlecht aufgenommen wurde. Seinen Chefs waren Cocteaus Phantasieuniformen, die er sich bei Lanvin schneidern ließ, ein Dorn im Auge. Sie griffen, um ihm seine Tätigkeit zu verleiden, zu einem uralten Trick: Die gefährlichsten Aufträge waren stets ihm vorbehalten. Cocteau durchschaute jedoch die Absicht, und es gelang ihm, sich zum Lazarettdienst bei einer Abteilung von Marinesoldaten nach Niewport abkommandieren zu lassen; der neue Posten war ihm Anlaß zu neuen Absonderlichkeiten in der Kleidung. Aber die Marinesoldaten waren ihm von Herzen zugetan und behandelten ihn wie ihren Glücksbringer ... schließlich schlug ihn der Admiral, der die Abteilung kommandierte, für das »Kriegskreuz« vor! So wurde der Betrug aufgedeckt und Cocteau in Begleitung von zwei Feldgendarmen nach Paris abgeführt. Aber das Glück war ihm wieder einmal hold; es gelang ihm, seinen Wächtern zu entkommen; wie durch ein Wunder stieß er auf den Kommandierenden General, mit dem er in Paris einmal zu Abend gespeist hatte. Der General nahm ihn in seinem

Wagen mit, und Cocteau erlaubte sich den Scherz, ihm nahezulegen, durch den Kasernenhof der Marinesoldaten zu fahren: Dabei hatte er viel Spaß an der grenzenlosen Verwunderung des Hauptmanns, der ihn hatte abführen lassen.

Nach Paris zurückgekehrt, erfuhr er, daß die Abteilung ein paar Stunden nach seinem Besuch bei einem Angriff beinahe bis zum letzten Mann aufgerieben worden war. Philippe Berthelot, der allmächtige Generalsekretär beim Außenministerium, brachte die Angelegenheit in Ordnung und schickte Cocteau in eine Schreibstube ... für ein paar Tage. Doch seine neue Tätigkeit als Ausfertiger sagte dem Dichter nicht zu, und er ließ sich kurze Zeit darauf als dienstuntauglich aus dem Heeresdienst entlassen. Er hatte keinerlei Lust mehr, den Kriegshelden zu spielen. Das war die Situation, als er Picasso kennenlernte.

Die Bohemiens vom Montparnasse und vom Montmartre, mit denen Picasso den Dichter bekannt machte, empfanden dem zu gut gekleideten und überspannten Jüngling gegenüber ein instinktives Mißtrauen. Besonders Max Jacob, bei dem zum Mißtrauen noch die berufliche Eifersucht kam, verabscheute Cocteau von ganzem Herzen; und so erklärt sich, warum er in seinem Briefwechsel über den Glauben mit Jacques Maritain behauptet: »Gott haßt Cocteau!«

Die Künstler der Avantgarde waren aber damals noch nicht berühmt genug, um auf einen so wichtigen Propagandisten wie Cocteau verzichten zu können; sie machten ihn zu ihrem »Public-Relations-Mann« in den Pariser Salons. Die Grundeinstellung Picassos war weniger negativ; er schätzte Cocteau wie ehemals Max Jacob und ließ an ihm seine schlechte Laune aus. So erinnert sich Gontscharowa an ein Abendessen, im Verlaufe dessen Picasso Cocteau, dessen Geschwätz ihm auf die Nerven ging, unwirsch anfuhr: »Genug des Geredes! Arbeite lieber und plappere nicht so viel!« Cocteau erwiderte nichts: Picasso faszinierte und bezauberte ihn. Eines Tages kam es jedoch zu einem Zwischenfall, als Cocteaus Mutter eine von Picassos bissigen Bemerkungen zu Ohren kam. Picasso, so hieß es, habe erklärt, Cocteau sei auf dem besten Wege, berühmt zu werden, man fände seine Werke in allen Frisiersalons. Die alte Dame war so empört, daß der Künstler sie mit der Beteuerung beschwichtigte, er habe niemals dergleichen gesagt.

Cocteau erzählt, unter welchen Umständen er Picasso vorschlug, Bühnendekorationen und Kostüme für sein Ballett *Parade* zu entwerfen: »Als ich Picasso um seine Mitarbeit bat, gingen wir zwischen dem Dôme und der Rotonde spazieren, einige alte Frauen stießen Karren vor sich hin, in denen Schildkröten lagen.« Der Dichter plante seit 1915 ein Ballett über die Jahrmarktsparade; er hatte Erik Satie von seinem Vorhaben unterrichtet; dieser war so begeistert, daß er sofort mit der Niederschrift der Partitur begann.

Für Picasso kam der Vorschlag unerwartet, und er zögerte zunächst mit der Antwort; dann aber ließ er sich vom Schwall der Argumente überzeugen, die Cocteau anführte. In seinem *Rappel à l'ordre* erklärt der Dichter Picassos Zögern: »Damals lastete auf dem Montmartre und auf dem Montparnasse eine Art Diktatur. Es war die Zeit der strengen Herrschaft des Kubismus. Die einzigen erlaubten Vergnügen waren die Gegenstände, die man auf einem Kaffeehaustisch finden konnte sowie die spanische Gitarre. Die Erstellung eines Bühnenbildes, noch dazu zu einem Ballett (die fromme Jugend dieser Zeit ignorierte Strawinski), war ein Verbrechen. Monsieur Renan erregte im Hintergrund nicht so sehr das Ärgernis der Sorbonne wie Picasso das der Rotonde, als er meinen Vorschlag annahm. Das Schlimmste war, daß wir Serge de Diaghilev in Rom besuchen mußten, während das kubistische Gesetz jede Reise verbot, mit der einen Ausnahme der Nord-Süd-Linie der Pariser Untergrundbahn zwischen dem Place des Abbesses und dem Boulevard Raspail.«

Picasso jedoch, der ein scharfes Gespür für das Kunstgefühl seiner Zeit besaß, ahnte, daß das Ballett der avantgardistischen Kunst Tür und Tor öffnen konnte. Diaghilev, den Larjonow und Gotscharowa seit langem drängten, ins Lager der neuen Kunst überzutreten, ließ sich seinerseits für das

Vorhaben gewinnen. Der Krieg hatte seine Bindungen mit Rußland abgeschnitten, und er war unschlüssig. Dazu kam, daß das Publikum der orientalischen Ausstattungsstücke müde wurde, die ihm die Bühnenbildner der russischen Ballette, Benois und Bakst, ohne Unterlaß vorsetzten. Der Meister der russischen Ballette zeigte für Cocteaus Vorschläge um so mehr Interesse, als der Dichter ihm seriöse Geldgeber in der Person von Mademoiselle Chanel und Graf Etienne de Beaumont mitbrachte.

Nachdem Picasso seine Zustimmung gegeben hatte, sagte er zu Cocteau: »Da wir nun eine Hochzeitsreise nach Rom unternehmen, wollen wir Gertrude Stein davon informieren.« Er machte sich aber nicht sogleich auf die Reise, sondern arbeitete zuvor in Montrouge ein Modell des Bühnenbildes aus. In Rom stieß er auf ein Milieu, das ihm völlig unbekannt war, das fiebrige, absurde, extravagante, eigenwillige, eifersüchtige, kindische Milieu der Ballette. Als er mit Diaghilev und Massine, dem Choreographen, das Modell auf seine Bühnenwirksamkeit hin prüfte, stellte er fest, daß das von ihm konzipierte Dekor, ein traditioneller, von einem Leistenzierat umrandeter Schaukasten, unvollständig war. Es fehlte ein kontrastierendes Element zwischen dem Bühnenbild und den Kostümen der Tänzerinnen; der Künstler kam auf den Einfall, ihn in Form von Riesengestalten zu schaffen, die wie Türme in kubistischen Gewändern hin und her gehen sollten. Der Kontrast zwischen den schwerfälligen Kolossen und den Tänzerinnen im federleichten Kostüm hattc etwas ungemein Fesselndes.

Trotz der Verwendung dieser aus dem Kubismus hervorgegangenen Figuren bedeutet *Parade* Picassos Rückkehr zur realistischen *Tradition,* die sich besonders im Vorhang bemerkbar macht, auf dem wir wieder einmal den Gestalten aus Picassos blauer und rosa Periode begegnen. Aber der Künstler wollte damit keineswegs seine jüngeren kubistischen Werke verleugnen; auch später werden noch kubistische und realistische Werke nebeneinander hergehen.

Das hektische Treiben des Ballettmilieus gefiel Picasso. Er

arbeitete an seinen Bühnenbildern im großen Salon des Palazzo Theodori, Piazza Colonna, wo Diaghilev wohnte und wo die Truppe das Ballett einstudierte. Jeden Abend versammelte sich dort ein kleines Komitee, das sich aus Cocteau, Diaghilev und Massine zusammensetzte und das die Modelle unter die Lupe nahm, die Picasso im Verlauf des Tages entworfen hatte. Trotz seiner vielen Arbeit fand Picasso Zeit, sich in der Sixtinischen Kapelle und im Vatikan die Werke Michelangelos und Raffaels anzusehen. Die Stanzen beeindruckten ihn besonders; nach und nach bedeckten sich die Mauern des Palazzo Theodori mit Zeichnungen rein akademischen Charakters. Die Kunst Schwarzafrikas und Ozeaniens war vergessen, Picasso kam über Raffael zur Ingresschen Formgebung zurück. Michel George-Michel, der damals im Kreise Diaghilevs verkehrte, schildert uns die Begeisterung des Spaniers: »Leonardo da Vinci verspricht den Himmel ... aber Raffael gibt ihn wirklich!« Und trotzdem wird es lange dauern, bis sich die Eindrücke aus Rom und Neapel in seiner Kunst bemerkbar machen. Während seines kurzen Aufenthalts in Italien nimmt er sich die Zeit, Pompeji und Florenz zu besichtigen; die Überreste der Antike wirken mehr und mehr auf seinen Geist ein, dringen in sein Werk und verlassen es niemals mehr.

Kurz nach Ostern kehrt Picasso allein nach Frankreich zurück. Mit sich führt er die endgültigen Pläne für Bühnenbild, Vorhang und Kostüme. Henri Sauguet erzählt, daß Picassos Rückkehr nach Frankreich zu einem jener komischen und ärgerlichen Zwischenfälle Anlaß gab, die durch die damals in Frankreich herrschende »Spionitis« hervorgerufen wurden. Die Grenzpolizei fand die Zeichnungen verdächtig, die einem Aufriß glichen, und fragte sich, ob es sich dabei nicht um Pläne für die nationale Verteidigung handelte. Picasso hatte alle Mühe, die Erlaubnis zur Weiterreise zu erhalten.

Picassos Aufenthalt in Rom, der einen Wendepunkt in seinem Werk darstellt, hatte nicht nur wichtige künstlerische

Folgen, sondern sollte sich auch entscheidend auf sein Privatleben auswirken: Diesmal war ihm die Liebe in der Gestalt einer Ballettänzerin der Truppe Diaghilevs entgegengetreten. Olga Koklova, die im Ballett *Parade* die »kleine Amerikanerin« tanzte, trug auf ihrem hübschen Antlitz noch die Grazie der Kindheit. Ihre Haltung, ihre Art, sich zu bewegen, atmeten die Anmut und Behendigkeit der Ballerina. Sie war die Tochter eines Obersten der Artillerie, war aber trotz ihrer Jugend zu spät zum Tanz gekommen, als daß sie große Rollen hätte tanzen können; Diaghilev verwendete sie ausschließlich zu Nebenrollen.

Ihr mädchenhaftes Wesen, ihre Zurückhaltung in einem sonst ziemlich sittenlosen Milieu hatten Picasso bestochen. Paradoxerweise erinnerte ihn die junge Russin an die Süßigkeit Andalusiens, an die Kusinen, denen er während seiner Jünglingsjahre in Malaga die Cour geschnitten hatte. Er empfand eine Art Ekel vor einem Leben, das ihm täglich flüchtige Abenteuer brachte, und sehnte sich nach wirklicher Liebe.

Olga wiederum ließ sich die Aufmerksamkeiten des Künstlers gerne gefallen. Wenn Picasso die wenig seriösen Liebeleien leid war, mit denen er sich wohl oder übel abfinden mußte, so behagte Olga ihr Dasein als zweitrangige Ballettänzerin schon lange nicht mehr. Ihren bürgerlichen Neigungen gemäß war sie stets auf der Suche nach gesicherten und ruhigeren Verhältnissen. Picasso erschien ihr als berühmter Maler eine Gewähr für die bürgerliche Existenz, von der sie träumte. So beruhte die Grundlage ihres Einvernehmens auf einem fundamentalen Mißverständnis, das bereits den Keim ihres künftigen Zwistes in sich trug. Diaghilev, der den Beginn der Liebschaft mit viel Spaß beobachtet hatte, hielt es für angebracht, den Künstler nach seiner Ankunft in Paris, wo er sich mit seiner Truppe niederließ, freundschaftlich zu warnen: »Nimm dich in acht, bei einer Russin geht es nicht ohne Ehe ab!«

»Du scherzt!« gab Picasso zur Antwort, der keinerlei derartige Absichten hegte.

»Bei einer Russin ist Vorsicht am Platze!« bestätigte Bakst, der Picasso trotz seiner grundsätzlich verschiedenen künstlerischen Orientierung zugetan war. Aber die Warnung kam zu spät. Picasso und Olga gehörten sich bereits . . .

Am 18. Mai 1917 fand im »Théâtre du Châlet« die Uraufführung des Balletts *Parade* statt. Die Proben waren stürmisch verlaufen, weil die Musiker sich weigerten, Saties *Zirkusmusik* zu spielen. Man hatte Ravel zu Hilfe gerufen, der ihnen auseinandersetzte, daß die Partitur durchaus ernst zu nehmen sei. Das Eingreifen Ravels mangelte nicht einer gewissen Komik, denn Satie war kein Freund Ravels und hatte sich mit Debussy nur allzu oft über ihn lustig gemacht.

Obschon eine zahlreiche Abordnung von Malern vom Montparnasse und vom Montmartre zur Premiere erschienen war und Diaghilev einer Gruppe von russischen Fronturlaubern Freikarten verteilen ließ, ging es bei der Aufführung bewegt zu. Die Gegner der neuen Kunst hatten ihre Freunde mobilisiert, die mit der Absicht erschienen waren, das Ballett auszupfeifen. Picasso, der im roten Rollkragenpullover neben Diaghilev und der mit Diamanten übersäten Misia Sert in der Loge saß, erregte Anstoß.

Freilich, der Skandal wurde nicht durch Picasso hervorgerufen, dessen Vorhang und Bühnenbild der klassischen Tradition angehörten, während die kubistischen Figuren einer bereits vertrauten Ästhetik entsprachen. Es war vielmehr Saties bereits die konkrete Musik ankündigende Partitur, welche den Reflex des Ärgers auslöste. Der Einsiedler von Arcueil hatte in seine Tondichtung Sirenengeheul, Lärm von Elektrogeneratoren und Schreibmaschinen eingeführt. Man sah im Geräusch der Schreibmaschinen, das mit dem der Maschinengewehre eine gewisse Ähnlichkeit aufweist, eine Anspielung auf den Krieg. Nun aber waren die Wintermeutereien sowie die katastrophale Offensive des Generals Nivelle noch in aller Gedächtnis. Als der Vorhang fiel, erhob sich im Saal ein Getöse von Pfiffen, Schreien, Beifallklatschen und Bravorufen. Einige brüllten: »Schmeißt die

Ausländer heraus!« Eine Künstlerin hielt den Augenblick für gegeben, sich ihrer Kleidung zu entledigen.

Während der Pause stürzte man sich auf Apollinaire, der an dem Ballett mitgearbeitet hatte: »Soll das französische Kunst sein?« »Picasso, Satie und ich«, erzählt Cocteau, »konnten uns nicht hinter die Kulissen flüchten. Die Menge hatte uns erkannt und bedrohte uns. Wäre nicht Apollinaire in seiner Uniform mit dem Verband um den Kopf gewesen, die Frauen hätten uns mit ihren Nadeln die Augen ausgestochen ...« Es kam zu Schlägereien, die Kritiker forderten sich gegenseitig zum Duell heraus, und Cocteau hörte mit Entzücken einen Zuschauer zu seiner Frau sagen: »Wenn ich gewußt hätte, daß es so eine Eselei ist, hätte ich die Kinder mitgebracht!«

Die Pressestimmen am nächsten Morgen waren vernichtend. Der Musikkritiker Jean Poueigh, der am Vorabend Satie beglückwünscht hatte, verriß die Partitur. Der Komponist schrieb daraufhin eine verächtliche Karte: »Lieber Freund, Sie sind ein Arsch, aber ein Arsch, der leider nicht einmal Musik macht ...«, was Satie eine Verurteilung zu acht Tagen Gefängnis mit Bewährungsfrist eintrug, denn Poueigh strengte gegen ihn eine Beleidigungsklage an.

André Gide schrieb in seinem Tagebuch: ». . . habe mir *Parade* angesehen und frage mich, was man mehr daran bewundern soll, die Prätention oder die Dürftigkeit. Cocteau geht hinter den Kulissen auf und ab, wo ich ihn aufsuche; er sieht sehr gealtert, verkrampft, schmerzverbissen aus. Er weiß recht wohl, daß die Bühnenausstattung von Picasso, die Musik von Satie stammen, aber er fragt sich, ob Picasso und Satie nicht seine Kreaturen sind.«

Diaghilev, von dem mißratenen Versuch angewidert, reist nach London, wo er sein gewöhnliches Repertoire auf die Bühne bringt; er kommt erst zwei Jahre später nach Paris zurück. Es war eine Zeit der Euphorie und der Lebensfreude; als er *Parade* im Jahre 1920 neu inszenierte, erlebte er einen wahren Triumph.

Für Picasso sollte der Skandal eine dauernde Folge haben:

Sein Name wurde von nun an stets genannt, wenn von Provokation und Skandalgeschichten die Rede war. Einige Tage nach der Uraufführung des Balletts fuhr er in Begleitung Olgas nach Spanien. So kam er zum erstenmal seit dem Tod seines Vaters im Jahre 1913 nach Barcelona. Er wollte das junge Mädchen, das er nun trotz seiner zu Diaghilev geäußerten Beteuerungen zu heiraten beabsichtigte, seiner Familie und seinen Freunden vorstellen. Donna Maria nahm die junge Tänzerin freundlich auf, aber sie bemerkte bald, wie sehr ihre kleinbürgerlichen Neigungen denen Picassos entgegengesetzt waren und versuchte, sie von ihrem Vorhaben abzuhalten: »Ich glaube nicht«, sagte sie zu ihr, »daß irgendeine Frau mit ihm glücklich werden kann!« Die Mutter Olgas hatte ähnliche Bedenken. Sie fragte Diaghilev, ob man einen Maler ernst nehmen könne. »Mindestens so ernst wie eine Tänzerin!« versetzte dieser ungalant.

Picasso verfuhr mit Olga wie ehemals mit Fernande und allen Frauen, die er späterhin noch lieben wird; er führte sie seinen alten Freunden aus den »Els 4 Gats« vor; in ihrer Begleitung erklomm er den Tibidabo, jenen Hügel im Herzen der Stadt, den er in den dunklen Tagen von 1903 so oft mit Sabartès bestiegen hatte; er malte sie, um sie seiner Welt noch näherzubringen, mit einer weißen Mantille. Das im pointillistischen Stil ausgeführte merkwürdige Werk steht vereinzelt unter seinen Arbeiten da. Auch hier zeigt sich Picasso als ein Meister der Tradition: Fernande hatte er ebenfalls mit einer Mantille porträtiert; und vierzig Jahre später wird er Jacqueline mit dem gleichen Kopfschmuck darstellen.

Nach seiner Rückkehr nach Paris wurde das Brautpaar aufgeboten; Picasso fügt sich dem bürgerlichen Ritual, verschickt Fotos und Heiratsanzeigen. Olga ist im siebten Himmel! Sie hat auf der ganzen Linie gesiegt. Die Hochzeit wird ihrem Wunsche gemäß am 12. Juli 1917 im Rathaus des 7. Pariser Arrondissements und in der russischen Kirche in der Rue Daru geschlossen. Die Trauzeugen, Cocteau, Diaghilev und Apollinaire, halten dem feierlichen Ritus der Ostkirche entsprechend goldene Kränze über den Köpfen der Jungvermählten. Die sonderbare Zeremonie führt unter demselben Dach die Künstlerboheme, die reichen Geldgeber der russischen Ballette und die ersten Exilrussen zusammen. Der Süd-Expreß bringt sodann Picasso und Olga nach Biarritz, wo ihnen Frau Errazuriz, eine steinreiche, südamerikanische Bildersammlerin, die während der Kriegsjahre die meisten Werke des Künstlers gekauft hatte, ihre Gastfreundschaft gewährt.

So verlebt Picasso die letzten Kriegsmonate in jenem Sinnentaumel, der von jeher auf sein Genie so überaus befruchtend wirkte. Der Erlebnisinhalt ist für den Künstler nun ein anderer: Fernande und Eva waren liebeserfahrene Frauen, Olga hingegen entdeckt mit Picasso zusammen die Liebe; Picasso findet es ungemein reizvoll, einen Neuling in ihre Geheimnisse einzuführen. Und diese Tatsache ist es auch, die ihn lange an die junge Frau bindet, die ihm die nötige Geduld einflößt, ihre Zornausbrüche und zunehmende Verdrießlichkeit zu ertragen.

Die glücklichen Flitterwochen spielen sich vor einem Hintergrund von Besorgnis und Unruhe ab; man wartet auf den Ausgang des Krieges, den man bereits voraussehen kann; unvermittelt trifft den Künstler die Nachricht vom Tode Apollinaires. Der Dichter, der im Frühling 1917 in der Kirche Sainte-Clotilde ebenfalls eine weiße Braut zum Altar geführt hat, erkrankt an einer Lungenentzündung, die seine gebrechliche Gesundheit schwer erschüttert. Die spanische Grippe findet in seinem durch Krankheit und Verwundung geschwächten Organismus einen günstigen Boden. Anfang November 1918 muß er sich ins Bett legen; neun Tage später wird er in seiner Wohnung von der Seuche dahingerafft.

Apollinaires Tod gab zu tragischen und zugleich burlesken Auftritten Anlaß. Als die Mutter des Dichters das Totenzimmer betrat, fiel ihr Blick als erstes auf den Orientteppich, den sie ihm geschenkt hatte: »Er hat ihn durchgeschnitten!« rief sie voll Entsetzen aus. Womit sie nicht unrecht hatte, denn der Teppich war für das Zimmer zu groß gewesen. Am

Tage der Bestattung bahnte sich der Leichenzug nur mühsam seinen Weg durch die jubelnde Menge, die den Waffenstillstand feierte und »Nieder mit Wilhelm!« rief.

Picasso befand sich im Badezimmer seines Appartements im Hôtel Lutetia, wo er mit Olga auf die Fertigstellung seiner neuen Wohnung wartete, als ihm das Telefon die Nachricht vom Tod des Freundes brachte. Da er sich gerade rasierte, erblickte er sein Gesicht im Spiegel und wurde durch seinen tragischen Ausdruck berührt; er griff nach dem Bleistift und brachte sein Selbstbildnis zu Papier, das letzte, was wir von seiner Hand besitzen. Es trägt den Ausdruck von Schmerz und Gram. Picasso hatte das ganz bestimmte Gefühl, daß mit Apollinaire seine Jugend von ihm ging. Er schien den Spiegel dafür verantwortlich zu machen und hörte auf, sich selbst zu porträtieren.

Mit seinem Umzug in die Rue La Boétie beginnt für Picasso ein neuer Lebensabschnitt, eine Art unvorhergesehenes bürgerliches Intermezzo, das völlig aus dem Rahmen seines Daseins als spanischer Bohemien, als Liebhaber von elenden Nachtlokalen und Freundestreffen, als Verächter jeder Art von Bequemlichkeit und Luxus fällt. Um seiner schönen Olga zu willfahren – ihre Schönheit sollte übrigens nicht von Dauer sein und bald der Banalität einer dicklichen, unansehnlichen Matrone Platz machen (»Als ich sie zum ersten Mal sah«, schreibt Alice Derain, »hielt ich sie für ein Zimmermädchen! Sie war eine kleine, wenig attraktive Frau mit einem sommersprossigen Gesicht«) –, verwandelt sich Picasso in einen mondänen Künstler, der sich bei Empfängen, eleganten Banketts, Festen und Maskenbällen zu zeigen pflegt.

Er unterrichtet Paul Rosenberg von der Absicht, sein unbequemes, weit vom Stadtzentrum entferntes Haus in Montrouge zu verlassen, das er zu später Stunde nur auf unsicheren Wegen erreicht; der Bilderhändler besorgt ihm unweit seiner Gemäldegalerie, Rue La Boétie, im Champs-Elysée-Viertel, eine gut bürgerliche Wohnung.

Paul Rosenberg, ein fettleibiger, schwerfälliger Ignorant, war nach dem Krieg Picassos Bilderhändler geworden, nachdem sich sein Bruder Léonce als unfähig erwiesen hatte, die Werke des Künstlers zu vertreiben. Der kühlberechnende Paul macht auf Kosten seines leichtfertigen Bruders Léonce Karriere, der weit mehr Kunstliebhaber als Bilderhändler ist: Paul gelingt es, Gemälde für teures Geld an den Mann zu bringen, während Léonce ähnliche nicht einmal mit Rabatt abzusetzen versteht.

Die Abreise Kahnweilers im Jahre 1914 hatte Picasso ohne Bilderhändler gelassen. Der junge Deutsche, dem Picasso dringend empfohlen hatte, die französische Staatsangehörigkeit anzunehmen – was von seiten des Spaniers nicht der Komik entbehrte –, hatte die dahingehenden Schritte vernachlässigt: Er glaubte ohnehin nicht an den Krieg! Außerdem hatte er in Deutschland seine Wehrpflicht abgedient und war nicht besonders erpicht darauf, in Frankreich noch einmal eingezogen zu werden. Der Weltkrieg überraschte ihn auf einer Reise nach Italien. Er weigerte sich, dem Mobilisierungsbefehl in Deutschland nachzukommen, da er nicht gegen Frankreich kämpfen wollte; andererseits konnte er auch nicht nach Paris zurückkehren, da er dort als »feindlicher Ausländer« interniert worden wäre. Er verblieb ein paar Wochen in Italien und begab sich sodann in die Schweiz, wo er die ihm aufgezwungene Muße zur Niederschrift einiger Abhandlungen über die Kunst benutzte. Seine Haltung hinderte jedoch die französischen Behörden nicht, alle in seiner Galerie zurückgebliebenen Bilder als »feindliches Gut« zu beschlagnahmen. Nach Friedensschluß kehrte Kahnweiler nach Paris zurück und bemühte sich mit Hilfe Braques und Derains, dessen heldenhafte Bewährung an der Front ihm gleichsam als Kaution diente, den Verkauf seiner Bestände zu verhindern. Während seine Freunde für ihn eintraten, förderte Léonce Rosenberg den Verkauf, da er hoffte, daß er zum Triumph des Kubismus führen würde. Aber seine Rechnung ging nicht auf. Die fünf Versteigerungen, die zwischen 1921 und 1923 stattfanden und im Verlaufe derer fünfhundert Bilder abgesetzt wurden, brachten lächerliche Summen ein. Immerhin behielt Léonce Rosenberg insofern recht, als auf diese Weise auch wenig begüterte Kunstliebhaber in den Besitz von kubistischen Werken kamen, die sie anders niemals hätten erwerben können; das traf besonders für die intellektuellen Kreise zu, die mehr als andere in der Lage waren, sie zu schätzen. André Breton, Tristan Tzara, Armand Salacrou und Paul Eluard kauften für einen Spottpreis die herrlichsten Werke.

Kahnweiler war ein ruinierter Mann. Er machte sich mutig wieder an die Arbeit und eröffnete mit Hilfe seiner Schwägerin Louise Leiris eine Kunstgalerie in der Rue d'Armstrong; er konnte mit Freude feststellen, daß seine ehemaligen Schützlinge, darunter Juan Gris, wieder zu ihm zurückkamen. Nur Picasso hatte taube Ohren, weil ihm Paul Rosenberg sehr viel günstigere Bedingungen einräumte. Paul Rosenberg, der mit Paul Guillaume der wichtigste Bilderhändler der Zeit zwischen den beiden Weltkriegen war, hatte lediglich seinen merkantilen Spürsinn für sich. Maurice Sachs hat ihn in seiner *Chronique joyeuse et scandaleuse* folgendermaßen geschildert: »Er hatte einen typisch jüdischen Gesichtsausdruck, harte, dürre Züge, in denen man nichts als eine schon am Morgen matte Höflichkeit lesen konnte.« Im Gegensatz zu Kahnweiler freundete er sich niemals wirklich mit Picasso an. Der Maler überließ ihm die Werke, die er ihm überlassen wollte, und behandelte ihn sonst von oben herab. Seine Schnitzer sind noch heute Stadtgespräch. Georges Wildenstein erzählt eine vielleicht etwas zu dick aufgetragene Begebenheit, die jedoch auf die Mentalität Paul Rosenbergs ein bezeichnendes Licht wirft.

Als Rosenberg eines Tages im Autobus in New York vor dem Laden seines Konkurrenten Duveen vorbeifuhr und dort einen Renoir ausgestellt sah, erklärte er so laut, daß alle Mitreisenden es hören konnten: »Da steht ein Renoir, aber ein falscher!« Es entging ihm jedoch, daß einer der Fahrgäste die Zeugen des Ausspruchs aufnotierte. Der dies tat, war ein Mitarbeiter Duveens. Am nächsten Tag erhielt

Rosenberg eine Aufforderung, zehntausend Dollar Schadenersatz zu zahlen. Er mußte sich unzählige Male entschuldigen, um die Angelegenheit aus der Welt zu schaffen.

Die Wohnung, die Picasso in der Rue La Boétie Nummer 23 mit seiner jungen Frau bezog, hatte nichts mit den Behausungen gemein, die bis dahin der Schauplatz seines Künstlerdaseins waren. Die Flut von Gerümpel, die ihm überallhin nachkam, machte vor den fünf Zimmern halt, die er im sechsten Stock des Gebäudes bewohnte. Sie sind Olgas Reich, und Olga sorgt allerorten für peinliche Ordnung. Obschon sie slawischer Abstammung ist, bringt sie in die Ehe die Mentalität einer holländischen Hausfrau mit. Die Zeichnungen, die uns Picasso von den Räumlichkeiten gelassen hat, zeigen uns einen holzvertäfelten Salon mit gut bürgerlichen, mit bunter Seide bezogenen Louis-Philippe-Möbeln und einem Flügel – der wahrscheinlich ehemals Fernande gehört hatte. Das Eßzimmer im Stile Napoleons III. schmücken Gemälde des Wohnungsbesitzers, Renoirs, Corots und Cézannes. Man hat den Eindruck, die Wohnung eines eklektischen Kunstliebhabers, nicht die eines Künstlers zu betreten. Die Atmosphäre dürfte steif und gezwungen gewesen sein; das geht jedenfalls auch aus einer Zeichnung Picassos hervor, die Olga beim Empfang ihrer Freunde Cocteau und Satie darstellt. Die junge Frau zeigt sich in einer gewollt anmutigen Pose, während Cocteau und Satie nicht zu wissen scheinen, was sie mit ihren Händen und Füßen anfangen sollen.

Picasso hat bald das Gefühl, in der »keimfreien« Luft seines neuen Heims zu ersticken, und beschließt, sich einen eigenen Bereich abzusichern. Der Zufall will, daß die Wohnung über der seinen frei wird; Picasso mietet sogleich die fünf Zimmer und richtet sie als Atelier ein. So verbringt er seine Zeit oben oder unten, je nach seinen Bedürfnissen, und seine Kuriositätensammlung schwillt weiter an. Im übrigen wird er das System auch in seinen späteren Residenzen in der Rue des Grands-Augustins und anderswo beibehalten. In *seiner* Wohnung rekonstruiert er das Dekorum des »Bateau-Lavoir« und stapelt in wildem Durcheinander Gemälde, Zeichnungen, Skulpturen, Zeitungsausschnitte und Büchsen auf, ohne die er offenbar nicht leben kann. Der niemals gefegte Boden bedeckt sich nach und nach mit einem weichen Teppich von Zigarettenstummeln. In zwanzig Jahren trägt er so viel Gerümpel zusammen, daß Sabartès siebzig Kisten braucht, um Picassos »Sammlungen« unterzubringen, als der Künstler 1951 auf Befehl des Polizeipräfekten Beylot unter dem Vorwand verjagt wird, er bewohne die Räumlichkeiten schon seit langem nicht mehr. Wie man weiß, wurde Picassos Wohnung dem Fernsehkommentator Jacques Chabannes zugesprochen.

Die kleine, unbekannte Ballettänzerin Olga hat nach ihrer Vermählung mit dem weltberühmten Maler nichts Eiligeres zu tun, als ihren Traum vom mondänen Leben zu verwirklichen. Die Damen von Welt, denen sie bei den Gala-Abenden der russischen Ballette begegnet war, hatten sie geblendet, und es war ihr sehnlichster Wunsch, eine Rolle unter ihnen zu spielen. Künstler, Musiker und Schriftsteller aus dem Kreis um Diaghilev und den Grafen von Beaumont sind ihr bei ihren Bemühungen behilflich; sie führen sie in die bessere Gesellschaft ein oder wenigstens in die besseren Kreise. Picasso findet es amüsant, in eine ihm völlig neue Welt einzutreten, die ihm unbekannte Horizonte eröffnet. Die hohe Gesellschaft entdeckt mit zehn Jahren Verspätung den Kubismus, der für sie den prickelnden Reiz des Neuen hat; der spanische Künstler, den die Aureole der Montmartre-Boheme umgibt, ist für ein paar Jahre der Mann, der einem mondänen Salon erst seinen Rang verleiht ... bis Christian Bérard, der Bühnenbildner und Maler der leichteren Muse, auf den Plan tritt.

Damals konnte man Picasso im Aufzug des erfolgreichen Geschäftsmannes sehen: Er trug sorgfältig geschneiderte Stadtanzüge, Schleifen, Westentaschenuhren mit goldener Kette, gab elegante Mittag- und Abendessen, an denen die Noailles – der Vicomte Charles de Noailles, ein Liebhaber der Avantgarde, sollte die ersten Filme von Cocteau und

Buñuel finanzieren –, die Beaumonts, Misia Sert, die abgeblühte Schöne der »Belle Epoque«, die jedoch keinerlei Anstalten zum Abtritt machte, Arthur Rubinstein, Cocteau, Satie und Strawinski teilnahmen; manchmal erschien Picasso auch im Smoking, wobei er sich allerdings eine Kühnheit erlaubte: Er gürtete sich mit der roten Schärpe aus der Zeit, als er im Straßenarbeiterdrillich einherging; er begab sich zu allen Veranstaltungen, die in den besseren Kreisen der Stadt gegeben wurden. Bei einem Ball bei den Beaumonts zeigte er sich im Kostüm eines Toreadors.

Langsam wird er ein mondäner Maler: Man gibt ihm zu Ehren Abende. An einem solchen Abend, den Misia Sert anläßlich der Uraufführung von de Fallas *Dreispitz* veranstaltet, ergreift Picasso unter dem Drang einer plötzlichen Eingebung Misias Augenbrauenstift und zeichnet damit auf die Glatze de Fallas einen vergänglichen Lorbeerkranz.

Die Gesellschaft, in der Picasso nun verkehrt, entfremdet ihm die Freunde vom Montmartre. Mit Braque beginnt die Zeit der wenig freundschaftlichen Zänkereien. Braques heldenmütige Teilnahme am Krieg, seine unverbrüchliche Treue zum Kubismus tragen zur Abkühlung der Beziehungen zwischen den beiden Männern bei. Als Man Ray dem Maler ein von ihm aufgenommenes Foto des Spaniers zeigt, ruft Braque aus: »Ja, ich glaube diesen Herrn zu kennen.« Und dennoch wird er ärgerlich, als ihm ein Ausspruch Picassos zu Ohren kommt: »Braque? Braque ist meine Frau!« Womit Picasso in einem knappen, witzigen Satz den Unterschied ihrer beiden Begabungen kennzeichnet.

Picassos Beziehungen zu Max Jacob hatten sich ebenfalls abgekühlt. Der Dichter war verbittert, weil er trotz literarischer Erfolge weiter in seinem dunklen Zimmer am Montmartre hausen mußte. Vier Verleger veröffentlichten gleichzeitig seine Werke; Bernheim stellte seine Guascharbeiten aus. Max Jacob begab sich nach wie vor allabendlich in vollem Wichs in die elegantesten Viertel der Stadt, um mit vornehmen Leuten zu Abend zu speisen, zu deren Unterhaltung und Vergnügen er beisteuerte. Man forderte ihn auf, seine Gedichte vorzutragen oder aus den Linien der Hand die Zukunft der Gäste zu lesen. Da er aber nach wie vor am Hungertuch nagt, verkauft er von Zeit zu Zeit eines der Bilder, die er ehedem von Picasso erhalten hatte. Er ist darüber zwar unglücklich, aber ein gewisser Trotz veranlaßt ihn, diese Veruntreuungen in der ganzen Stadt herumzuposaunen. Picasso ist wenig begeistert, obschon er sich an Jacobs Verfahren bereits gewöhnt hat: er versucht lediglich, die Bilder zurückzukaufen.

Max Jacob sollte seine materielle Sicherheit einem jener burlesken Wunder verdanken, an denen sein Leben so reich war. Als er sich an einem Juliabend des Jahres 1919 zur Generalprobe des *Dreispitzes* begab, zu der ihn Picasso eingeladen hatte, wurde er auf der Place de l'Opéra von einem Wagen umgefahren. Man stürzte hinzu, hob ihn auf, brachte ihn in eine Apotheke, während einer der barmherzigen Samariter die Gelegenheit wahrnahm, um ihm seine Brieftasche zu stehlen. Der Arzt stellte einen Schulterblattbruch und mehrere Rippenbrüche fest: Max litt unter heftigen Schmerzen, die aber nicht den Spaßvogel in ihm zum Schweigen brachten. »Meine Tochter! Meine arme Tochter!« stöhnte er. »Benachrichtigen Sie sofort meine Tochter!«

Er wird ins Krankenhaus Lariboisière gebracht oder wie er sich ausdrückt, »zur Marquis von Lariboisière«; vom Chefarzt bis zum Krankenpfleger bemüht man sich um ihn. Er verläßt das Krankenhaus als gefeierter Held und bringt neben der Märtyrerkrone auch noch eine stattliche Pension mit nach Hause, die ihm die Versicherungsgesellschaft des schuldigen Fahrers bewilligt hat. Er ist endlich in der Lage, sich effektvoll von der Menschheit zurückzuziehen; sein Aufenthalt in Saint-Benoît-sur-Loire führt ihn näher zu Gott und verblüfft seine Freunde.

Inzwischen ist der offene Krieg zwischen Juan Gris und Picasso ausgebrochen; Picasso überwirft sich außerdem wegen Juan Gris mit Gertrude Stein; Juan Gris wiederum schreibt gehässig an Kahnweiler: »Picasso malt recht hübsch, wenn er die Hände vom mondänen Porträt läßt!« In Wirklichkeit liegen die Dinge anders: Picasso tritt unter dem Auftrieb seiner neuen Liebe in eine Phase sprudelnder Schöpferkraft. Seine Stellung als Künstler ist nun gesichert, sein Einfluß auf die zeitgenössische Malerei gewaltig. Man darf ruhig behaupten, daß nach 1919 alle jungen Maler Kubisten sind, wie sie sich 1945 der abstrakten Kunst zuwenden. Maurice Sachs schreibt 1934 in der *Nouvelle Revue Française* zusammenfassend über diese Epoche: »Von allen Wundern dieser Zeit war der Zauberer Picasso das erstaunlichste. Er hat sein Zeitalter in höchste Verwunderung gesetzt wie damals Raffael das seine; aber er tat mehr als Raffael, denn er verblüffte die ganze Welt! Er trat wie ein großer Revolutionär auf: In Wirklichkeit war er ein Mann, der still seines Weges ging. Seine Malerei ist heute die zerebralste der Erde; sie ist aber auch die literarischste; die ›blaue Periode‹, die ›rosa Periode‹, die ›schwarzafrikanische Periode‹, die ›Periode des analytischen Kubismus‹, die ›klassische Periode‹ und so weiter. Allen diesen ›Perioden‹ kommt vor allem das Verdienst zu, die Kunst erneuert zu haben. Picasso ist ein Zauberer, der immer wieder in Erstaunen setzt.«

Im Gegensatz zu den Behauptungen eines Juan Gris macht Picasso keineswegs im »mondänen Porträt« Karriere; wenn man von den Bildnissen Olgas absieht, die mit ihrer gezierten Anmut und blassen Kolorierung Einzelgänger in seinem Kunstschaffen sind, ließ er sich nicht, wie andere Maler seiner Generation, beispielsweise Van Dongen oder Derain, durch solche Aufgaben von seiner eigentlichen Sendung abbringen. Seine Tätigkeit entfaltete sich in zwei Richtungen: Er entwarf Bühnenbilder und Kostüme und malte Kompositionen, deren Thematik er im klassischen Altertum schöpfte.

Sieben Jahre arbeitete er in engstem Kontakt mit Diaghilev und Etienne de Beaumont; er schuf beinahe jedes Jahr Bühnenbilder für Ballette, die zu den großen Ereignissen der »tollen Jahre« zählten. Nach *Parade* führte er 1919 die Bühnenbilder zu de Fallas *Dreispitz* aus, wobei er die Atmosphäre eines spanischen Dorfes durch eine glückliche Harmonie von Rosa- und Ockertönen heraufbeschwor, die ihm in den Jahren 1906 und 1907 so trefflich gelungen war. Auf den *Dreispitz* folgten *Pulcinella* und *Quadro flamenco*, für das er das Dekorum der Nachtlokale des »Bario Chino« mit ihren roten, samtbezogenen Logen auf die Bühne trug; als nächstes kam das Bühnenbild für Cocteaus *Antigone* an der Pariser Oper, dann der *Blaue Zug* und *Merkur* für die »Pariser Abende«, die Etienne Beaumont im »Théâtre de la Cigale« veranstaltete.

Obschon der Beitrag Picassos zu den Russischen Balletten bedeutend war, nahmen sie dennoch nur einen Teil seiner Arbeitskraft in Anspruch. Zur gleichen Zeit schuf er eine Anzahl von Werken, die an die Opulenz der »rosa Periode« und der *Demoiselles d'Avignon* erinnern. In wenigen Jahren entstanden in genialem Durcheinander Malereien im Stile Ingres', neualexandrinische Gemälde und Matronen. Dabei vergaß er nicht den Kubismus, der nach wie vor eines seiner bevorzugten Ausdrucksmittel blieb. Einzig und allein seiner Eingebung gehorchend, wählte er den Stil, der seiner Zielsetzung am besten zu entsprechen schien, der am wirksamsten seine jeweiligen Gefühle ausdrückte. Auf die grandiosen kubistischen Stilleben, wie das berühmte *Am Fenster*, die er im Sommer 1919 in Saint-Raphaël ausführte, folgten unzählige Riesinnen, fettleibige, wassersüchtige Frauen, die trotz ihrer etwas äußerlichen Themengebung in ihren abgeklärten Zügen eine Art antike Schönheit zum Ausdruck bringen. Hier erst leben Erinnerungen aus Neapel und Pompeji wieder auf. Dann erscheinen die *Badenden*, die am Strande dahineilen. Ihre Bewegung drückt sich in der Deformation der Glieder aus, die dem gewünschten Effekt entsprechend, mehr oder weniger markant ist. Die Arme und Beine erscheinen übergroß im Vordergrund, während Rümpfe und Köpfe durch die Perspektivewirkung kleiner werden. Man denkt unwillkürlich an die gewölbten Spiegel eines »Lachkabinetts«. Picasso führt während dieser Periode weitere Bildnisse Olgas aus; die graziösen, weichlichen Konterfeie seiner Gattin gehören zu den schlechtesten Werken seiner Laufbahn; aber sie gefielen Olga, die eine deutliche Liebe für die akademische Kunst an den Tag legte. Eines dieser Porträts bringt Picasso im Jahre 1930 den Carnegie-Preis ein.

Als überglücklicher, vor Bewunderung und Zärtlichkeit dahinschmelzender Vater wird Picasso nicht müde, seinen am 4. Februar 1921 geborenen Sohn Paulo zu porträtieren. Er stellt ihn als »Pierrot« oder »Harlekin«, manchmal auch als einen in Samt und Seide gekleideten Prinzen dar.

Die Geburt Paulos regt Picasso dazu an, das seit der »rosa Periode« aufgegebene Motiv der Mutterschaft wieder zu bearbeiten. Und zwar malt er nun Hünenweiber mit riesigen Busen, die in ihren Armen Herkulesbabys großziehen. Die Mütter mit welken Brüsten und blutarmen Kindern sind verschwunden. Mehr oder weniger treue Reproduktionen dieser besonders leicht verständlichen, aber auch schwachen Werke sollten zur Volkstümlichkeit des Künstlers beitragen.

Der neue Start begann 1924 mit den ersten »Deformationen«; er sollte 1925 zum *Tanz* führen; die ersten Skizzen zu diesem Gemälde hat Picasso bei einem Aufenthalt in Monte Carlo, wohin er die »Russischen Ballette« begleitete, zu Papier gebracht. Nach dieser großen Komposition, deren Gesichter in ihre Bestandteile zerlegt erscheinen (eine der Figuren trägt das Auge vertikal), kehrt der Künstler zu einem Stil zurück, der an die *Demoiselles d'Avignon* anknüpft. Das Werk ist ein Meilenstein, der bereits die kommende Periode der »Ungeheuer« ankündigt ... Aber Picasso steht noch am Anfang dieser neuen Entwicklung. Zunächst wendet er sich anderen Aufgaben zu und unternimmt 1926 einen frühen Abstecher in die abstrakte Kunst. Bald wird er einen im Badezimmer aufgelesenen Wischlappen mit drei Stückchen Schnur an die Leinwand kleben und das Ganze *Gitarre* nennen. Aber weiter geht er auf diesem Wege nicht.

In eben demselben Jahre 1926 kehrt der Künstler zu den »Ungeheuern« zurück. Er malt die schreckliche *Femme endormie dans un fauteuil (Das Atelier der Modistin).* Ungeheuer verfolgen ihn und erscheinen regelmäßig in seinen Werken, besonders in Krisenzeiten.

In diesen Jahren macht Picasso eine Entdeckung, die seinem Leben einen neuen Rahmen geben soll: Er reist an die französische Riviera. Zunächst verbringt er einen Sommer in Saint-Raphaël, nachdem er in London der Aufführung des *Dreispitzes* beigewohnt hat. Drei Monate weilt er in diesem windigen Kurort, dessen landschaftliche Reize sich nicht mit der Schönheit der umliegenden Gegend vergleichen lassen, und der vor allem sehr wenig Strände aufweist. Im folgenden Jahr verbringt er seine Ferien in Juan-les-Pins. Diesmal wird ihm klar, daß er das Land seiner Träume wiedergefunden hat: »Es ging mir auf, daß diese Landschaft die meine ist!« Er will damit in seiner Sprache sagen, daß zwischen ihm und dem Land ein völliger geistiger und körperlicher Einklang besteht. Er liebt nichts mehr als den Strand und seinen Pinienwald, als das glasklare Meer mit den flaschengrünen und veilchenblauen Strömungen, auf dessen spiegelglatter Fläche er stundenlang schwimmen kann. Das leichtfüßige Leben, das man im Süden führt, erinnert ihn an Cadaquès, wo er mit den Pichots den Sommer 1910 verbrachte. Eben dieser Sommer sollte Henri-François Rey das Thema zu seinem Roman *Les pianos mécaniques* liefern.

Die Sommermonate dieses Jahres verstreichen in einer Atmosphäre von Glück und Liebe; Picasso genießt sie wie ein berauschendes Elixier von Sonne und Meer; leider ist Olga von der Riviera wenig begeistert; die Wärme setzt ihr zu, aber vor allem gehört es noch nicht zum guten Ton, die Ferien am Mittelmeer zu verbringen – denn für Olga ist die Mode ausschlaggebend. Nach Ostern findet man zwischen Cannes und Monte Carlo nur noch Einheimische und ein paar verrückte Engländer. Olga nimmt zwei Jahre lang Schwangerschaften und Entbindungen zum Vorwand, um ihren Mann nach Fontainebleau zu schleifen, wo er sich langweilt, und nach Dinard, wo *Die rennenden Frauen am Strand* entstehen. Picasso drückt seinen Ärger über die verregneten Ferien in der lapidaren Formel aus: »Ganz Frankreich riecht nach Pilzen!«

1923 reist er mit Olga wieder an die Riviera und verbringt in Antibes einen köstlichen Urlaub. Wenn sich die junge Frau diesmal weniger widerspenstig zeigt, so deshalb, weil die Côte d'Azur inzwischen modern geworden ist: Cocteau und Chanel haben das Mittelmeer »lanciert«. Bei einer Galaveranstaltung im »Ambassadeur« in Cannes erscheint Chanel sonnengebräunt; ein halbes Jahrhundert später lang werden sich von nun an die elegantesten Frauen, die bis dahin die bleichsüchtige Blässe ihrer Haut gehütet hatten, an den sonnigen Stränden des Südens aalen.

Während seines Aufenthalts in Antibes macht Picasso die Bekanntschaft André Bretons, von dem er eine naturgetreue, lebenssprühende Bleistiftzeichnung anfertigt. Am Abend unterhält er sich stundenlang mit dem Dichter, dessen Löwenprofil ihn fesselt. Breton hat sich vor kurzem nicht ohne Eklat von der Dada-Bewegung getrennt und möchte nun der von ihm geleiteten Zeitschrift *Littérature* eine neue Richtlinie geben, aus der 1924 das erste surrealistische Manifest hervorgehen soll. Er bewundert zutiefst Picasso, dessen poetische Wärme die Grenzen der traditionellen Malerei zu sprengen scheint, um sich in jenem Traumfluidum zu verlieren, das nach Breton das Merkmal des echten Kunstwerkes ist: »Es hat nicht lange gedauert«, schreibt er, »bis das starre Gerüst des sogenannten ›analytischen Kubismus‹ von Stürmen geschüttelt und vom Geist bewohnt wurde.«

So lernt Picasso die Grundideen des Surrealismus bereits zur Zeit seiner Entstehung kennen. Wenn er sich für die Bewegung auch interessiert, so gehört er dennoch nicht zu ihren Anhängern; worauf es ihm ankommt, ist die Konkretisierung seiner zahlreichen Visionen, von denen einige sehr weit weg von den surrealistischen Konzeptionen abliegen. Breton gibt sich dessen erst später Rechenschaft: »Was einer engeren Verbindung seiner Auffassung mit der unseren immer im Wege stand, war sein unbedingtes Haften an der äußeren Welt (des Objekts) und die Blindheit, die eine solche Geisteshaltung für alles Traumhafte und Imaginäre mit sich bringt.«

Die Beziehungen zwischen Picasso und Breton waren völlig anderer Natur als jene, die den Künstler fünfzehn Jahre zuvor mit Appollinaire verbanden. Der Altersunterschied vergrößerte noch die Distanz, die die Berühmtheit des Malers schon ohnehin zwischen den beiden Männern schuf, so daß es nie zu einer wirklichen Vertrautheit zwischen ihnen kam. Außerdem war Picasso ein Bohemien geblieben, er lachte und scherzte gern, wobei er alle geistigen Belange vergaß; während Apollinaire stets bei Possen und Streichen mitgetan hatte, ließ sich Breton nie auf dergleichen ein. Aber Picasso sollte dennoch mehrmals in die Fußstapfen der Surrealisten treten. 1925 erlaubte er, daß seine von Sammlern geliehenen Werke in der Galerie Pierre auf der ersten Surrealistischen Ausstellung gezeigt wurden. Zwischen 1930 und 1932 schuf er drei Werke, die ihrem Wesen nach der surrealistischen Schule angehören: *Figures au bord de la mer (Frauen und Kinder am Meer), Femme lançant une pierre (Frau im Sessel), Beigneuse jouant au ballon (Frau vor dem Spiegel).* 1933 zeichnete er die erste Umschlagseite für die Zeitschrift *Minotaure,* die es sich zum Ziele gesetzt hatte, die begüterten Kreise für die Sache des Surrealismus zu gewinnen. Erst nach dem Krieg verwirklicht er die erstaunliche Montage eines Sattels und einer Lenkstange zu einem Stierkopf ... aber all diese Dinge bleiben mehr oder weniger an der Oberfläche; es ist bezeichnend, daß vor allem Picassos dichterisches und literarisches Werk den Stempel des Surrealismus trägt. Für den unnachgiebigen André Breton, der seine Freunde nur allzugern der Häresie zieh, um sie exkommunizieren zu können, blieb Picasso nicht ewig der Halbgott, dem man uneingeschränkte Bewunderung zollt.

Tatsächlich sollte Picassos zweideutige Haltung bei der blutigen Niederwerfung der ungarischen Volkserhebung durch die Rote Armee ihm den großen Baum des Vaters des Surrealismus eintragen. In einem Artikel stellt André Breton die Gretchenfrage: »Sollte er kein Herz haben?«

7

Die Zeit der Ungeheuer

Von 1925 an stand das Ehebarometer bei Picasso und Olga meist auf Gewitter oder Sturm. Da Olga in der Ehe nichts anderes gesucht hatte als eine gesicherte, ruhige Existenz, konnte sie sich nur schwer an Picassos Vorliebe für das Boheme-Leben und an eine Zeiteinteilung gewöhnen, die einzig und allein auf Arbeit ausgerichtet war. Sie fühlte sich gekränkt und zeigte bald die negativen Seiten ihres kleinlichen, mißmutigen, abergläubischen Charakters. Der Aberglaube war in den Augen Pablos eher eine Tugend als ein Laster, da der Künstler selber zum Aberglauben neigte; er sah im Aberglauben ein Spiel, dem er aber dennoch eine gewisse Bedeutung beimaß; so kam es, daß er sein Leben lang die von Olga übernommenen slawischen Superstitionen neben seinen eigenen, aus Spanien eingeführten Volksüberlieferungen und Tabus pflegte.

Olga verbrachte ganze Tage damit, Picasso mit kindischen Vorhaltungen zuzusetzen, und trug trotz der Liebesbezeugungen ihres Mannes eine Eifersucht zur Schau, die an Irrsinn grenzte. Da sie ihm (noch!) keinerlei Untreue vorzuwerfen hatte, wühlte sie in seiner Vergangenheit. Am meisten haßte sie Fernande Olivier, die häufig im Werke des Meisters erscheint, während er anderen Frauen kaum einen Platz in seinen Bildern einräumte. Wenn sie nur den Namen Fernandes hörte, packte sie der Zorn; eines Tages kam es zu einem peinlichen Auftritt, als Gertrude Stein nicht ohne boshafte Absicht in ihrer Gegenwart ein paar Stellen aus ihren *Erinnerungen* vorlas, in denen vom »Bateau-Lavoir« und von Fernande die Rede war. Olga stand unversehens auf und verließ das Haus, ohne ein Wort zu sagen: Picasso und Gertrude blickten ihr verdutzt nach. Im Verlaufe anderer Auftritte vernichtete sie mehrere Briefe Apollinaires und Max Jacobs, in denen Fernande erwähnt wurde.

Sie sah bald ihre Hauptaufgabe darin, Picasso das Leben zu vergällen, und vergaß darüber sogar einen Teil ihrer gesellschaftlichen Verpflichtungen. Picasso war bestürzt und wartete, bis sich der Sturm legte. Er liebte Olga nach wie vor; die Geburt Paulos hatte seine Zuneigung noch verstärkt. Er hing mit ganzem Herzen an seinem Sohn und dachte nicht im entferntesten daran, sich von Olga zu trennen und auf ihn zu verzichten. Um Familienszenen zu vermeiden, zog er sich in sein Atelier zurück und arbeitete. Neben der Malerei befaßte er sich nun auch mit Radierungen; auf seinen Gemälden tauchten mißgestaltete Wesen auf, wie das stets der Fall war, wenn er eine sentimentale Krise durchmachte; so während seinem Zwist mit Olga, während seiner Liebschaften mit Dora Maar und Françoise Gilot; Marie-Thérèse und Jacqueline hingegen regten ihn nie zur Darstellung von Ungeheuern an. Was nun die Stiche anbelangt, so hatte der Künstler seit der Bilderreihe, die mit dem *Repas frugal* begann, niemals mehr zur Graviernadel gegriffen. 1931 macht er sich wieder an die Arbeit und sticht Illustrationen zu Ovids *Metamorphosen* und zu Balzacs *Chef-d'œuvre inconnu.* Er wird von nun an den verschiedenen, von ihm versuchten Kupferstich- und Gravierverfahren treu bleiben. Seine Radierungen gelten nicht zu Unrecht als ein wesentlicher Teil seiner künstlerischen Tätigkeit.

Balzacs *Chef d'œuvre inconnu* gab zu einer pittoresken Begegnung Anlaß: Wahrscheinlich in der Absicht, sich die ziemlich konservativen Bibliophilen gewogen zu machen, hatte Vollard Albert Besnard, den letzten der »chers Maîtres«, gebeten, für seine Ausgabe des Werkes ein Vorwort zu verfassen. Besnard, der zugleich Mitglied der Akademie der schönen Künste und der »Académie française« war, tat sich etwas darauf zugute, die Feder ebenso trefflich wie den Pinsel zu führen; er hatte Vollards Vorschlag gern angenommen. Picasso zeigte sich seinerseits kompromißbereit und führte die Illustrationen in einem Stil aus, der den berühmten Kitschmaler nicht kränken konnte, dem man übrigens ein gewisses Verständnis für die moderne Kunst zugestehen darf.

Die Wirtschaftskrise, die 1929 durch den Bankkrach der Wall Street begann, erreichte Frankreich im darauffolgenden Jahr. Die Bilderhändler wurden ihre Schätze nicht mehr los, die Amerikaner, die wichtigsten Abnehmer moderner Werke, hatten kein Geld mehr; die Franzosen zogen es vor, Louisd'or zu hamstern. Die Kunsthändler warteten tagelang auf Kunden; Wochen vergingen, ohne daß jemand ihre trostlosen Meditationen unterbrach. Reiche Künstler sahen sich gezwungen, auf ihre Villen, Schlösser, Wagen und Hausangestellte zu verzichten und sich in die elenden Ateliers ihrer Lehrzeit zurückzuziehen. Noch übler erging es denen, die erst gerade im Begriff waren, zu Geld und Ansehen zu gelangen; viele besuchten Volksküchen und Künstlerkantinen oder bemühten sich, ihre Erzeugnisse auf dem Tauschmarkt an den Mann zu bringen. Kahnweiler, der die Lage wie immer pessimistisch beurteilte, schuf als guter Organisator eine Art »Soziale Sicherheit« für die Künstler, die ihm ihre Werke anzuvertrauen pflegten. Ein jeder erhielt eine gewisse Summe für Nahrung und Unterkunft, eine weitere für Arbeitsmaterial. Wer rauchte oder trank, hatte Anspruch auf eine kleine Zulage, aber Kahnweiler war ein Puritaner und unterstützte das Laster so wenig wie möglich.

Picasso bekam von der Krise kaum etwas zu spüren. Auch er verkaufte so gut wie nichts mehr, aber er hatte es sich ohnehin zur Regel gemacht, seine Produktion nur tropfenweise auf den Markt zu bringen. Außerdem verfügte er über ein stattliches Bankkonto bei der »Banque Nationale du Commerce et de l'Industrie«. Sein Malthusianismus führte bei seinen Werken zu hohen Notierungen, und wenn er sich einmal zum Verkauf entschloß, so erhielt er entsprechend mehr als Braque oder Léger. Man darf sogar behaupten, daß seine Berühmtheit, die mit *Parade* begonnen hatte, damals seinen absoluten Höchststand erreichte. Zu einer Zeit, als unzählige Künstler ihr Wiedersehen mit dem Elend feierten, ging es ihm besonders gut, er besaß einen Hispano mit

Chauffeur, Hausangestellte und was dergleichen mehr ist. 1931 kaufte er mitten in der Krise in der Nähe von Gisors ein Schloß aus dem 17. Jahrhundert. Zum ersten Mal wurde der einstige »Bateau-Lavoir«-Bewohner »Eigentümer«. Er schien an diesem neuen Titel Gefallen zu finden, denn er wird später zwei historische Schlösser, mehrere Wohnungen und zwei Liegenschaften an der Riviera erwerben.

Seine Erfolge in dieser Zeit des Elends und der Entbehrungen brachten ihm Neid und Mißgunst ein; vor allem aber lockten sie die Geschäftemacher aller Art an, die in der Wirtschaftskrise nicht mehr aus noch ein wußten. Zwei Bilderhändler, ein Spanier und ein Amerikaner, planten einen Handstreich, der ihnen auf seine Kosten Millionen hätte einbringen sollen. Sie fuhren nach Barcelona und ließen sich von Dona Maria, die von dem Wert der Werke ihres Sohnes nicht die geringste Vorstellung hatte, vierhundert Zeichnungen und Aquarelle, darunter viele aus der »blauen Periode«, gegen eine lächerliche Summe aushändigen. Picasso erstattete Anzeige, um wieder in den Besitz seiner Arbeiten zu gelangen: Eine Pariser Bilderhändlerin hatte gerade begonnen, sie Liebhabern zu verkaufen, denen es um eine sichere Kapitalanlage zu tun war.

Wenn Olga auch lange grundlos eifersüchtig war, so wurde ihr vom Herbst 1931 an Gelegenheit gegeben, ihrer Eifersucht ein bestimmtes Ziel anzuweisen: Picasso betrog sie; und es gelang ihr in Kürze, sich dafür Beweise zu verschaffen. Der Künstler hatte sich in ein junges Mädchen, eine gewisse Marie-Thérèse Walter, verliebt, der er eines Tages auf der Straße, unweit der »Galeries Lafayette« begegnet war; dabei handelte es sich beinahe um die Verführung einer Minderjährigen. Denn Marie-Thérèse, eine große Blondine von sportlichem, nordischem Typ, zählte erst siebzehn Lenze! Das freundliche, aufgeschlossene Geschöpf hatte nichts von einer Intellektuellen; ihre einzige Leidenschaft gehörte dem Sport; ihr ganzes Leben stand im Zeichen der Leibesübungen. Als brave Schweizerin liebte sie Picasso ohne

Fieber und Erregung und ließ sich weder vom Talent noch von der Berühmtheit des Künstlers blenden. Später einmal erklärte sie Marie Cuttoli, daß ihr Picassos Malerei »nicht imponiert«, daß sie »die ganze Malerei nicht interessiert«. Wenn Picasso ihr Porträt malte, versäumte sie nie, ihn darauf aufmerksam zu machen, daß es keinerlei Ähnlichkeit mit ihr habe. Sie war Turnerin und Athletin; in der Mitte des Prunkzimmers in ihrer Wohnung auf dem Boulevard Henri IV hatte sie ein Turngerüst aufstellen lassen.

Für den reifen Fünfziger, der Picasso inzwischen ist, erweist sich Marie-Thérèse als das ideale Ruhekissen des ermüdeten Kriegers! Sie fordert nicht viel, kümmert sich nicht um die elegante Welt, steht dem Künstler stets zur Verfügung, beklagt sich nie und bietet dem Künstler Trost und Ablenkung nach Olgas Auftritten. Sie unternimmt niemals den geringsten Versuch, sie zu verdrängen, ihr ihre Stellung als Ehefrau und Mutter streitig zu machen. Sie begnügt sich mit dem, was Picasso ihr zu geben gewillt ist, und drängt sich in keiner Weise in den Vordergrund. Und so kommt es, daß er sie zwar häufig besucht, aber nur selten mit ihr zusammenlebt; er stellt sie niemals seinen Freunden vor, was zu der absurden Legende Anlaß gibt, sie sei eine Midinette, die Picasso wegen ihrer schlechten Manieren niemandem zeigen kann. Kahnweiler, der über Picassos Privatleben besonders gut unterrichtet ist, erfährt erst nach dem Krieg – zu seinem grenzenlosen Erstaunen! – von ihrer Existenz. Javier Vilato, der Neffe, den der Künstler am häufigsten sieht, macht erst 1945 ihre Bekanntschaft. Als er eines Tages seinen Onkel in der Rue des Grands-Augustins besucht, sagt ihm dieser nach dem Essen: »Ich werde dir eine unbekannte Kusine vorstellen.« Und er nimmt ihn zum Boulevard Henri IV mit, wo er Marie-Thérèse vorgestellt wird.

Wenn es also zu keinem eigentlichen Zusammenleben zwischen Picasso und Marie-Thérèse kam, so verbrachten die beiden doch viele vertraute Stunden in Boisgeloup und Tremblay-sur-Mauldre. 1934 reisten sie Pfingsten nach Spanien, wo sie sich bis zum Herbst aufhielten. Sie besuchten

San Sebastian, Madrid und Toledo, um sich schließlich für einige Zeit in Barcelona niederzulassen, wo Picasso seiner Geliebten die Örtlichkeiten seiner Kindheit und Jugend zeigte.

Es ist bemerkenswert, daß diese diskrete, bescheidene Frau, von deren Existenz die Freunde erst nach fünfzehn Jahren erfuhren, auf Picassos Werk zweifelsohne einen größeren Einfluß ausgeübt hat als irgendeine andere Geliebte. Sie verjagte die Ungeheuer, die der Konflikt mit Olga heraufbeschworen hatte, und regte die harmonischen und vollen Gestalten der Periode der »geschwungenen Linienführung« an, die eine Verherrlichung des weiblichen Körpers sein will und zu der *Der Traum* sowie *Die Frau im Lehnstuhl* gehören. Ähnliche Formen und reichbemessene Volumen charakterisieren auch die großen Skulpturen, die der Künstler nach 1931 in Boisgeloup schuf.

Zum Schlußakt zwischen Olga und Picasso kam es im Frühjahr 1935. Marie-Thérèse war in den »heißen Nächten« Spaniens schwanger geworden. Der Künstler kann die Eifersuchtsszenen seiner Frau nicht mehr ertragen und reicht die Scheidung ein, obschon der »Revolutionär« in seinem Privatleben ein Konservativer ist, der nur ungern an der bestehenden Ordnung rüttelt. Aber es ist sein Wunsch, daß auch seine Tochter seinen Namen trägt. Somit beginnt für ihn eine schwierige, peinvolle Zeit. In seiner Erinnerung soll es für immer die Zeit der Auftritte Olgas, der Prozeßakten und Vorladungen bleiben.

Die Juristen eröffnen ihm, daß er sich nicht scheiden lassen kann; denn obschon er sich in Frankreich verheiratet hat, ist er Spanier und untersteht der spanischen Ehegesetzgebung, die keinerlei Scheidung zuläßt. Nicht ohne Mühe erwirkt er die Trennung von Tisch und Bett. Ein Zwischenfall geht ihm besonders zu Herzen. Olga läßt seine Künstlerwerkstätte versiegeln, um die Alimente sicherzustellen, die ihr vom Gericht zugesprochen wurden. Es geht um nichts anderes mehr als um das liebe Geld! Zwar finden sich Lösungen, aber die Ehegatten schlagen sich gegenseitig tiefe Wunden!

Paradoxerweise entzweite das grimmige Duell die Streithähne weniger, als man meinen könnte. Olga macht es sich zur Gewohnheit, Picasso beinahe täglich in einer Art russisch-spanisch-französischen Volapük Karten oder Briefe zu schreiben; Picasso fand so viel Geschmack an ihren Klagen, Beschimpfungen, Spötteleien und Reklamationen, daß sie ihm direkt fehlten, wenn sie einmal ausblieben. Im übrigen begleitete Olga ihren Mann auf seinem ganzen Lebensweg; sie hielt sich immer im Hintergrund, benutzte aber jeden nur erdenklichen Anlaß, um Picasso herauszufordern oder bloßzustellen. Sie begab sich zu seinen Ausstellungen, suchte die Orte auf, wo sie ihm begegnen mußte, sprach ihn an, beschimpfte ihn, fiel über die Frauen her, die ihn begleiteten. Da er während der Ferien Paulo bei sich haben wollte, stellte sie ihm an den Stränden von Cannes und Juan-les-Pins nach. Während sie die harmlose Marie-Thérèse einfach ignorierte oder für völlig unbedeutend hielt, haßte sie Dora Maar und Françoise Gilot und ging sogar soweit, sie zu bedrohen.

Am 13. Juli kündigte der Künstler Sabartès den Auszug Olgas an: Ich bin nun allein im Haus. Du kannst dir vorstellen, was dem vorausgegangen ist und was mich noch erwartet; Olga zog mit Sack und Pack davon und nahm den nicht wenig erstaunten Paulo mit. Allerdings ging sie nicht weit. Sie richtete sich im »Hôtel California« in der Rue de Berri ein, von wo aus sie das Tun und Treiben ihres Mannes beobachten konnte.

Der Künstler ist erschöpft und angewidert; er flüchtet sich mit Marie-Thérèse in das reizvolle Schloß von Boisgeloup, dessen geräumige Ställe und Wirtschaftsgebäude ihm die Möglichkeit zu großen Bildhauerarbeiten bieten. Seit dem vergangenen Winter hat er dort Skulpturen geschaffen, die zu den bedeutendsten seiner plastischen Schöpfungen zählen: Klassische Köpfe, Frauenköpfe mit vorstehender Nase und kugelförmigen Augen, sphärische, massive Büsten und Tiere. Zu seinem Vergnügen und um sich von den großen Kompositionen auszuruhen, führt er kleine, spindeldürre

Figuren aus Holz, Stoff, Metall und Bindfaden aus. Das ganze Schloß verwandelt sich bald in ein Riesendepot für Skulpturen: nur zwei kleine Mansarden unter dem Dach dienen als Wohnräume.

Wenn Picasso nicht bildhauert, gehört seine Zeit der Graviernadel. Er hat eine Druckerpresse in Boisgeloup aufgestellt: er druckt darauf die Radierungen für den *Minotaure*, *L'Atelier du Skulpteur* sowie seine große *Minotauromachie*, die bereits *Guernica* ankündigt.

Im Herbst kehrt er nach Paris zurück und stellt die Arbeit ein. Er ist nun allein in der Wohnung, in der er mit Olga Jahre des Eheglücks verbrachte. Während seine Anwälte die Einzelheiten der Trennungsprozedur regeln (Olga erhält eine ansehnliche Rente sowie die Nutznießung von Boisgeloup, das sie verabscheut und wo sie sich so gut wie niemals aufhält), schenkt Marie-Thérèse einem kleinen Mädchen das Leben, Marie de la Conception, dem der Vater den Namen Maia gibt. Picasso ist wieder einmal ein glücklicher Vater; er treibt die aufopfernde Liebe so weit, daß er sogar die Windeln des Kindes mit eigenen Händen wäscht.

Da seine Atelierwohnung versiegelt ist, läßt er sich in Olgas Reich nieder, wo bald *seine* »Ordnung« waltet, das heißt eine unbeschreibliche Unordnung. In kürzester Zeit häufen sich auf allen Möbeln und Sitzgelegenheiten Berge von Gegenständen aller Art, Bücher und Briefe, die er nicht einmal öffnet. Als der lange Eßzimmertisch von der Flut des Gerümpels überschwemmt ist, nimmt er seine Mahlzeiten in der Küche zu sich, angeblich, weil er es bequemer findet.

Im November trifft Sabartès mit seiner Frau in Paris ein. Picasso klammert sich wie an eine Rettungsboje an den Gefährten seiner Jugendjahre, den er seit dreißig Jahren aus den Augen verloren hatte. Er hofft, daß seine Anwesenheit ein wenig die Traurigkeit aus seiner öden Wohnung verscheuchen wird. Sabartès, den Picasso in seinen Jugendbildnissen stets als »Dichter«, bezeichnet, hatte sich nicht als Dichter einen Namen gemacht, sondern als Journalist in Südamerika. Nach dem Tode seiner ersten Frau war er nach

Spanien zurückgekehrt und hatte sich dort wieder verheiratet. Da er ohne bestimmte Projekte nach Paris gekommen war, nahm ihn Picasso sofort mit Beschlag. Der für alle Eindrücke empfängliche, gescheite, klardenkende, humorvolle Mann, der gegen Menschen, die seinem Idol zu nahe traten, reichlich boshaft werden konnte, wurde Picassos Sekretär, Vertrauter, Haushofmeister und ... Prügelknabe, der mit leicht spöttischer Zuneigung an seinem Herrn hing und auf freie Meinung und Meinungsäußerung Wert legte. Die Berichte, die er uns von Picasso hinterlassen hat, sind die zuverlässigsten und unabhängigsten, über die wir verfügen: Er ist der Kronzeuge von Picassos Wirken und Werken. Es sei hier als Kuriosum vermerkt, daß Sabartès' Gesichtszüge allen Parisern durchaus vertraut sind, denn sein Bildnis aus Picassos »blauer Periode«, das sich heute im Moskauer Museum befindet, wurde in Glasmosaik an der Pariser Untergrundbahnstation »Franklin Roosevelt« angebracht.

Nachdem sich Sabartès mit seiner Frau in den Räumlichkeiten eingerichtet hat, die vordem Paulo und seine Kinderfrau bewohnten, stellt er fest, daß Picasso nicht mehr malt. Der Künstler hat jedoch keineswegs die Arbeit eingestellt. Auf den Tischen liegen Stöße von Bogen herum, die mit bunten Schriftzeichen bedeckt sind; manchmal ist jedes Wort mit einer andersfarbigen Tinte geschrieben! ... Picasso dichtet! In einer Anwandlung von Mißtrauen und Scheu wagt er jedoch nicht, dem Freund seine Elaborate zu zeigen. Ja, er versteckt sich sogar oder schreibt seine Werke auf dem Örtchen, wo er sicher ist, von niemandem gestört zu werden. Sabartès legt jedoch ebensoviel Humor wie Geduld an den Tag, bis ihm Picasso seine Manuskripte zur Abschrift überläßt. Es handelt sich dabei nicht um eigentliche Gedichte, sondern um lange, ohne Punkt und Komma aneinandergereihte Betrachtungen. »Die Stunden fallen in den Brunnen und schlafen dort für immer jede Uhr die die Stunden schlägt weiß was sie tut und gibt sich keinen Illusionen hin ...«, und so fort. Manchmal scheint aus dem Wortstrudel, der an die »automatischen Texte« der Surrealisten erinnert, ein Gedicht emporzutauchen. Zum Jahresende läßt sich Picasso dazu bewegen, seine Dichtungen einigen Freunden vorzulesen. Später gibt er seine Zustimmung zu ihrer Veröffentlichung in der Zeitschrift *Verve*.

Die Abkehr Picassos von der Malerei, die einige Biographen irrtümlicherweise auf eine Periode von zwei Jahren ausdehnen wollen, dauerte in Wirklichkeit nur ein paar Monate; sie endete im Frühjahr 1936. Die von Bernheim veranstaltete rückblickende Ausstellung seiner Werke im Winter 1935/36 brachte Picasso viel Erfolg, aber auch viel Unruhe zu einer Zeit, da er Frieden und Ruhe nötig gehabt hätte. Des Treibens überdrüssig, verreist er Anfang März, ohne irgend jemanden zu verständigen. Sabartès erfährt erst am 25. März seine Anschrift: Er hat sich mit Marie-Thérèse nach Juan-les-Pins zurückgezogen. Da er fürchtet, seine Briefe könnten behördlich geöffnet werden (man fragt sich, aus welchem Grunde wohl, aber er leidet unter einem durch die Trennungsklage hervorgerufenen Schock), gibt er Sabartès den Auftrag, sie ihm auf den Namen Pablo Ruiz nachzuschicken: »wie zu unserer Jugendzeit«, fügt er hinzu. In Wirklichkeit tut sich hier wieder einmal Picassos Vorliebe für die Geheimniskrämerei kund. So ist einer der Gründe von Picassos Zuneigung für Sabartès die Unzahl der kleinen, mehr oder weniger kindischen Geheimnisse, die sie miteinander teilen. Beide Freunde machen sich ein Vergnügen daraus, versteckte Andeutungen und geheimnisvolle Paraphrasen zu benutzen, sich im Verschwörerton über völlig harmlose Dinge zu unterhalten.

Der Aufenthalt in Juan-les-Pins wirkt auf den Künstler beruhigend. In Marie-Thérèses Gegenwart findet er sein inneres Gleichgewicht und seine Schaffenskraft wieder. Er greift auch wieder zum Pinsel. Nach Paris zurückgekehrt, setzt er die begonnene Arbeit fort und sticht die Aquatinten für seine *Histoire naturelle*. Er malt Tiere, wie sie ihm gerade einfallen, und Vollard sucht bei Buffon geeignete Texte, zu denen sie als Illustration passen.

Picasso war, wie wir sagten, lebensfroh und arbeitslustig nach Paris zurückgekehrt. Er wird nun ein Stammkunde der berühmten Cafés um Saint-Germain-des-Prés. Mit dem Fortgang Olgas ist für ihn die »mondäne Phase« abgeschlossen; man sieht ihn bei keinerlei gesellschaftlichen Veranstaltungen, Maskenbällen oder Banketten mehr. Er sucht wieder den Umgang der Boheme, aber nicht der mittellosen vom »Bateau-Lavoir«, sondern der Künstlerwelt vom Montparnasse. Cocteau bezeichnet seinen Lebensstil als den eines »Clochards unter einer goldenen Brücke«. Er wird niemals mehr von ihnen abweichen.

Sabartès, der Picasso mit aufmerksamem Auge beobachtet, stellt fest, daß seine Lebensgewohnheiten denen eines genußsüchtigen Junggesellen gleichen. Wenn er die Nacht gefeiert hat, bleibt er am Vormittag nach dem Frühstück gern im Bett liegen. Die Post und die Zeitungen liefern ihm den Vorwand zu endlosen Gesprächen. So wird es Mittag ... Picasso erhebt sich, rasiert sich, zieht sich an, wobei er das Gespräch mit dem Freunde fortsetzt. Ehe er ins Restaurant zum Mittagessen geht, führt er seinen Afghanen Elft, ein langes, zottelhaariges Tier, spazieren.

Am Nachmittag arbeitet er an seiner *Histoire naturelle* beim Graveur Lacourrière, dessen Atelier, ein Überbleibsel der Weltausstellung, auf der Höhe der Treppe von Sacré-Cœur seine orientalischen Arkaden zur Schau bietet. Wenn der Künstler sein Arbeitspensum hinter sich hat, führt er Sabartès in den Straßen von Montmartre umher und zeigt ihm wahllos diesen oder jenen Ort, mit dem ihn irgendeine Jugenderinnerung verbindet. Einmal betritt er einen Bäckerladen, in dem er sein erstes Brot in Paris kaufte, ein anderes Mal besucht er Frédé (der kurz darauf für immer die Augen schloß) und unterhält sich mit dem Greis. Dieser ist Picasso nach wie vor von Herzen zugetan und betrachtet seine Besuche als eine der letzten Freuden seines Erdendaseins. Einmal wagt sich der Künstler in die Korridore des »Bateau-Lavoir« und klopft aufs Geratewohl an die Tür seines früheren Ateliers. Picasso ist zutiefst bewegt. Er wartet mit atemloser

Spannung. Eine junge Frau öffnet ihm. Die ehemalige Künstlerwerkstätte wird nun von einem Arzt bewohnt. Man empfängt den Künstler freundlich und läßt ihn ein. Die Räumlichkeiten sind umgebaut und renoviert worden, Anstriche und Tapete sind nicht mehr die gleichen. Bequeme, saubere Möbel stehen an der Stelle des alten, verwanzten Mobiliars der »blauen Periode«. »Alles ist anders!« erklärt Picasso seinem Freunde. Sich an die junge Frau wendend, fügt er hinzu: »Dort stand mein Bett. Die Tür war hier ... in dieser Ecke habe ich gearbeitet ... Damals war alles ärmlich. Wie anders heute alles aussieht! Man möchte meinen, es sei eine neue Wohnung. Und du (er sprach nun zu Sabartès) behauptest, daß alles älter wird. Wir werden älter, nicht die Dinge! ... Komm, verabschieden wir uns!«

Immer wieder kehrt er ins »Bateau-Lavoir« zurück, um es Freunden und neuen Geliebten zu zeigen. Er beugt sich mit Vorliebe über seine Vergangenheit.

Am Abend unternimmt er einen weiteren »Pflichtspaziergang« mit Elft. Sabartès muß ihn auf allen seinen Gängen begleiten. Gewöhnlich nimmt er den Weg zu den Champs-Elysées und begibt sich über den Cours-la-Reine auf das linke Seineufer ins Saint-Germain-des-Près-Viertel. Gegen sechs Uhr abends läßt er sich im Café Flore oder in den »Deux-Magots« nieder, seltener bei Lipp, wo er ein Glas Mineralwasser, sein Lieblingsgetränk, bestellt. Dort fühlt er sich zu Hause. Seine Freunde wissen, wo er zu finden ist, und erscheinen oft in großer Zahl. Kunstsammler oder Kunsthändler benutzen die Gelegenheit, um Stiche oder Lithographien von ihm signieren zu lassen. Neugierige bitten ihn einfach um sein Autogramm.

Mit Olga ist die vornehme Welt von seinem Horizont verschwunden, und die alten Freunde tauchen wieder auf: »Wir haben darauf verzichtet, ihn während seiner mondänen Periode aufzusuchen«, bemerkt Alice Derain nicht ohne Bitterkeit; ähnliche Gefühle hegten zweifelsohne auch andere Bekannte. Picasso nimmt wieder freundschaftliche Beziehungen mit Derain auf, der damals als der geistige Führer der jungen Malergeneration galt. Die beiden Künstler kommen bis zum Tode des Fauvisten aus Chatou nun wieder häufig zusammen. Bei Braque liegen die Dinge anders, weniger klar: Picasso hätte es gerne gesehen, daß sich sein früherer Gefährte der Gruppe seiner Bewunderer anschließt, daß er sich wie Sabartès zu seinem Gefolge zählt. Braque ist jedoch nicht bereit, eine solche Rolle im Schatten Picassos zu spielen. Er hat eine zu hohe Meinung von seinem Talent, von der Bedeutung seiner Kunst für seine Zeit, als daß er sich mit der zweiten Geige begnügen würde. Und das um so weniger, als seine Geschmacksrichtung in vieler Hinsicht von der Picassos abweicht. Als Kriegsversehrter (er leidet an den Folgen einer Gasvergiftung und einer Trepanation) muß er ein stilles, zurückgezogenes Leben führen, das im Grunde genommen seinem Temperament entspricht. Er legt vor allem auf seine Unabhängigkeit Wert, mißtraut seiner Umgebung und fürchtet stets – wie übrigens auch Cézanne –, daß man ihn »mit Beschlag belegen könnte«; wenn er auch Picasso gerne von Zeit zu Zeit aufsucht, um sich dessen Arbeiten anzusehen und ihm die seinen zu zeigen, so hält er ihn sich doch stets vom Leibe. Aus diesem Grunde kommt es oft zu Spannungen und »spanischen« Eifersuchtsszenen zwischen den beiden Männern, die sich dann ihre gegenseitigen Missetaten und Verfehlungen an den Kopf werfen, deren Liste stets sorgfältig auf dem letzten Stand gehalten wird.

Als Picasso seinen Scheidungsprozeß führte, war ein neuer Dichter zu seinem Freundeskreis hinzugekommen: Paul Eluard zählte bereits seit einigen Jahren zu den Bekannten des Künstlers; er hatte ihm 1926 sogar ein Gedicht zugeeignet, aber die Beziehungen zwischen den beiden Männern beschränken sich auf seltene Zusammenkünfte. Nun aber gesellen sich Eluard und Nush, die zweite Gattin des Dichters, zum Freundeskreis Picassos in Saint-Germain-des-Près. Nush vertrat bei Eluard die Stelle Galas, die 1929 von Dali entführt worden war. Neben Max Jacob war es vornehmlich Paul Eluard, ein großer, aufrechter Mann mit klaren, beinahe zärtlichen Augen und einer typisch französischen Physiognomie, der Picasso um seiner selbst willen liebte. Seine Zuneigung war völlig anderer Art als die ein wenig oberflächliche, ostentative Bewunderung eines Apollinaire. Eluard liebte Picasso und widmete ihm Gedichte, die das glühende Feuer der Sulamith beseelt. Einige Verse der *Yeux fertiles* lassen den Leser perplex, und er fragt sich, ob das »alles ernst gemeint« ist. Aber Picasso nahm an der Idolatrie, deren Gegenstand er war, nicht den geringsten Anstoß. Er ist Weihrauch gewöhnt und berauscht sich an seinem Duft, ohne jemals den Boden der Realität zu verlassen. Auch er war Eluard zugetan und stand ihm wie ein Bruder bei; denn der Dichter erfreute sich keiner sonderlich guten Gesundheit und kämpfte sein ganzes Leben lang mit materiellen Schwierigkeiten. Picasso verfertigte Zeichnungen oder Guaschillustrationen für die Luxusausgaben von Eluards Werken, die der Dichter sodann mit dem Einverständnis Picassos an reiche Kunstliebhaber verkaufte.

Nush war ein Bindeglied zwischen den beiden Freunden. Picasso bewunderte die zarte Schönheit der jungen Frau, die ihn in ihrer Zierlichkeit und Verwundbarkeit an die Figuren seiner »rosa Periode« erinnerte. Ein merkwürdiger Zufall wollte – wenn man Françoise Gilot Glauben schenken darf –, daß Nush die Tochter deutscher Zirkuskünstler war. Picasso porträtierte sie mehrmals, und alle Bildnisse, die er von ihr malte, verbreiten eine Atmosphäre rührender Zärtlichkeit.

Die Freundschaft Eluards, die sich gerade während der für Picasso so beschwerlichen Zeit nach der Trennung von Olga entfaltete, brachte dem Künstler Erleichterung und Trost; und das in einem Augenblick, in dem er alle nur erdenklichen Anstrengungen machte, um jene Welt von Bewunderung und Hingabe um sich wieder aufzubauen, deren er zutiefst bedurfte. Sie half ihm, sein seelisches Gleichgewicht wiederzufinden, und es ist sicherlich kein Zufall, wenn Picasso durch Paul Eluard Dora Maar kennenlernte.

Man mag es kaum für möglich halten, daß Picasso inmitten

der Schwierigkeiten seines Scheidungsprozesses und der Sorgen um die Geburt Maias im Herbst 1935 ein neues Liebesabenteuer einfädelte. Die Tatsache ist aber unbestreitbar, und die neue Liebe fällt mit der fruchtbarsten Schaffensperiode des Meisters zusammen und vermittelt ihr eine besonders leidenschaftliche Färbung.

Picasso traf – oder genauer gesagt – sah Dora Maar zum ersten Mal an einem Herbstabend im »Café des Deux Magots«. Auf den ersten Blick fesselt ihn das ernste Gesicht der jungen Frau, deren blaue Augen unter den dunklen Brauen besonders leuchtend erscheinen; in ihrem Gesichtsausdruck liegt Empfindsamkeit und Unruhe; es ist, als wechseln Licht und Schatten auf ihrem Antlitz. Dora Maar ist mit einem sonderbaren Spiel beschäftigt, das Picasso aufmerken läßt: Sie pflanzt ein kleines Taschenmesser in die Tischplatte, auf die sie ihre flache Hand gelegt hat. Manchmal zielt sie daneben, und ein Tropfen Blut sickert durch die gestickten Rosen ihrer schwarzen Handschuhe ... Später, als die Glut der Leidenschaft am lebhaftesten zwischen den beiden brannte, bat Picasso Dora, ihm diese Handschuhe zu überlassen. Er bewahrte sie neben vielen anderen Andenken in seinem Reliquienschrein auf.

An jenem Herbstabend richtet Picasso auf spanisch eine Bemerkung über die Schönheit der jungen Frau an Sabartès: Sie beherrscht die Sprache Cervantes', hört Picassos Kompliment und bedankt sich durch ein freundliches Lächeln. Die beiden sollten jedoch erst einige Tage später ins Gespräch kommen, nachdem Paul Eluard dem Künstler Dora Maar, die zu seinen Bekannten zählt, vorgestellt hat. Dora Maar ist die Tochter eines jugoslawischen Architekten und einer Französin aus der Touraine. Sie hat lange mit ihren Eltern in Argentinien gelebt, was ihre vorzüglichen Kenntnisse im Spanischen erklärt. In Paris verfügt sie über einen zahlreichen Freundeskreis. Zu ihren Vertrauten gehören André Breton, Michel Leiris, Man Ray und Brassai; ihre Fotografien tragen den unverkennbaren Stempel des Surrealismus. Eigentlich ist sie aus Widerwillen gegen die Malerei, oder genauer gesagt, gegen ihre Malerei, Fotografin und Reporterin geworden. Nachdem sie eine Zeitlang bei André Lhote in die Schule gegangen war, hatte sie die Malerei in einer Anwandlung von Mutlosigkeit, wie sie so viele Künstler erleben, an den Nagel gehängt.

Ihre Eigenschaft als Fotografin lieferte ihr den geeigneten Vorwand, sich Picasso zu nähern. Als Eluard sie dem Künstler vorstellte, war sie mit einer Bildreportage über ihn beauftragt worden. Sie trägt ihm ihr Anliegen vor, und Picasso ermächtigt sie, in seiner Wohnung in der Rue La Boétie Aufnahmen zu machen. Und so beginnt das Spiel ...

Von dieser Stunde an unterhält Picasso zwei Liebschaften, wobei wir Olga nicht vergessen dürfen, die immer im Hintergrund auf eine Gelegenheit lauert, über den Künstler herzufallen. Dieser denkt nicht daran, um Doras willen die passive Marie-Thérèse fallenzulassen: Er widmet ihr in seinem Zeitplan dieselben Stunden und Augenblicke wie eh und je. Das sollte sich erst nach seiner Hochzeit mit Jacqueline Roque ändern. Im übrigen ist er seiner Tochter Maia nicht weniger als seinem Sohn zugetan. Die Unzahl der Bildnisse, die er von ihr geschaffen hat, sind der beste Beweis für seine zärtliche Vaterliebe.

Was könnte für einen reifen Fünfziger berauschender sein, als sich in die Gunst zweier Frauen teilen zu dürfen: Picasso findet in dieser doppelten Liebschaft neue schöpferische Anregungen; denn die beiden Frauen, die einander so unähnlich sind, ergänzen sich doch irgendwie gegenseitig. Marie-Thérèse, deren nie getrübte Freundlichkeit und animalische Schönheit ihn körperlich anziehen, verschafft ihm sowohl sinnliche wie moralische Befriedigung! In Dora Maar jedoch findet er jenes geistige Ferment, ohne das er sich nicht schöpferisch zu betätigen vermag. Die junge Fotografin, die über eine umfassende Bildung und hervorragende künstlerische Kenntnisse verfügt, ist für Picasso eine unersetzliche Gesprächspartnerin. Sie lebt sich sehr schnell in Picassos geistige Welt ein und ist bald in der Lage, mit ihm über Probleme zu sprechen, die ihm Sorgen machen, und zu ihrer Lösung wirksam beizutragen. Außerdem führt sie ihn in ein ihm unbekanntes Arbeitsverfahren ein. Sie zeigt ihm, wie Corot die fotografische Platte als Grundlage für seine Stiche benutzt, indem er das Bild direkt in die Gelatineschicht einritzt.

Dora ist keine bequeme Frau; Picasso findet sie interessant, ja faszinierend; er fühlt sich körperlich von ihr angezogen; aber ihre Liebschaft gleicht nicht immer einem ungetrübten Sommertag. Dora hat nichts von der urwüchsigen Sinnlichkeit einer Marie-Thérèse; im Grunde ist sie ein unstetes, unruhiges Wesen, das an Depressionszuständen leidet. Ihre Überempfindlichkeit macht sich gelegentlich in Zornausbrüchen bemerkbar, die mit Schluchzen und Weinen enden.

Picasso, der sich in der Illusion wiegt, sein amouröses »Zweigespann« nach seinem Willen lenken zu können, muß schließlich feststellen, daß es kaum etwas anderes ist als eine Quelle von Konflikten und unerfreulichen Auftritten; Marie-Thérèse und Dora verabscheuen sich gegenseitig, Picasso unternimmt nichts, um ihre Eifersucht zu dämpfen; ganz im Gegenteil! Es hat den Anschein, als finde er an den Eifersuchtsausbrüchen Gefallen, als suche er sie hervorzurufen, wobei er einen gewissen Sadismus an den Tag legt. So erscheint Marie-Thérèse einmal mit einer Bluse Doras bekleidet... Später erzählt er Françoise Gilot, daß die beiden Frauen einmal vor seinen Augen handgemein wurden, und daß er nichts unternommen habe, um sie zu trennen: »Das ist eine meiner schönsten Erinnerungen!« soll er gesagt haben. Stimmt dieser Bericht? Was wir von Picassos Denk- und Lebensweise wissen, erlaubt uns kaum, ihn als eine Erfindung abzutun. Der Ausspruch sieht dem Künstler zumindest ähnlich.

Wie es bei anderen Frauen vor und nach ihr der Fall ist, beherrschen von 1936 ab Dora Maars Gesichtszüge alle Gemälde Picassos. Dora besitzt die Gabe, den Künstler an ihrer eigenen Unruhe und Ratlosigkeit teilnehmen zu lassen. Sie ist es letztlich, die ihn aus dem Zustand künstlerischer Untätigkeit erlöst und ihm den Weg zu neuen Ausdrucksformen ebnet.

Dora ist genau die Eingeberin, deren Picasso in dieser dramatischsten Periode seines Daseins bedarf; in einer Periode, die seine Werke auf eine tragische Höhe trägt, von der sie später nur noch abfallen können. Für den Künstler hat die Stunde der Qual und des Zornes geschlagen. Die faschistische Sturmflut überrollt Italien und Deutschland. Im Sommer 1936 bricht nach der Ermordung eines extremistischen Führers, Calvo Sotelo, plötzlich in Spanien der Bürgerkrieg aus; der blutigste, den Europa seit den Religionskriegen gekannt hat; das allgemeine Morden kündet bereits das Blutbad des Zweiten Weltkrieges an. Spanien spaltet sich in zwei feindliche Lager auf, die sich einander mit einer unvorstellbaren Zerstörungswut bekämpfen. Die Schreckensvisionen Goyas wurden Wirklichkeit: In drei Jahren finden eineinhalb Millionen Menschen in beiden Lagern den Tod. Ein stolzes Volk lernt die Grauen der Massenflucht, das Elend der Konzentrationslager und – schlimmer noch – die hinterhältige Unterdrückung einer mehrere Jahrzehnte andauernden Militärdiktatur kennen.

Picasso trifft der plötzliche Haßausbruch des Bürgerkrieges um so tiefer, als er für ihn völlig unerwartet kommt. Der Spanische Bürgerkrieg stellt ihn vor politische und soziale Probleme, um die er sich bis dahin stets herumgedrückt hatte, und zwingt ihn zu einer Art »Gewissenserforschung«. Wo steht er eigentlich im Zeitgeschehen? Picasso ist durch und durch ein Spanier, der für alles, was aus seinem Heimatland kommt, überaus empfänglich ist; er nimmt seine Landsleute stets mit ausgesuchter Herzlichkeit auf und räumt ihnen unter seinen Freundschaften einen Vorzugsplatz ein. Da er sich freiwillig ins Exil begeben hat, stellen die blutigen Ereignisse in seinem Vaterland plötzlich wieder einen schmerzlichen Kontakt mit den Seinen her. Picasso sieht sich gezwungen, die Dinge so zu beurteilen, wie sie sind, was ihm nicht immer leichtfällt; manchmal, wenn er sich allein glaubt, hört ihn Dora Maar klagende Seufzer ausstoßen.

Der Ablauf der Ereignisse zwingt also Picasso, sich wieder seines Spaniertums bewußt zu werden; aber auch die politische Entscheidung bleibt ihm nicht erspart. Seine Gespräche mit Paul Eluard, der bei ihm so etwas wie die Rolle eines »geistigen Führers« spielt und der sich nach der Befreiung Frankreichs ins kommunistische Lager schlägt, helfen ihm, seine politischen Tendenzen klarer zu erkennen und versorgen ihn mit politischen Schlagworten und einer doktrinalen Dialektik.

»Meine ganze künstlerische Existenz war ein ständiger Kampf gegen die Reaktion und den Tod der Kunst!« wird er später einmal erklären; und so kommt es, daß er für die Revolutionären Partei ergreift; denn sein Leben ist stets mit seinem Werk identisch.

Sofort bei Beginn der Militärrevolte Sanjurgos und später Francos nimmt er für die republikanische, legale Regierung Stellung. Während der ganzen Dauer des Bürgerkrieges appelliert er an die Kriegführenden, trägt er sein Scherflein zu den Kinder- und Flüchtlingsorganisationen bei: Er verkauft Bilder seiner persönlichen Sammlung, um sich Geld zu verschaffen. Die Madrider Regierung weiß die Hilfe zu schätzen, die der größte lebende spanische Künstler ihrer Sache gewährt, und beschließt, aus seinem Ruhm Nutzen zu ziehen, indem sie ihn zum Leiter des Prado ernennt. Als Eugenio d'Ors eines Tages den Montmartre bestieg, um Picasso anzukündigen, daß er einmal im Prado seinen Einzug halten werde, ahnte er nicht, daß sich seine Prophezeiung auf diese Weise verwirklichen sollte. Im übrigen hat Picasso keine Zeit, sein neues Amt auszuüben: Der Vormarsch der Francisten veranlaßt die Regierung, die Kunstschätze des Prado-Museums zu evakuieren und im Museum von Valencia unterzubringen. Am Ende des Bürgerkrieges liegen sie in Genf.

Da die Umstände Picasso hindern, nach Spanien zurückzukehren, kämpft er mit den Waffen, die ihm zur Verfügung stehen. Sie erweisen sich als besonders wirksam. Am 8. und 9. Januar verfaßt er eine Kampfschrift, die den Führer der

Aufständischen verspottet: *»Songes et mensonges de Franco.* Er illustriert seinen Text mit vierzehn Radierungen; sie erinnern in etwa an die amerikanischen »Comic strips«, die Gertrude Stein ihm einst ins »Bateau-Lavoir« mitbrachte. In diesem heftigen Pamphlet wird der Diktator als ein quabbliges Ungeheuer mit dem Aussehen eines Spritzwurms oder einer behaarten Schnecke dargestellt. Die francistische Schnecke wagt sich an Frauen und Kinder, die sie zermalmt und zerstückelt; am Ende jedoch wird sie vom spanischen Stier besiegt ... Diese Schau sollte sich jedoch als wenig prophetisch erweisen; denn die behaarte Schnecke sollte dem spanischen Stier das Blut aussaugen und ihn zu Fall bringen.

Kurz darauf bestellt die Madrider Regierung bei Picasso eine große Komposition, die für den spanischen Pavillon auf der Pariser Weltausstellung bestimmt ist. Die Wahl des Themas ist dem Künstler freigestellt. Picasso nimmt den Auftrag an, aber er ist unentschlossen, wie immer, wenn eine Aufgabe von außen an ihn herangetragen wird. Der Winter geht vorüber, der Frühling naht, und Picasso sitzt noch immer vor seinen leeren Skizzenheften.

Die Bomber der Condor-Legion sollten ihm ein grauenvolles Thema liefern. Am 28. April greifen die faschistischen Flugzeuge während der Marktzeit die kleine baskische Stadt Guernica an und belegen sie mit Spreng- und Brandbomben: Es handelt sich offensichtlich um eine Generalprobe der Vernichtungsangriffe, die im Zweiten Weltkrieg so viele Städte ausradieren sollten. Die Bilanz ist grauenhaft: zweitausend Tote, Tausende von Verletzten. Von der Stadt bleibt nur ein rauchender Trümmerhaufen. Picasso ist über die sadistische Greueltat so empört, daß er sofort nach dem Bleistift greift: Er beschließt, den kommenden Generationen ein Mahnmal über die Verbrechen der mit Franco verbündeten Nazis zu hinterlassen. Am 1. Mai ist der Entwurf fertig. Er liefert Picasso die Vorlage zu seinem 8 × 4 Meter großen Gemälde, das er dank übermenschlicher Anstrengungen in einem Monat fertigstellt. In seiner Schaffensfreude nimmt er sich nicht einmal die Zeit, Skizzen anzufertigen; wie bei den *De-*

moiselles d'Avignon wird er diese erst nachträglich zu Papier bringen. Die zahlreichen Studien zu den Figuren seines Gemäldes *Guernica* wurden erst nach dem Gemälde angefertigt.

Picasso hat den genialen Einfall, bei diesem einfachen Werk, das ein spanisches Interieur darstellt (vielleicht auch einen Stall, in den sich die Einwohner vor den Bomben geflüchtet haben), auf jede Farbwirkung zu verzichten; um die Verwüstung, die vor Entsetzen brüllenden Frauen und Tiere darzustellen, malt er alles in Schwarz oder – genauer gesagt – als Spanier im graublauen Gemmenton. Picasso trägt, wie es seine Art ist, auch seine persönlichen Probleme in die Tragödie: Man findet in seiner Komposition viele Figuren seiner *Tauromachie*; Dora Maar ist unter den schmerzentstellten Zügen der klagenden Frauen mit dem Kind im Arm wiedergegeben.

Das Gemälde, das sofort im spanischen Pavillon ausgestellt wird, hinterläßt bei den zahlreichen Besuchern, die herbeieilen, um es sich anzusehen, einen unvergeßlichen Eindruck. Tatsächlich ist in dem Kunstwerk die ganze spanische Tragödie eingefangen. Es gehört mit *Deux de mai* und *Liberté sur les barricades* zu den bedeutendsten »engagierten« Kunstschöpfungen der Gegenwart. Picasso wird sich stets weigern, *Guernica* zu verkaufen: Für ihn ist das Bild das Eigentum der spanischen Regierung, die den Auftrag erteilt hat. 1939 schickt er es aus Sicherheitsgründen nach New York, wo es auf der Picasso-Ausstellung im New Yorker Museum für Moderne Kunst gezeigt wird. Nach der Aufstellung bleibt es dort aufbewahrt. 1955 überquert es noch einmal den Ozean und taucht im Pariser »Museum für dekorative Künste« auf. Das sollte jedoch seine letzte Reise sein. Denn das schnell gearbeitete Kunstwerk droht zu zerbrökkeln, und Picasso weigert sich, es zu restaurieren. Aus diesem Grunde kann es 1966 auch nicht im Grand-Palais ausgestellt werden.

Dora Maar, der Picasso erlaubte, während der Arbeit Aufnahmen zu machen, hat uns die verschiedenen Etappen des schöpferischen Vorganges im Bilde festgehalten. Es war ihr klar, daß sie eine Sternstunde der Geschichte der Kunst erlebte, und sie verfertigte Tausende von Fotos in Picassos neuem Atelier in der Rue des Grands-Augustins. Wir verdanken ihr ein einmaliges Dokument über die Entstehung eines Kunstwerks.

Das Atelier in der Rue des Grands-Augustins wird zehn Jahre lang der Schauplatz von Picassos Leben und Wirken sein; unzählige Literaten, Kritiker und Journalisten, Bilderhändler oder auch einfache Bewunderer werden es betreten und noch einmal die Atmosphäre des »Bateau-Lavoir« erstehen lassen. Der riesige Raum, der eine ganze Geschichte hinter sich hat, war derzeit von Dora Maar entdeckt worden, deren Wohnung sich unweit der Rue des Grands-Augustins, in der Rue de Savoie befand. In eben diesem Atelier hatte J.-L. Barrault jahrelang mit seiner Truppe Theaterstücke einstudiert. Durch einen jener sonderbaren Zufälle, an denen Picassos Leben so reich ist, hatte Balzac das alte Palais Savoie-Carignan, in dem sich die Künstlerwerkstätte befand, in seinem *Chef-d'œuvre inconnu* beschrieben, das der Spanier 1931 illustrierte. Der Künstler findet mit großem Vergnügen die Örtlichkeit wieder, in denen Balzacs Held lebte und starb.

Anfangs begab sich Picasso nur zum Malen in die Rue des Grands-Augustins, da seine Räumlichkeiten in der Rue La Boétie mit Gerümpel überladen waren. Der Künstler hatte bereits 1936 in einem ihm von Vollard zur Verfügung gestellten Atelier in Tremblay-sur-Mauldre gearbeitet. Vollard hatte nämlich in Tremblay ein Haus für Rouault erworben, aber der Künstler hatte sich hartnäckig geweigert, es zu beziehen. 1942 verläßt Picasso seine Wohnung in der Rue La Boétie, wo alle seine Habe zurückbleibt. Die polizeiliche Sperrstunde, die Transportschwierigkeiten, die Unmöglichkeit, mitten im Krieg zwei Wohnungen zu heizen, hatten ihm diesen Schritt nahegelegt. Fünf Jahre später besucht Françoise Gilot die frühere Behausung Olgas. Sie entdeckt eine verstaubte, beinahe versteinerte Welt, als wären ihre Bewohner einer plötzlichen Katastrophe zum Opfer gefallen: In der Küche standen noch die Reste des letzten Frühstücks auf dem Tisch.

Picasso füllte jedoch das neue Haus im Handumdrehen mit neuem Gerümpel. Er richtete zwei Malerateliers und eine Bildhauerwerkstätte darin ein, ließ seine Druckerpresse und seine Ätzbehälter kommen. Er selbst begnügte sich mit einem Mansardenzimmer mit Bad, zu dem man über eine Außentreppe gelangte.

Nach der gewaltigen seelischen Spannung, in die ihn *Guernica* versetzt hatte, fühlte er das Bedürfnis nach Erholung. Wieder einmal erscheint ihm die Riviera als der geeignete Zufluchtsort nach den Grauen des Bürgerkriegs. Sobald sein Gemälde in der Weltausstellung untergebracht ist, reist er nach Mougins ab.

Ines wird bald eine vertraute Figur in Picassos künstlerischer Welt. Wie die Dienstmagd Molières ist auch sie sich der Tatsache bewußt, daß sie die Bediente eines großen Mannes ist; sie spielt ihre Rolle mit echt spanischer Würde und kümmert sich kaum um Kleinigkeiten wie Ausfegen oder Strümpfestopfen; so läuft Picasso jahrelang mit durchlöcherten Taschen herum ... Aber Picasso hört auf sie und zieht sie bei allen seinen neuen Werken zu Rate. Zu jedem ihrer Geburtstage hält er sie im Bilde fest und schenkt ihr das Porträt. So konnte sich Ines nach und nach ihr eigenes Picasso-Museum einrichten.

Kehren wir jedoch wieder zum Jahre 1937 zurück: Trotz *Guernica* genießt Picasso noch einmal mit Dora Maar, Eluard und Nush, mit Penrose und Lee Miller, die sich bald verheiraten werden, mit Man Ray und seiner Freundin die ganze Wonne der Ferien im Süden mit ihren Sonnen- und Meerbädern, mit ihren Mittagessen in stiller Laube, mit ihren friedlichen Siesten. Man macht Ausflüge (bei einem dieser Ausflüge zieht sich Picasso durch einen Autounfall Quetschwunden zu), man ruht sich aus, man gibt sich der Liebe hin. Allerdings wird die Arbeit nicht ganz vergessen. Eluard liest Gedichte vor, Man Ray macht Aufnahmen, Picasso zeigt seine Skizzen. Die Tage gehen vorüber: Es ist warm, im Maquis duften Zistrosen und Mastixbäume. Der Bleichert spendet Frische! Es ist Sommer!

Picasso gibt sich jedoch nicht restlos dem Wohlgefühle hin. Die spanische Tragödie hat ihn zutiefst erschüttert, seine Malerei verrät die seelische Qual. In dieser Lebensphase erscheinen alle seine Figuren häßlich entstellt; die Gemälde aus dieser Zeit bewirken bei ahnungslosen Betrachtern den Ausruf: »Das ist ein Picasso!« Spanien ist ein zerrissenes, blutendes, entstelltes Land; die Bilder, die er während dieses friedlichen Sommers in Mougins und später in Paris malt, verbinden Entsetzliches mit Groteskem wie zum Beispiel: *Femme allaitant un chat* oder *Homme à la sucette (Weinende Frau).* Einige Bildnisse der weinenden Dora sind grauenerregend.

Er liebt das kleine Dörfchen Mougins, das sich auf einer mit Ölbäumen und Zypressen bestandenen Hügelkuppe erhebt, von der aus man das gewaltige Panorama der Bucht von Cannes, die veilchenblauen Berge des Esterel und die schneegekrönte Kette der Provenzalischen Alpen erblickt, die in der Ferne die Engelsbucht umschließen. Im »Hôtel du Vaste Horizon« ist das Leben gemächlich und angenehm: Picasso hat eben dort im Vorjahr mit Dora, Eluard und Nush glückliche Tage verbracht. Es hat den Anschein, als habe dort ein in Picassos Liebesleben einzigartiges Intermezzo stattgefunden. Da Dora wußte, daß ihre Eltern das Verhältnis mit Picasso mißbilligen würden, hielt sie es ihnen geheim; sie sagte ihnen auch nicht, daß sie mit Picasso an der Riviera eine Verabredung hatte, sondern meldete sich bei Freunden in Saint-Tropez an.

Nach dem übereinstimmenden Bericht von Sabartès, Brassai, Man Ray und Françoise Gilot soll Picasso in Mougins, während er auf Dora wartete, so etwas wie ein »erotisches Zwischenspiel« mit Nush erlebt haben, und zwar mit der Zustimmung Paul Eluards, dem es mehr auf Freundschaft als auf Liebe ankam; er hatte ja auch schon seine erste Frau Gala an Dali abgetreten. Die kurze Liebschaft verhalf wie gewöhnlich Picassos schöpferischer Tätigkeit zu einem neuen Höhenflug: Die Bildnisse Nushs, die er nach diesem Erlebnis malte, gehören zu den ergreifendsten, die er jemals auf die Leinwand brachte. Eines insbesondere, das er zur Illustration der *Yeux fertiles* benutzte, ist überaus gefühlvoll.

Im Sommer 1936 taucht eine neue Persönlichkeit auf, die im Leben Picassos eine bedeutende Rolle spielen sollte. Im »Hôtel du Vaste Horizon« arbeiteten zwei spanische Zimmermädchen, deren Zunge ebenso behende war wie die der Kammerzofen Beaumarchais'. Picasso liebte es, mit ihnen zu scherzen. Im Herbst nahm Dora Maar eine der beiden Spanierinnen, Ines, nach Paris mit; sie sollte Picassos Haushalt führen, der seit dem Fortgang des Ehepaares Sabartès, das im 15. Arrondissement von Paris eine eigene Wohnung bezogen hatte, im argen lag.

Ines wird bald eine vertraute Figur in Picassos künstlerischer Welt. Wie die Dienstmagd Molières ist auch sie sich der Tatsache bewußt, daß sie die Bediente eines großen Mannes ist; sie spielt ihre Rolle mit echt spanischer Würde und kümmert sich kaum um Kleinigkeiten wie Ausfegen oder Strümpfestopfen; so läuft Picasso jahrelang mit durchlöcherten Taschen herum . . . Aber Picasso hört auf sie und zieht sie bei allen seinen neuen Werken zu Rate. Zu jedem ihrer Geburtstage hält er sie im Bilde fest und schenkt ihr das Porträt. So konnte sich Ines nach und nach ihr eigenes Picasso-Museum einrichten.

Kehren wir jedoch wieder zum Jahre 1937 zurück: trotz *Guernica* genießt Picasso noch einmal mit Dora Maar, Eluard und Nush, mit Penrose und Lee Miller, die sich bald verheiraten werden, mit Man Ray und seiner Freundin die ganze Wonne der Ferien im Süden mit ihren Sonnen- und Meerbädern, mit ihren Mittagessen in stiller Laube, mit ihren friedlichen Siesten. Man macht Ausflüge (bei einem dieser Ausflüge zieht sich Picasso durch einen Autounfall Quetschwunden zu), man ruht sich aus, man gibt sich der Liebe hin. Allerdings wird die Arbeit nicht ganz vergessen. Eluard liest Gedichte vor, Man Ray macht Aufnahmen, Picasso zeigt seine Skizzen. Die Tage gehen vorüber: es ist warm, Maquis duften Zistrosen und Mastixbäume. Der Blei spendet Frische! Es ist Sommer!

Picasso gibt sich jedoch nicht restlos dem Wohlgefühle hin. Die spanische Tragödie hat ihn zutiefst erschüttert, seine Malerei verrät die seelische Qual. In dieser Lebensphase erscheinen alle seine Figuren gräßlich entstellt; die Gemälde aus dieser Zeit bewirken bei ahnungslosen Betrachtern den Ausruf: »Das ist ein Picasso!« Spanien ist ein zerrissenes, blutendes, entstelltes Land; die Bilder, die er während dieses friedlichen Sommers in Mougins und später in Paris malt, verbinden Entsetzliches mit Groteskem wie zum Beispiel: *Femme allaitant un chat* oder *Homme à la sucette (Weinende Frau)*. Einige Bildnisse der weinenden Dora sind grauenerregend.

Niemals ist eine Frau von ihrem Geliebten schlechter behandelt worden als Dora Maar! Ist das darauf zurückzuführen, daß Picasso die Eindrücke des Bürgerkrieges nicht loswerden kann, oder spiegeln seine Bilder den beginnenden Konflikt zwischen den Liebenden wider? Die Frage läßt sich nicht leicht beantworten. Stellen wir jedoch fest, daß er zur gleichen Zeit völlig normale, ausgeglichene Bildnisse von Marie-Thérèse malt, während er Dora zugleich von vorn und im Profil mit Pferdezähnen und verdrehten Augen darstellt.

Dora Maar fühlt sich durch diese beleidigenden Porträts nicht gekränkt, die in sonderbarer Weise etwas von ihrer jugendlichen Schönheit durchsickern lassen. Da sie um die künstlerischen Experimente ihres Geliebten weiß, sieht sie in all diesen Darstellungen nur Versuche. Als später einmal ein Freund Picasso fragte, warum er die zauberhaften Züge seiner Freundin so verzerrt hat, antwortet er: »Für mich ist sie die weinende Frau. Jahrelang habe ich sie gequält dargestellt, nicht aus Sadismus noch aus Vergnügen, sondern weil ich einer inneren zwingenden Schau gehorchte.«

Weitere Schreckensvisionen dieser Art sollten folgen; sie sind es, von denen François Mauriac schrieb: »Wenn ich mir einen Picasso ansah, konnte ich niemals dem widersprechenden Eindruck entgehen, daß hier Täuschung und Genie nebeneinanderlagen; es war mir stets, als sähe ich einen listigen Zauberer zu, der mit dem Glanz eines beinahe übernatürlichen Hasses ein Attentat gegen das menschliche Antlitz unternimmt; aber das ist noch zu schwach ausgedrückt; was er vernichtet, ist das, was das menschliche Antlitz widerspiegelt, die Seele.«

Erst nach dem Sieg der Alliierten im Jahre 1944 und nach dem Aufblühen einer neuen Liebe verrauchen diese Zerrbilder, die jenen erschütternden Sautas gleichen, die während der Karwoche beim Vorüberzug der schmerzensreichen Jungfrau aus der Menge emportauchen.

8

Der Krieg auf dem Speicher

Eine Periode der Ruhe, der Ruhe vor dem Sturm, ging dem Ausbruch des Zweiten Weltkrieges voraus. Der Spanische Bürgerkrieg hält zwar weiter an, und das Werk Picassos, das niemals reicher an Verzerrungen und Dissonanzen war, zeigt, wie sehr ihm dieser Konflikt zu Herzen geht, aber wir haben es hier wesentlich mit einer seelischen Auseinandersetzung zu tun. Nach außen hin ist das Leben des Künstlers friedlich, er arbeitet ohne Störung in der Rue des Grands-Augustins oder in Tremblay-sur-Mauldre bei Vollard. Aber alles, was er malt, ist zerrissen, verzerrt, als werfe er sich mit einer Art Zerstörungswut auf seinen Gegenstand; ja, er stellt sogar Maia und die zarte Nush von vorn mit einer im Profil gesehenen Nase dar. Der einzige Unterschied ist, daß die Verzerrungen bei Dora Schrecken erregen, während die Darstellungen Maias und Nushs etwas Frisches und Freundliches bewahren.

Was sein Liebesleben anlangt, so lenkt er nach wie vor sein schwieriges Zweigespann. Und neben Dora und Marie-Thérèse geht sozusagen Olga nebenher ... Die Krankheit vermittelt ihm eine kurze Ruhepause. Ein paar Wochen, von Mitte Dezember 1938 bis 1939 wirft ihn ein plötzliches Hüftleiden nieder. Obschon er das Bett hüten muß, gelingt es ihm, einige Zeichnungen zu Papier zu bringen. In der Weihnachtsnacht zeichnet er seinen Freund Sabartès mit verzerrten Zügen im alten Kostüm: Er trägt Halskrause und Kopfbedeckung eines spanischen Hidalgo aus dem 16. Jahrhundert.

Schließlich erlöst ihn eine elektrische Behandlung, an deren Wirksamkeit er nicht glauben wollte, und der er sich nur mit Widerwillen unterzieht, von seinem Leiden. Die Heilung ist so blitzartig, daß er noch mehrere Tage im Bett bleibt, weil er sich nicht vorstellen kann, daß er gesund ist, und ein Wiederauftauchen der Schmerzen fürchtet.

Das Jahr beginnt für ihn unter einem schlechten Stern: Seine Mutter stirbt mit dreiundachtzig Jahren in Barcelona; die Ereignisse machen es ihm unmöglich, an ihr Krankenlager zu eilen. Obschon er sie nur selten sah und ihr nur selten schrieb, hegte er für sie zärtliche Gefühle der Zuneigung und der Dankbarkeit. Er vergaß niemals, daß sie ihm aus dem Gefängnis der akademischen Regeln herausgeholfen hatte, die ihm der Vater aufdrängen wollte. Sie war es, die ihn bei jeder seiner Heimreisen nach den enttäuschenden Pariser Abenteuern getröstet und in seiner Hoffnung bestärkt hatte. Sie liebte ihren Sohn und verehrte ihn, wie man die Heilige Jungfrau verehrt; kurz vor ihrem Tod hatte sie ihm geschrieben: »Man behauptet, Du schriebest. Von Dir glaube ich alles. Wenn man mir eines Tages erzählen würde, Du habest die Messe zelebriert, so würde ich es auch glauben!«

Im Juli reist er wie jedes Jahr in seinem Hispano nach Antibes, wo er die letzten glücklichen Ferien der Vorkriegszeit verbringt. Am Steuer sitzt Marcel. Der Künstler richtet sich mit Dora Maar in einem kleinen Appartement im »Palais-Albert-I« ein, das ihm Man Ray leihweise zur Verfügung stellt. Wieder einmal erfährt er die Freuden des »dolce vita«: In den Morgenstunden schwimmt er lange, ruht sich aus, unternimmt mit Sabartès Spaziergänge an der Küste, wobei er ihm gerne seine bevorzugten Landschaften zeigt. Dann packt ihn wieder die Lust zu malen: Eines Abends beobachtet er die Fischer bei ihren Vorbereitungen zu einer nächtlichen Ausfahrt, und er will die Szene im Bilde festhalten. Er nagelt eine große weiße Leinwand an die Mauer und malt in dunklen, glänzenden Tönen seine Eindrücke: Dabei spart er nicht mit grellen Farben, Berliner Blau, Smaragdgrün, Krapprot und Violett. Auf der Mole stehen zwei junge Frauen, Dora Maar und Jacqueline Breton-Lamba, die, auf ihre Fahrräder gestützt, den Fischern zuschauen. Das Gemälde kontrastiert mit der Serie der Schreckensvisionen, an die uns der Maler gewöhnt hat, und die in rußigem Schwarz, in Asche- und Lavatönen schwelgen. Aber das heitere Intermezzo soll nur von kurzer Dauer sein: Die Ereignisse bringen Picasso bald zu seinen alten Alpträumen zurück.

Am 22. Juli erhält er die Nachricht vom Tode Vollards. Der Bilderhändler war nach einem Autounfall mehrere Stunden ohne ärztliche Hilfe geblieben; das war ihm zum Verhängnis geworden. Picasso geht die Trauerbotschaft nahe: Seit vielen Jahren gehörte Vollard untrennbar zu seiner Welt! ... Und wenn sich die Beziehungen zwischen den beiden Männern auch etwas gelockert hatten und der Händler schon seit langem nicht mehr zu Picassos besten Kunden zählte, war der Künstler dennoch regelmäßig von ihm für Buchillustrationen herangezogen worden: Picasso hatte für ihn einige seiner schönsten Radierungen gestochen. Picasso beschließt, sofort nach Paris zurückzukehren und Vollard auf seinem letzten Wege zu begleiten: Eine solche Huldigung erscheint Picasso eine Selbstverständlichkeit, denn er verabscheut nichts mehr als den Tod. Wir werden ihn später noch zweimal am Sarge seiner Freunde sehen, beim Tode Max Jacobs und beim Tode Eluards. Er erscheint jedoch weder zum Begräbnis Braques noch zu dem Cocteaus.

Mit der Reise nach Paris beginnt für Picasso eine Zeit der Unruhe: Der Künstler hält es nicht mehr lange am gleichen Fleck aus; eine unbestimmte Angst jagt ihn von Ort zu Ort. Nach der Bestattung Vollards beschließt er, mit Sabartès an die Riviera zurückzukehren. Er möchte einem Stierkampf in Fréjus beiwohnen und reist die ganze Nacht im Wagen, um zur Zeit an Ort und Stelle zu sein. Um zehn Uhr morgens begibt er sich mit Sabartès in die Arena, um sich die Tiere anzusehen. Sabartès ist völlig erschöpft, aber der Anblick der Tiere erfrischt Picasso so, daß er von seiner Müdigkeit nichts mehr verspürt. Den ganzen Vormittag unterhält er sich mit den Veranstaltern und Tierzüchtern über die Stiere. Nach der Corrida nimmt er sofort wieder im Wagen Platz und reist mit dem todmüden Sabartès nach Antibes.

Nach ein paar friedlichen Wochen begibt er sich wieder

auf Reisen. Mitte August laufen beunruhigende Gerüchte um. Picasso sucht jeden Abend ein kleines Café auf, um am Rundfunk die Nachrichten zu hören. Er verfolgt mit Entsetzen die Vorbereitungen zum Krieg. Er fürchtet, in Antibes von der italienischen Offensive überrascht zu werden, die man ganz allgemein an der Riviera erwartet. Sofort nach der Bekanntgabe der Generalmobilmachung beschließt er, mit Dora Maar und Sabartès nach Paris zurückzukehren; er beauftragt Marcel, die Bilder im Wagen nach Paris zu bringen. Die Fahrt ist traurig und vollzieht sich in allgemeiner Verwirrung; überall Gedränge, Abschiedstränen und Rufen der ins Feld ziehenden Soldaten. In Paris, das die Verdunkelungsmaßnahmen in Finsternis tauchen, ist die Stimmung schlecht. Picassos Freunde sind gerade dabei, sich in die Mobilisierungszentren zu begeben oder ihre Familien zu evakuieren. Der Künstler beschließt, sich wie im Ersten Weltkrieg im Südwesten des Landes in Sicherheit zu bringen. Seine Wahl fällt auf Royan, wo er mit Olga schon einmal seine Ferien verbracht und gelegentlich gearbeitet hatte. Er ruht sich ein paar Stunden in Paris aus und macht sich sodann mit Dora, dem Ehepaar Sabartès und Kazbeck, einem abgezehrten Afghanen, dem Nachfolger Elfts, auf die Reise. Sie erreichen Royan an einem sonnigen Septembermorgen, nach einer Fahrt ohne Zwischenfälle auf leeren Straßen. Marie-Thérèse und Maia kommen im Zug nach.

Picasso verbringt die ersten Kriegsmonate im sonst stillen Seebad, das die Flüchtlinge in einer zu dieser Zeit des Jahres ungewöhnlichen Weise beleben. Er unternimmt jedoch mehrere Reisen nach Paris, um seine Papiere in Ordnung zu bringen und seine Skulpturen und Bilder, die er in Tremblay und in Boisgeloup gelassen hat, an sicherem Ort zu verstauen. Diese Vorsichtsmaßnahme sollte sich als weise herausstellen: Picassos Schloß wurde von den Deutschen beschlagnahmt, die es jedoch unversehrt ließen. Leider kann man das gleiche nicht von den Franzosen behaupten, die den Deutschen nach der Befreiung des Landes nachfolgten und Picassos Besitzung völlig verwüsteten. Zu Beginn des kommenden Jahres verbringt der Künstler zwei Monate in Paris, um sich dann beim deutschen Vormarsch völlig nach Royan zurückzuziehen.

Trotz der gedrückten Kriegsstimmung fühlt sich Picasso in Royan wohl und organisiert sein Leben nach seinem Gutdünken; er arbeitet in einer Villa unweit des »Hôtel du Tigre«, in dem er wohnt; die Primitivität und Geschmacklosigkeit der Einrichtung scheint ihn nur wenig zu stören. Wie im »Bateau-Lavoir« stellt er auch hier seine Leinwand auf einen Stuhl, der ihm beim Malen als Staffelei dient.

Der Krieg schlägt sich in Picassos Werken aus dieser Zeit nur wenig nieder. Es ist merkwürdig, festzustellen, daß er fünfundzwanzig Jahre nach dem Ersten Weltkrieg eine ähnliche geistige Haltung wie damals bezieht. Zwar beeindrukken ihn die Niederlage Frankreichs und die Besetzung des Landes, die ihn diesmal näher berührt als 1914, aber sie treffen ihn nicht in der Tiefe seiner Seele, sie geben seinem Werk keine neue Richtung. Der Spanische Bürgerkrieg hatte dem Künstler einen Schock versetzt, und unter dem Eindruck dieses Schocks schafft er auch weiterhin erschütternde Werke, die sich mit denen aus dem Jahre 1937 vergleichen lassen: Bildnisse Dora Maars, die *Femmes assises (Sitzende Frau am Strand)* und so weiter. Der Krieg gibt ihm keinerlei Werk in der Art von *Guernica* ein. Da er sich darüber Rechenschaft gibt, daß man ihm seine Indifferenz vorwerfen könnte, behauptet er nach dem deutschen Zusammenbruch: »Es kann kein Zweifel darüber bestehen, daß der Krieg in meinem damaligen Werk nicht fehlte!« Das klingt mehr wie eine Entschuldigung.

Fügen wir hinzu, daß er in Royan, als die Deutschen die Stadt besetzten, ein *Le Café (Café in Royan)* betiteltes Bild malte, das zu den heitersten gehört, das er seit Jahren auf die Leinwand gebracht hat. Picasso ist eben ein hypersensibler, zum Paradox neigender Mensch, dessen Reaktionen sich niemals vorausbestimmen lassen.

Der Künstler organisiert seinen Serail, dessen Insassen sich gegenseitig bespitzeln und beneiden, nach seiner gewohnten

Lebensweise. Morgens bleibt er gern im Bett liegen, dann führt er seinen Hund Kazbeck am Strand spazieren; am Nachmittag arbeitet er; später trifft er sich mit Sabartès in einem Café, wo er den Lagebericht am Rundfunk hört. Er schlendert gern durch die Straßen der kleinen, beinahe südlichen Stadt, in der er die Atmosphäre der spanischen Häfen in der Gegend von San Sebastian wiederfindet. In Begleitung Sabartès besucht er den Markt, nimmt mit Vergnügen an Versteigerungen teil, kramt in Trödlerläden ... Um die dort erstandenen Korbmöbel und Plüschsofas aus dem Jahre 1900 unterzubringen, mietet er in der Nähe seines Hotels die Villa »Les Voiliers«.

Im Juni rücken zur Verwunderung und zum Schrecken der Bevölkerung die Deutschen in Royan ein. Picasso beobachtet vom Fenster seines Ateliers die Panzerformationen und bemerkt zu Sabartès: »Sie sind von einer anderen Rasse ... Sie glauben sich sehr gelehrt und sind es vielleicht sogar. Sie haben Fortschritte gemacht, das liegt auf der Hand. Aber wozu das alles? Sicher ist, daß wir besser malen als sie. Wenn du übrigens etwas genauer zusiehst, wirst du feststellen, daß sie reichlich dumm sind. Was für ein Aufwand von Truppen, von Maschinen, von Macht und Lärm, um bis hierher zu kommen! Wir haben das alles sehr viel leiser gemacht ... Welche Torheit! ... Wer hat sie daran gehindert, es uns nachzutun? Vielleicht bilden sie sich ein, Paris erobert zu haben. Wir haben Berlin schon vor langer Zeit genommen, ohne uns vom Fleck zu rühren, und ich glaube nicht, daß sie uns jemals wieder herauswerfen können!« Hier begegnen wir einer Geistesart, die uns vielleicht Picassos Reaktion erklärt. Denn der Künstler ist so gut wie sicher, daß der Krieg einen seinen Wünschen gemäßen Verlauf nehmen wird. Daher auch das fröhliche Bild *Le Café,* das wie eine Herausforderung anmutet.

Ein paar Tage später beschließt Picasso, nach Paris zurückzukehren. Im Gegensatz zu so vielen anderen berühmten Malern wie Chagall, Léger, Kisling und Max Ernst denkt er nicht einen Augenblick daran, auszuwandern, obschon seine Werke von Hitler als »Kundgebung einer entarteten Kunst« gewertet wurden. Picasso ist kein Freund von Entscheidungen, die einen Bruch mit lieben Gewohnheiten zur Folge haben. Außerdem will er Dora, Marie-Thérèse und seine Freunde nicht verlassen. Er hat das ganz bestimmte Gefühl, daß die Deutschen den Krieg verlieren werden und daß ihn seine Berühmtheit schützt. Die Ausstellung seiner Werke im November 1939 in New York hatte seinen Namen in alle Welt getragen. Da Frankreich ohnehin besetzt ist, hindert ihn nichts mehr, nach Paris zurückzukehren. Am 25. August tritt seine ganze Sippe die Reise nach dem Norden an. Marcel hat sich ein paar Kanister Benzin beschafft, so daß Picasso in seinem Hispano mit Dora und Kazbeck die Fahrt antreten kann. Als Picasso den Wagen besteigt, nähert sich ein Offizier aus der nahen Kommandantur und fragt ihn in höflichem Ton nach der Rasse seines Hundes.

Picasso erreicht die Seinemetropole auf den von deutschen Militärkolonnen verstopften Straßen; er richtet sich zunächst in seiner Wohnung in der Rue La Boétie ein. Das Leben nimmt für ihn seinen gewohnten Verlauf: Er liegt bis mittags im Bett, um dann mit Dora essen zu gehen, die er fernmündlich verständigt; die junge Frau verbringt ihre Zeit damit, auf die telefonischen Einladungen des Meisters zu warten; sodann arbeitet er auf dem Speicher in der Rue des Grands-Augustins; am Abend sitzt er mit seinen Freunden im Café Flore oder in den »Deux-Magots«, deren Scheiben mit schwarzen Tüchern verhängt sind. Kurz vor der Sperrstunde nimmt er eine der letzten Untergrundbahnen, um nach Hause zu fahren. Das Heizungsproblem zwingt ihn jedoch, seinen Tagesplan umzuorganisieren; es war sinnlos, bei der bestehenden Brennstoffknappheit zwei Wohnungen zugleich zu heizen; außerdem geht seine kleine Kohlenreserve zu Ende. Vor dem Krieg hatte er sich für teures Geld eine Zentralheizung in der Rue des Grands-Augustins einbauen lassen; da aber nicht mehr die Rede davon sein kann, sie in Betrieb zu nehmen, kauft er sich einen ausgefallenen flämischen Ofen, dessen Rohr sich in unzähligen Windungen durch das Zimmer schlängelt. Die dekorative Anlage entpuppt sich jedoch bald als ein ebenso gieriger Kohlenfresser wie die Zentralheizung. Picasso läßt ihn abmontieren und an seiner Statt einen Herd im Vestibül einbauen. Leider raucht dieser gelegentlich wie eine Lokomotive. Des Kampfes müde, gibt der Künstler seine Wohnung in der Rue La Boétie auf und zieht sich in die Rue des Grands-Augustins zurück.

Eigentlich spielt er seit langem mit dem Gedanken, umzuziehen. Sein Atelier in der Rue des Grands-Augustins gefällt ihm, er fühlt sich dort, um eine seiner bevorzugten Redensarten zu gebrauchen, »zu Hause«. Seine balzacsche Atmosphäre entspricht seinen geheimen Bestrebungen. Vier Jahre lang macht er aus seiner neuen Behausung eine Art »Bateau-Lavoir«, denn er hat niemals aufgehört, seinem »Bateau-Lavoir« nachzutrauern; überall sieht er Ähnlichkeiten und Analogien; so zeigt er eines Tages Kahnweiler mit Begeisterung die Flecken an der Decke eines seiner Zimmer: »Nicht wahr, man glaubt sich in die Rue Ravignan zurückversetzt? Ist es nicht ganz wie in der Rue Ravignan?« So erfüllt sich sein Wunschtraum, »wie ein Armer mit viel Geld zu leben!« Der Speicher Barraults verwandelt sich in Kürze in den unwahrscheinlichsten Trödlerladen, den man sich vorstellen kann. In den weiten Räumen häufen sich seine eigenen Werke neben denen Matisses, Braques, Gris', Rousseaus, Modiglianis und zahlreicher anderer Maler an. Auf Tischen und Stühlen liegen die verschiedensten Gegenstände herum: Negermasken, Töpferwaren, Gläser aus Martinique, die in Saint-Pierre vom Lavastrom verformt wurden, antike Bronzen, Gipsabdrücke, sonderbare Kopfbedeckungen, bibliophile Ausgaben, Stöße von chinesischem und holländischem Papier, Zeitschriften und ungeöffnete Postpakete. Picasso hebt alles auf, was ihm zugetragen wird: Eau-de-Cologne-Flaschen, Schokolade, Milchbrötchen, Zigaretten, Streichhölzer, ja sogar alte Stiefel, die in Reih und Glied unter einem Tisch aufgestellt werden. Das Inventar dieses Gerümpels gibt einen Gesamtüberblick über das Lebenswerk eines steinreichen »Clochards«: In einer Schachtel sammelt er seine ersten Zeichnungen, die er aus Coruña seinen Kusinen in Malaga geschickt ... und zurückgefordert hatte, die akademischen Kohlezeichnungen aus La Lonja, die Fotografien seiner Eltern, seiner Onkel und Tanten, seiner Freunde, Olgas, die Zeichnungen Fernandes ... Er scheint nicht zu wissen, daß man irgend etwas wegwerfen kann, und hebt neben zerbrochenen Haushaltsgegenständen die Petroleumlampe, die während der »blauen Periode« seine Künstlerwerkstätte erhellte, sowie eine ausgediente Kaffeemühle auf. André Warnod entdeckte, als er einmal in Picassos Atelier herumstöberte, eine alte, baufällige, mit einer dicken Schicht von Farbe bedeckte Staffelei, deren er sich bereits im »Bateau-Lavoir« bedient hatte. Ist Picasso geizig? Es möchte mir scheinen, daß wir es hier mit einem anderen psychologischen Phänomen zu tun haben: Der Künstler hat das Gefühl, daß alles, was er einmal besaß, gleichsam zu einem Teil seines Ichs geworden ist, von dem er sich ebensowenig trennen kann wie von seinem eigenen Fleisch und Blut. Außerdem ist er überzeugt, daß »ein alter Bleistift oder ein alter Korb immer noch gute Dienste leisten können«; und diese Überzeugung treibt ihn mit zunehmendem Alter immer mehr dazu, alles aufzuheben, alles aufzulesen, was er bei seinen Spaziergängen entdeckt. In Antibes wie in Royan fließen seine Taschen von Kieselsteinen, meergebleichten Wurzeln, vom Wasser zerfressenen Glas- und Steingutscherben über. Wenn seine Taschen Siebe sind, die nichts mehr halten, macht er sich mit einem Einkaufskorb unter dem Arm auf den Weg. In Vallauris wird er sogar die Müllkästen durchsuchen, und so manche seiner Skulpturen – *La Chèvre, La Guenon et son petit, La Femme lisant, La Grue, La petit fille sautant à la Corde* – setzen sich aus Gegenständen zusammen, die er in Rumpelkammern und Schuttabladen zusammengelesen hat.

Sabartès, den Picassos Schrullen kaum mehr überraschten, fragte ihn jedoch eines Tages, warum er alles aufzubewahren pflegt, er, der sich gerne als ein Neuerer ausgäbe. Der Künstler antwortete ihm ein wenig gereizt: »Du wirfst Dinge zusammen, zwischen denen keinerlei Zusammenhang besteht! Tatsache ist, daß ich weiß, was ich tue. Ich besitze, was ich besitze und nicht, was ich aufbewahrt habe. Warum sollte ich Gegenstände wegwerfen, die sich die Mühe machen, in meine Hände zu gelangen?«

Bis zu seinem Umzug in den Speicher ändert er nichts an der Lebensweise, die er sich seit dem Fortgehen Olgas zu eigen gemacht hat. Von 1942 ab sieht man ihn nur noch selten im Café Flore und in den »Deux-Magots«, aber er nimmt seine Mahlzeiten gern in einem Restaurant, dem »Catalan« ein, das seine Verpflegung auf dem »schwarzen Markt« bezieht. Es ist das einzige Restaurant in der Nähe seines Ateliers, in dem man echte Chateaubriands ohne Lebensmittelmarken erhalten kann. Und so kommt es, daß er gegen Ende der Besatzungszeit von einer Polizeistreife des Wirtschaftsministeriums aufgegriffen und zu einer Geldbuße verurteilt wird. Picasso war nämlich leichtsinnig genug gewesen, Cocteau in besagtes Restaurant zu führen, was unweigerlich zu einer Anzeige führen mußte. Der »Catalan«, der einem fettleibigen, der spanischen Sprache kundigen Marseiller gehörte, versetzte den Künstler in die Lage, seine Freunde zu üppigen Mahlzeiten einzuladen, wie er es gerne tat. In einem im 1. Stock gelegenen Saal des Restaurants sollte er auch Françoise Gilot kennenlernen ...

Die Aufnahmen, die Brassai zu dieser Zeit von Picasso macht, zeigen uns den Künstler stark verändert: Er ist massiver geworden und hat seine Haare eingebüßt. Von der einstmals berühmten schwarzen Locke sind nur noch ein paar gelbliche Strähnen geblieben, die er sorgfältig auf den glatten Schädel klebt. Zur Zeit seiner Liebschaft mit Françoise sollte er völlig auf diesen Kopfschmuck verzichten. Obschon er mit vielen Frauen Umgang pflegt, kümmert sich keine um seine Kleidung, so daß seine Aufmachung immer mehr der eines Clochards gleicht. Seine Anzüge sind verschmutzt und abgeschabt, die Taschen und Knie ausgebeult; seine Westen trägt er über ein oder zwei zerknitterten Pullovern, aus denen die schlecht gebügelten Kragen seiner Hemden herausragen. Er gleicht einem spanischen Bauern. Wenn er ausgeht, zieht er einen alten Kutschermantel über, schlingt um seinen Hals einen Schal und schiebt eine Baskenmütze à la Jules Anodin über seine Ohren. Einem Freund, der seiner Verwunderung darüber Ausdruck gibt, daß er seine Taschenuhr mit einem Schnürsenkel an einem Knopfloch befestigt, antwortet er: »Ich kann sie nirgends anders unterbringen, alle meine Taschen sind durchlöchert«; demonstrativ dreht er das Futter seiner Taschen um, das Sieben gleicht. Seine Schlüssel macht er am Gürtel fest, um sie nicht zu verlieren; die Brieftasche trägt er nach wie vor in der Innentasche seines Rocks, die er mit einer Sicherheitsnadel schließt.

Während der ganzen Dauer der deutschen Besatzungszeit führt der Künstler ein regelrechtes Einsiedlerleben; nur äußerst selten verläßt er seinen Speicher, der ihm als Künstlerwerkstätte dient. Sonntags und donnerstags entsinnt er sich jedoch seiner Vaterpflichten und begibt sich zum Mittagessen zu Marie-Thérèse auf den Boulevard Henri IV, zu dem er über die Seinequais schlendert. Am Nachmittag geht er mit Maia spazieren oder führt sie in den Zirkus. Sonst hält er Hof wie Ludwig XIV. Seine Besucher warten mit Sabartès im Vorzimmer, das genau wie jenes des Sonnenkönigs durch ein »Ochsenauge« erleuchtet wird; dort sitzen sie oft den ganzen Vormittag, um sodann zu erfahren, daß Picasso sie nicht empfängt.

Zum ersten Mal seit seinem Wegzug vom Montmartre versammelt er einen neuen Kreis von Freunden um sich, die ihn wie zur Zeit des »Bateau-Lavoir« beinahe täglich besuchen. Gelegentlich zeigt er sich mißmutig und gibt vor, ihre Besuche lästig zu finden. Aber – dem Vorbild des Sonnenkönigs treu – notiert er sorgfältig alle Anwesenden auf, und wehe dem »Untreuen«, der ihm Braque vorgezogen hat! Braque ist und bleibt der Gegenstand seiner stillen Feindseligkeit; er unterhält mit ihm süßsaure Beziehungen und überwacht aufmerksam seine künstlerische Tätigkeit, genau wie Braque die seine überwacht. Wie in ihrer Jugendzeit tauschen die beiden Künstler auch jetzt noch ihre Werke aus.

Wie damals im »Bateau-Lavoir«, so setzt sich der Freundeskreis auch hier aus zwei getrennten Gruppen zusammen, die sich begegnen, ohne sich je miteinander zu vermischen, aus Spaniern und Franzosen.

Von den Veteranen ist nur noch Sabartès übriggeblieben, der das Amt eines Wesirs ausübt und die Gesandten in den Königssaal einläßt; als Erster Edelmann am Hof und Wächter des Serails zeichnet er für die Ruhe und den Frieden des Meisters verantwortlich; den Frauen gegenüber, mit denen Picasso liebäugelt, zeigt er sich ganz besonders unangenehm und argwöhnisch. Seine Vasallentreue kennt keine Grenzen. Einer Besucherin, die vor Matisses *Nature morte aux oranges,* einem im großen Saal prangenden Meisterwerk des Fauvisten, in Ekstase fiel, erklärt er in ärgerlichem Ton: »Hier ist nur einer von Belang: Picasso!« Erst Jacqueline wird einen ähnlichen Fanatismus an den Tag legen.

Sabartès erscheint in aller Frühe und wartet, bis Picasso erwacht ist, um ihm die Post und die Zeitungen ans Bett zu bringen; dann plaudern die beiden Freunde vertraulich miteinander, während die Besucher im Vorzimmer warten.

Der Spanische Bürgerkrieg hat in die Rue des Grands-Augustins eine neue Generation von spanischen Künstlern verschlagen, die sich dem francistischen Terror entziehen wollten, darunter Fin und Javier Vilato, die Söhne Lolas, Antoni Clavé, Pedro Florès, den man mit seinen pechschwarzen Augen und seinem dunklen Teint für einen zweiten Goya hätte halten können, sowie den Bildhauer Fenosa ... Picasso ist diesen Künstlern von Herzen zugetan, die ihn sowohl an die spanische Tragödie wie an sein schwieriges Pariser Debüt erinnern. Ortiz de Zarate, ein überspannter Halbnarr, der in den zwanziger Jahren am Montparnasse von sich reden gemacht hatte, sowie Oscar Dominguez gehören einer älteren Emigrationswelle an; Florès und Fenosa waren vor ihrer Auswanderung schon mehrere Male in Paris gewesen. Aber alle besuchen erst seit kurzem regelmäßig Picassos Künstlerwerkstätte. Dominguez, ein molliger Riese, dem man im Zustande der Trunkenheit jedes Verbrechen zutraut, wird von Picasso nur so eben geduldet, weil er ein Stierliebhaber ist! Seine surrealistischen Gemälde sind wenig gefragt, aber seine »Picassos« finden unter den Bilderhändlern einige fragwürdige Liebhaber. Mehrere seiner »Nachahmungen« bereichern heute amerikanische Sammlungen. Picasso weiß recht wohl, daß Dominguez ihn fälscht; er lacht darüber.

Unter den französischen Freunden finden sich einige bekannte Namen, so Baron Mollet, der den Künstler mit Apollinaire zusammenbrachte. Diese malerische Persönlichkeit, die der Dichter scherzhalber zum Baron ernannt hatte, übt keinerlei bestimmten Beruf aus. Mollet betätigt sich unter anderem auch als Bildermakler und wendet sich von Zeit zu Zeit an Picasso, wenn er ihm irgendeine »Gelegenheit« verkaufen will ... Auch Cocteau besucht Picasso immer noch, häufig in Begleitung Jean Marais' und seines Hundes Moulouk. Ferner erscheinen Eluard und Nush, Sartre und Simone de Beauvoir – letztere sprechen nie ein Wort und kommen offensichtlich, um sich zu wärmen –, Georges Hugnet und Prévert ... Prévert, ein freundlicher und offener Mann, erheitert ein wenig die steife und feierliche Atmosphäre im Vorzimmer. Zu nennen wären außerdem Christian Zervos, der sich seit zehn Jahren bemüht, den Katalog von Picassos Werken aufzustellen, Brassai, der seine Skulpturen fotografiert und die Rolle der »Hauskatastrophe« spielt, seit er einmal eine Gipsfigur beschädigt hat: »Was wollen Sie heute kaputtschlagen?« fragt ihn Picasso bei jedem seiner Besuche.

Dora Maar mischt sich nur selten unter Picassos Gäste, sie legt keinerlei Wert darauf, zur Schar seiner »Höflinge« gezählt zu werden; wenn Picasso mit ihr zu Mittag speist, begleitet er sie gewöhnlich in die Rue de Savoie zurück. Manchmal besucht der Künstler sie am späten Nachmittag, wenn er seine Arbeit beendet hat, und bringt ihr irgendein kleines selbstgefertigtes Geschenk mit, einen gravierten Stein, einen Vogel oder einen Fisch aus Zinn, eine Statuette, Scherenschnitte aus Karton, wie er sie als Kind in Malaga herzustellen pflegte. Um sie über den Verlust ihres »Bichon« zu trösten, schneidet er für sie eine ganze Reihe von Papierhunden aus. Diese kleinen Aufmerksamkeiten sollen eine verglimmende Liebe neu entfachen. Manchmal überreicht ihr der Künstler auch größere Gaben: Dora Maar ist von allen Geliebten Picassos die, welche er am meisten beschenkt und die die bedeutendsten Werke von ihm aufbewahrt. Im Winter 1942 besucht er sie mit einem Exemplar seiner *Histoire naturelle*; er verbringt den ganzen Nachmittag damit, es mit vierzig Tusche- und Federzeichnungen auszuschmücken. Als er sich am Abend von ihr verabschiedet, läßt er in ihren Händen einen Schatz für einen steinreichen Büchersammler, dessen unschätzbaren Wert er durch eine scherzhafte Widmung noch erhöht: »Per Dora Maar, tan rebuffon.«

Der erste und liebste unter seinen französischen Freunden findet kurz vor dem deutschen Zusammenbruch, im Februar 1944, im Alter von achtundsechzig Jahren, in Drancy ein tragisches Ende. Seit seiner Abfahrt nach Saint-Benoît-sur-Loire sehen sich die beiden Freunde nur noch selten, aber Max, der sich mit Feuereifer aufs Briefeschreiben verlegt hat, läßt Picasso häufig Botschaften zukommen.

1922 hatte Max Jacob sich zum ersten Mal zu stillen Einkehrtagen ins Benediktinerkloster von Saint-Benoît zurückgezogen; nach dem Verschwinden seiner reichen Mäzene während der großen Wirtschaftskrise hatte er dort eine endgültige Zuflucht gefunden. Seine Invalidenrente und die Einnahmen, die ihm Zeitungsbeiträge und vor allem der Verkauf seiner Guaschmalereien sichern, ermöglichen ihm eine vergleichsweise sorgenfreie Existenz. In Saint-Benoît lebt er wie eine alte Klatschbase, die sich in dem Milieu von Mönchen und Leserinnen der *Gartenlaube* wohl fühlt. »Ich bin ein schwer definierbares Wesen«, erklärt er Yves Belaval, »ein harmloser Schwätzer, eine böse Zunge, eine rachsüchtige Plaudertasche. Wenn ich allein bin, bin ich mit Gott, so daß meine einstmals schönen Augen, die heute keinerlei Wimpern mehr schmücken, manchmal von innen aufleuchten ...« Er verbringt seine Tage mit Schreiben, Malen, Beten; oft versteckt er sich zu stiller Betrachtung hinter einem Pfeiler der Basilika. »Jeder Künstler«, schrieb er einmal, »hat eine Wahl zu treffen. Das war schon seit jeher meine Meinung. Ich habe mich zum Elend verurteilt, weil ich Flügel suchte, die ich nicht gefunden habe. Aber ich bereue es nicht. Obschon ich keine Flügel fand, fand ich den Himmel: Mir ist die Messe lieber als das Paris Heinrichs IV. oder Sacha Guitrys.«

Er übertreibt ein wenig, denn sein zurückgezogenes Leben wird von mehreren Reisen nach Italien und Spanien sowie von Aufenthalten bei seiner Familie in Quimper oder in Paris unterbrochen. 1936 tritt er sogar mit Marianne Oswald in den *Noctambules* auf; so erfüllt sich einer seiner alten Träume! Wenn er in Saint-Benoît weilt, bricht die Kette der Besucher aus Paris nicht ab, die ihn – besonders während der schönen Jahreszeit – in seinem Zimmerchen zu sprechen begehren. Es gehört zum guten Ton, Max Jacob in Benoît-sur-Loire aufzusuchen und bei dieser Gelegenheit Spaziergänge an der Loire zu unternehmen und exquisit zu Mittag zu speisen. Vlaminck, der gern über Land fährt, gehört zu seinen eifrigsten Gästen. Max Jacob gibt sich redliche Mühe, den Genußmenschen und Barden der irdischen Freuden zu Gott zurückzuführen. »Denkst du an den Tod?« fragt er in ernstem Ton. »Man muß an den Tod denken, sich auf ihn vorbereiten und immer gerüstet sein!«

»Wir sind alle nur sterbliche Erdenbürger«, erwidert ihm der Fauvist mit unbekümmerter Offenheit, »ich weiß es und schere mich keinen Deut darum ... Erkläre mir lieber einmal, wo du das Geld hernimmst, um jeden Tag Kotelett und Bohnen zu essen!«

»Das ist ganz einfach: Die Jungfrau hat sich meines grenzenlosen Elends erbarmt und mir einen Autounfall geschickt. Nun lebe ich mit der Rente, die mir die Versicherungsgesellschaft ausgeschrieben hat!«

Trotz so mancher Ängste verlief die Besatzungszeit für

den Büßer von Saint-Benoît-sur-Loire ziemlich glimpflich. Im letzten Kriegswinter allerdings bestärkte die Verhaftung seines Bruders Gaston, seiner Schwester und seines Schwagers die Befürchtungen, die er schon immer gehegt hatte. Diese sollten sich am 24. Februar als durchaus begründet erweisen. Auf die Anzeige eines elenden Denunzianten hin wurde er von Gendarmen in seinem ärmlichen Zimmer verhaftet. Obschon er sich zum Katholizismus bekehrt hatte, blieb er für die Behörden Jude; er leugnete es auch nicht und hatte niemals ein Geheimnis daraus gemacht. Im übrigen gab er sich keinerlei Illusionen hin; er wußte, daß seine Verhaftung seinen Tod bedeutete: »Ich vertraue auf Gott... und danke ihm für das Martyrium, das nun beginnt«, schrieb er an den Pfarrer von Saint-Benoît im Wagen, in dem er abtransportiert wurde. Die Reise im eiskalten Zug setzte seiner Gesundheit zu, und bei seiner Ankunft im Lager von Drancy mußte er sofort mit einer Lungenkomplikation ins Krankenzimmer gebracht werden. Sacha Guitry, den Cocteau von Jacobs Verhaftung benachrichtigt hatte, unternahm sofort Schritte bei den Besatzungsbehörden, um seine Freilassung zu erwirken. Picasso, Salmon, Braque, Utrillo und Mac Orlan reichten eine Bittschrift ein. Als aber endlich der Freilassungsbefehl erteilt wurde, war Max Jacob tot. Vier Tage lang hatte er vergeblich seine Wärter gebeten, einen Geistlichen an sein Sterbebett zu rufen.

Picasso verließ diesmal seine Höhle und begab sich mit Cocteau zum Friedhof von Ivry, wo die sterbliche Hülle dieser zugleich ehrfurchtgebietenden und grotesken Shakespearefigur beigesetzt wurde. Der Künstler hatte ihm stets die gleiche herzliche Freundschaft bezeugt. Verdankte er nicht Max Jacob zum großen Teil, der Mensch und Kunstschöpfer geworden zu sein, der er war?

Obschon die Nationalsozialisten Picasso für den gefährlichsten Vertreter der »entarteten« Kunst hielten und seine Werke aus allen deutschen Museen entfernten, wurde er von den Besatzungsbehörden kaum ernstlich behelligt. Freilich, kleinere Schikanen blieben nicht aus, aber auch an eigenartigen »Verführungsversuchen« fehlte es nicht. Dann wieder gab man vor, ihn für einen Juden zu halten – ein Gerücht, das von seinen Gegnern verbreitet wurde –, ihn mit Lipschitz zu verwechseln; Gestaposchergen wühlten in seinem Gerümpel, dessen Anhäufung ihnen verdächtig vorkam. Picasso sah ihrem Treiben schweigend zu und freute sich insgeheim, die Matisse-Sammlung vor ihnen versteckt zu haben. Sowohl Matisse als auch Picasso hatten bei der »Banque Nationale du Commerce et de l'Industrie« Safes gemietet, in denen sie ihre Privatsammlungen aufbewahrten. Zu Beginn der Besatzung gaben die Deutschen Befehl, zu Inventarzwecken alle Safes von Personen zu öffnen, die sich im Ausland oder in der sogenannten »freien« Zone aufhielten. Matisse, der nach einer schweren Zwölffingerdarmoperation Vence nicht verlassen konnte, beauftragte Picasso, bei der Öffnung seines Safes anwesend zu sein. Dem Spanier gelang es, den Deutschen glaubhaft zu machen, daß Matisses Bilder seine eigenen waren und sie in seinen eigenen Safe überführen zu lassen. Dieser Streich hätte für Picasso üble Folgen haben können, denn die Besatzungsbehörden verstanden in solchen Dingen keinen Scherz und jonglierten gern mit dem Wort »Sabotage«. Immerhin beweist der Vorfall, daß die beiden angeblich »feindlichen Brüder« in Wirklichkeit eine enge Freundschaft verband.

Man erzählt, daß Picasso eines Tages Botschafter Abetz auf seinem Speicher empfing. Dieser bemerkte an der Wand der Künstlerwerkstätte eine Reproduktion von *Guernica* und fragte mit geheucheltem Erstaunen: »Haben Sie das angestellt, Herr Picasso?«

»Nein, Sie!« erwiderte der Künstler mit einem hämischen Lächeln.

Die Anekdote ist amüsant, aber nicht authentisch. In Wirklichkeit empfing der Spanier niemals Hitlers Botschafter in seinem Atelier in der Rue des Grands-Augustins, sondern Deutsche von wesentlich weniger hohem Rang. Tatsache ist hingegen, daß er seinen Besuchern von jenseits des

Rheins gerne »zum Andenken« Postkarten mit einer Reproduktion seines Gemäldes *Guernica* mit auf den Weg gab.

Picassos Gegner machten sich die etwas zweideutige Position des Künstlers zunutze, um ihn heftig anzugreifen. Vlaminck, der ihn seit seiner Umkehr zum Kubismus nicht mehr leiden konnte, verfaßte einen giftigen Artikel für die Zeitschrift *Comoedia*, der sofort von zwei avantgarde-feindlichen Kritikern, Camille Mauclair und Vanderpyl, aufgegriffen wurde; beide ließen es sich nicht nehmen, den wenigen Kredit, den man ihnen ohnehin nur noch einräumte, durch solche Angriffe zu verscherzen. Aber Picasso war zu bekannt, als daß man ihn beunruhigt hätte. Sein weltweiter Ruhm umgab ihn mit einem unsichtbaren Schutzwall. Außerdem hatte Picasso einen Freund, der ihn vor den Schikanen der französischen und deutschen Behörden bewahrte: André Dubois, ein hoher Beamter im Innenministerium, der zukünftige Polizeipräfekt und französische Gesandte in Marokko, der Gatte Carmen Tessiers, der »Commère«, nahm sich ohne Unterlaß des Künstlers an.

Für Picassos künstlerische Tätigkeit sollte das zurückgezogene Leben während der Besatzungszeit überaus fruchtbar sein: Er malt, bildhauert, radiert am Nachmittag; oft arbeitet er bis spät in die Nacht hinein beim Licht eines Scheinwerfers. Wieder wird er von Schreckensvisionen und Phantasmen heimgesucht. So kommt es, daß die vier Kriegsjahre eine Fortführung der mit *Guernica* begonnenen Periode der »Ungeheuer« darstellen. Er malt Dora Maar weiterhin als Schreckgespenst und verzerrt die Bildnisse Nushs und Maias mit einer Art zärtlicher Hingabe.

Die Verpflegungspsychose, an der während des Krieges alle Franzosen leiden, verschont auch ihn nicht, und er schafft mehrere Bilder, die Anhäufungen von Viktualien zeigen: *Le Buffet du Savoyard*, *Nature morte au poulet*, *Nature morte aux Fruits*, *Le garçon à la langouste*. Aber auch solche Motive haben bei ihm nichts Fröhliches, die Bilder erscheinen schorfig, schmutzig und ärmlich in der Farbgebung, manchmal unangenehm grell. Niemals war er ein schlechterer Kolorist. Mit einer Ausnahme jedoch: der *Nature morte au crâne de taureau*, deren harmonische Farbgebung einen Augenblick der Entspannung andeutet.

Im Frühjahr 1944 steht die deutsche Niederlage vor der Tür. Der eisige Winter weicht erst der milden Frühlingssonne; Picasso beobachtet auf seinen Spaziergängen zu Marie-Thérèse die Landschaftsmaler, die ihre Staffelei auf den Seinequais aufgestellt haben. Das Beispiel regt ihn an. In sein Atelier zurückgekehrt, malt er eine Reihe kleiner Stadtlandschaften, *Le Vert-Galant, Notre-Dame*. Ein neuer Lebenshauch scheint über sie hinzuwehen.

In den Tagen, die den Befreiungskämpfen um Paris vorausgehen, beobachtet Picasso eine Tomatenstaude, die in einem Topf auf seinem Fensterbrett reift. Er malt vier Bilder, auf denen zum ersten Mal ein freudiges Rot durchbricht. Während der Straßenschlacht verfertigt er eine Guascharbeit, die die Bewegung der Stunde ausdrückt, und zwar eine Studie nach der *Bacchanale* von Poussin. Denen, die sich wundern, daß er in so einem Augenblick ein derartiges Thema behandelt, erklärt er, daß er seine Arbeit lediglich für eine »Fingerübung« hält. Wie dem auch sei, wenn man alle von Picasso während der Besatzungszeit ausgeführten Arbeiten wegließe, so würde an seinem Werk nichts Wesentliches fehlen. Nur auf dem Gebiet der Bildhauerei hat er in dieser Periode Bedeutendes geleistet. Neben Totenköpfen, die glatt erscheinen wie das Geröll eines Gebirgsbaches, taucht plötzlich eine überragende Skulptur, die bedeutendste seiner ganzen Laufbahn, *L'Homme au mouton*, auf. Seit langem beschäftigt sich sein Geist mit dem Standbild, das Millionen von Touristen auf dem Hauptplatz von Vallauris bewundert haben und für das er ab 1942 unzählige, immer ausführlichere Skizzen entwarf. Was veranlaßte ihn, die nüchterne Hirtengestalt zu formen, aus deren Armen ein Schäflein zu entschlüpfen sucht? Höchstwahrscheinlich hatte er auf einer seiner Reisen eine solche Szene beobachtet. Was er jedoch mit diesem alltäglichen Motiv ausdrücken wollte, war das Gefühl der menschlichen Würde in seiner Dauer und

Beständigkeit, und das in einem Augenblick, als sie so schändlich mit Füßen getreten wurde.

Das endgültige Werk wurde in zwei Arbeitssitzungen im Februar 1943 fertiggestellt. Picasso sah sich gezwungen, im Badezimmer zu arbeiten, da es am leichtesten zu beheizen war. Das Gerüst, das man ihm geliefert hatte, war zu leicht und drohte unter der Last des Tons zusammenzubrechen, so daß der Künstler in einem Zuge durcharbeiten mußte. Schließlich blieb ihm keine andere Wahl, als die Statuette mit Seilen und Haken an der Decke zu befestigen. Da sie trotz alledem Gefahr lief, »zusammenzusacken, goß er sie in Gips, noch ehe der Ton getrocknet war; bei dieser Verrichtung standen ihm Eluard und Marcel, der Chauffeur, als Helfer zur Seite. »Alles wurde an einem einzigen Nachmittag erledigt! Was für eine Arbeit! Ich werde diesen Tag so schnell nicht vergessen!« erzählte er André Malraux, der ihm nach der Befreiung von Paris einen Besuch abstattete.

Wenn Picasso Neues schuf, so bemühte er sich auch um die Erhaltung der älteren Skulpturen. Sabartès hatte mit Ängsten zugesehen, wie man die zerbrechlichen Gipsfiguren auf dem Transport von Boisgeloup herumwarf, und er ermahnte seinen Freund ohne Unterlaß: »Gips ist empfindlich, du solltest solideres Material verarbeiten!« Picasso begann selber ängstlich zu werden und beschloß, fünfzig seiner Bildhauerarbeiten in Bronze gießen zu lassen. Während die Deutschen auf allen Plätzen von Paris die Bronzestatuen fortnahmen, nicht, um Kanonen daraus zu gießen, wie man verschiedentlich behauptete, sondern um Hitlers offiziellem Bildhauer Arno Becker Rohmaterial für seine pompösen Kitschfiguren zu verschaffen, goß der Schmelzer Valsuani einen großen Teil von Picassos bildhauerischem Werk in Bronze, vor allem die *Femme en robe longue*, die *Femme accoudée* und den *Faucheur*.

Picasso betätigt sich auf den verschiedensten Gebieten, um den Schreckensvisionen des Krieges zu entgehen. Wenn er nicht malt, verfertigt er Stiche oder Skulpturen, oder er schreibt. Seit seiner Trennung von Olga hat er es sich zur Gewohnheit gemacht, nach dem »automatischen« Verfahren Gedichte, Possenspiele und Schwänke zu Papier zu bringen, in denen er alles ungezwungen niederschreibt, was ihm durch den Kopf geht. Zwischen dem 14. und 17. Januar 1941, mitten im Krieg, hat er in seinem Zeichenheft eine surrealistische Posse aufnotiert, der er den Titel *Le désir attrapé par la queue (Der am Schwanz gepackte Wunsch)* gab; sie beschreibt in unzusammenhängenden lautmalenden Auftritten die Sorgen des Augenblicks, die Kälte, den Hunger, die allgemeine Knappheit. Die Komik liegt dabei in der völligen Unsinnigkeit des Textes.

Am 19. März 1943 wurde bei den Leiris, den Nachbarn Picassos am Quai des Grands-Augustins, eine Vorlesung des Stücks mit verteilten Rollen veranstaltet. Unter der Leitung von Camus, der die Inszenierung besorgte, lasen Sartre, Queneau, Georges Hugnet, Simone de Beauvoir und Dora Maar den *Désir attrapé par la queue,* unter den Zuschauern befanden sich Braque, Eluard, Reverdy, Jean und Valentine Hugo sowie das argentinische Ehepaar Antchorena, das durch seinen Reichtum ebenso bekannt war wie durch seine Extravaganzen. Die Veranstaltung war im übrigen gefährlich, weil die Deutschen ein strenges Versammlungsverbot verhängt hatten.

Das Stück sollte nach dem Krieg von avantgardistischen Truppen in Rom, Wien und London aufgeführt werden, aber es erregte von Tag zu Tag weniger Aufsehen. Mit dem Ende der Notzeit verlor die Posse nach und nach jedes Interesse.

Drei Monate nach der Veranstaltung bei den Leiris, im Mai 1943, trat eine neue Frauengestalt in Picassos Leben; wieder war es ein blutjunges Mädchen: Françoise Gilot zählte damals einundzwanzig Lenze.

Was an ihr auffiel, war ihre frühlingshafte Frische und ihre geradezu unglaubliche Schlankheit. Alles unterschied sie von Dora Maar, die ihren exotischen Typ durch ihre Haartracht, ihre Art, sich zu schminken und zu kleiden, noch unterstrich: Françoise war eine echt französische Schönheit mit rotblondem Haar, geschwungenen Brauen, grünen Augen, die immer etwas erstaunt in die Welt zu blicken schienen; ein Schönheitsfleckchen gab ihrem Mund einen geistvollen Ausdruck.

Picasso sah Françoise zum ersten Mal im »Catalan«, wo sie in Gesellschaft einer Freundin und des Schauspielers Alain Cluny zu Mittag speiste. Der Künstler saß mit Dora Maar und Marie-Laure de Noailles am Nebentisch. Während der ganzen Mahlzeit beobachtete er verstohlen die beiden Mädchen; beim Nachtisch nahm er eine Schüssel Kirschen (damals eine Seltenheit!) zum Vorwand, um sie anzusprechen; er bat Alain Cluny, den er persönlich kannte, ihm seine Tischgenossinnen vorzustellen.

»Was sind Sie von Beruf?« fragte er Françoise, indem er sie scharf anblickte.

»Ich bin Malerin . . .«

»Um so besser, ich male auch: Wir sind also dazu geschaffen, uns zu verstehen.«

Nach dem Essen lud Picasso die beiden Freundinnen ein, ihn in seinem Atelier zu besuchen.

Françoise Gilot ist tatsächlich Malerin; oder genauer gesagt, sie malt. Ihre Malerei ist von keiner markanten Persönlichkeit geprägt, sie trägt stets den Stempel André Marchands, Chagalls oder Picassos, aber nie ihren eigenen. Ihr unabhängiges Wesen gefällt sich gern in einer herausfordernden Haltung. Sie hat mit ihrer bürgerlichen Familie gebrochen und sucht mit Rojzda, einem wenig bedeutenden Surrealisten, mit dem Fotografen Brassai und dem Maler André Marchand, mit dem sie besonders eng befreundet ist, die Künstlerwerkstätten und Bistros am Boulevard Saint-Germain und auf dem Montparnasse auf.

Ihr Vater, der immer von einem Sohn geträumt hatte, ließ ihr eine männliche Erziehung angedeihen, die ihre Neigung zum Protest und ihren unbändigen Hang zur Unabhängigkeit noch bestärkte. Sie absolvierte glänzende Studien, erwarb sich ein juristisches und philosophisches Staatsdiplom und verließ ihre Eltern nach heftigen Auseinandersetzungen mit ihrem Vater, um sich unter die Obhut einer toleranten Großmutter zu stellen, die ihr mehr oder weniger jeden Willen ließ.

Ihre Begegnung mit Picasso war die Erfüllung einer ihrer Träume: Seit langem schon bewunderte sie den großen Maler und suchte sich ihm zu nähern, um sich künstlerische Ratschläge bei ihm einzuholen. Ihr Wunsch, mit ihm Verbindung aufzunehmen, verbarg im übrigen keinerlei Hintergedanken. Sie hatte nicht die geringste Absicht, in irgendeiner Weise in sein Privatleben einzutreten. Aber Picassos Haltung zeigte ihr sehr bald, daß die Malerei nicht das einzige Band zwischen ihnen zu bleiben brauchte; die Perspektive, die sich ihr so eröffnete, gab ihr zu denken. Sie fand sichtbares Gefallen daran, dem alternden Künstler, der zwar noch rüstig, aber so gut wie kahlköpfig war und auf jeden Fall mehr an den zusammengekauerten Schreiber als an den Hermes von Praxiteles erinnerte, eine verzehrende Leidenschaft einzuflößen, die sie im übrigen nicht völlig gleichgültig ließ; sie machte sich ein Vergnügen daraus, diesem Mann an der Schwelle des Greisenalters in ihre Abhängigkeit zu bringen, indem sie ihre Avancen und ihre Rückzieher, ihre leidenschaftlichen Ausbrüche und kühlen Vorbehalte sorgfältig dosierte, was seine Liebe noch mehr entflammte. Der Künstler war außerstande, seine Errungenschaft geheimzuhalten, und posaunte sein Abenteuer überall aus: »Ist Françoise nicht liebenswürdig?« fragte er Brassai.

Immerhin ist auch der alte spanische Stier nicht bereit, sich von einem kleinen Mädchen an der Nase herumführen zu lassen; er entfaltet alle seine Künste, um sie in Erstaunen zu versetzen oder einfach in Verlegenheit zu bringen; er küßt sie unversehens auf den Mund und spielt den Beleidigten, weil er von ihr keine Ohrfeige erhält; eines Tages lädt er sie ein, sich nackt auszuziehen und zu ihm zu legen; nachdem er sie nach Herzenslust betrachtet hat, fordert er sie auf, sich wieder anzukleiden: »Ich wollte nur einmal feststellen, ob Ihr Körper meinen Vorstellungen entspricht!«

Sein Verhalten zeugt von einer großen Selbstbeherrschung.

Indem er auf seine ans Phantastische grenzende Vergangenheit hinweist, führt er sie zum Montmartre und zeigt ihr die Künstlerwerkstätten Modiglianis, Utrillos, das Haus, das Reverdy bewohnte, und schließlich das »Bateau-Lavoir«: »Hier hat alles begonnen!« erklärt er, als er sie in den Korridor der Elendsbehausung schiebt. Sodann legt er die Hand auf die Klinke seines einstmaligen Ateliers und sagt: »Wenn wir diese Tür öffnen, treten wir in meine blaue Periode ein . . .« Aber die Tür war verschlossen. Der Mieter des Ateliers, der Tierbildhauer Guyot, war gerade ausgegangen.

Das kleine Florettfechten zwischen dem Sechziger und der jungen Naiven, das gelegentlich mit scharfen Waffen ausgetragen wurde, währte bis Mai 1946. Dann willigte Françoise, die sich dem Künstler inzwischen hingegeben hatte, ein, ihre Großmutter zu verlassen und mit ihm unter einem Dach zu wohnen. Während der ganzen Dauer seiner Liebschaft hatte Picasso sein wenig erfreuliches Liebesspiel mit Dora Maar und sein beinahe eheliches Leben mit der stillen Marie-Thérèse fortgesetzt. Dora war es jedoch inzwischen klargeworden, daß sich etwas Grundsätzliches im Leben ihres Geliebten geändert hatte, der ihr langsam entglitt. Ihr gutes Einvernehmen litt darunter beträchtlich. Dora neigte schon ohnehin zu Depressionszuständen, Zornausbrüchen und Weinkrämpfen: Nach dem deutschen Zusammenbruch schien sich ihr Verstand zu verdunkeln. Perioden vollständiger Niedergeschlagenheit wechselten mit Augenblicken ausgesprochener Phrenesie. Picasso fühlte sich ernsthaft bedroht, als sie ihm öffentliche Auftritte und Vorhaltungen machte und im »Catalan« oder in den »Deux-Magots« vor versammeltem Publikum die Leviten las. Der Künstler war von Jugend auf an eine Atmosphäre von Zärtlichkeit und Bewunderung gewöhnt: Die Haltung Doras schien ihm unbegreiflich und durch nichts gerechtfertigt. Außerdem machten ihm die Wutanfälle seiner Freundin Angst.

Es kam zur Zerreißprobe, als Dora von Halluzinationen

heimgesucht wurde. Sie gab vor, von Männern überfallen worden zu sein, die ihr das Fahrrad gestohlen hätten. Außerdem war sie nicht mehr von ihrem Vorhaben abzubringen, Picasso zu Gott zurückzuführen; sie forderte ihn auf, seine Sünden zu bekennen, seine Verfehlungen zu widerrufen, solange es noch Zeit wäre. Eines Tages befahl sie ihm und Eluard, vor ihr niederzuknien und eine Generalbeichte abzulegen. Sie befand sich in einem Zustand mystischer Exaltation und begann von ihren inneren Stimmen und Visionen zu sprechen. Es gelang Eluard, sie zu beruhigen, aber Picasso, den der Auftritt zutiefst erschüttert hatte, beschloß, einen Nervenarzt zu Rate zu ziehen. Dr. Lacan besuchte Dora in ihrer Wohnung in der Rue de Savoie und brachte sie in seine Nervenheilanstalt.

Nach drei Wochen hatte Dora Maar wenigstens äußerlich ihre Ruhe wiedergefunden. Aber sie konnte nicht mehr von ihren mystischen Vorstellungen abkommen. Um ihre Genesung zu fördern, nahm Picasso sie nach Antibes mit, wo er in der Villa von Marie Cuttoli seine Ferien zu verbringen gedachte.

Der endgültige Bruch vollzog sich friedlich im Verlaufe dieser ersten Nachkriegsferien: Dora Maar versank mehr und mehr in ihre Träumereien und verbrachte ihre Tage mit geistigen Exerzitien; sie nahm die Trennung von ihrem Geliebten als eine Art Selbstbestrafung hin.

Alles hätte ein gutes Ende genommen, die junge Frau wäre friedlich ihrem einsamen Leben der Betrachtung entgegengegangen, hätte Picasso im Herbst nicht von ihr gefordert, daß sie Françoise persönlich den endgültigen Bruch mit ihm ankündigte. Françoise hat uns von dem peinlichen Auftritt, bei dem Picasso eine wenig ruhmreiche Rolle spielte, einen ausführlichen Bericht gelassen. Dora meldete ihr formell, daß zwischen ihr und Picasso alles zu Ende sei ... aber als sie von dem merkwürdigen Liebespaar Abschied nahm, versetzte sie Picasso einen letzten Schlag: »Du hast nie geliebt. Du weißt nicht, was Liebe ist!« Später einmal sollte sich Françoise an diesen Ausspruch erinnern ...

9

Lebensfreude

Die große Glocke von Notre-Dame, die das Ende des langen Krieges ankündigt, läutet auch für Picasso eine neue Zeit ein. Denn nun beginnt ein endloser Sturm auf sein Atelier, der zwei ganze Jahre anhalten soll, bis sich der Künstler durch die Flucht dem Zugriff seiner Bewunderer entzieht. Sofort nach der Befreiung der französischen Hauptstadt melden sich im Atelier der Rue des Grands-Augustins zahlreiche amerikanische Kriegskorrespondenten, aber auch einfache GI's; die Schar der aus dem Exil oder aus dem Maquis zurückgekehrten Freunde klopft ebenfalls von früh bis spät an seine Tür.

Einer der ersten, der sich bei Picasso einfindet, ist Hemingway, der den Künstler während der »tollen Jahre« kennengelernt hatte, als er der Sportberichter des *Toronto Star* in Paris war. Hemingway, der, mit Revolvern und Fotoapparaten behangen, aus seinem Jeep steigt, gibt den Bewohnern der kleinen Straße, die die Szene aus ihren Fenstern beobachten, das berauschende Schauspiel des siegreichen Kämpfers. Picasso ist leider bei Marie-Thérèse, und »Papa« muß unverrichteter Dinge abziehen, nicht ohne der Portiersfrau als Geschenk eine mit Handgranaten gefüllte Kiste zurückgelassen zu haben! Für Tausende von jungen Soldaten ist Picasso wichtiger als der Eiffelturm, Notre-Dame oder der Place Pigalle.

Picasso stellt zu seinem Erstaunen fest, daß er in Amerika zu den bekanntesten Persönlichkeiten der Erde zählt. Man sieht in seinem Überleben ein wichtiges Symbol: Er verkörpert die Unsterblichkeit der europäischen Kultur. Die GI's bekunden ihm auf rührende Art ihre Zuneigung, überhäufen ihn mit Geschenken, bringen ihm Milch, Schokolade, Nescafé, Zucker, Würstchen in Büchsen; sein »Thank you very much« klingt von Tag zu Tag englischer! Er beantwortet mit gutmütiger Jovialität ihre naiven oder absonderlichen Fragen: Wie lange er an einem Bilde malt? Wieviel Werke er im Monat zustande bringt? Wieviel Gemälde er jährlich ausstellt? Wieviel er verkauft? Fragen dieser Art bereiten ihm sichtlich Freude und lösen ein verschmitztes Lächeln aus.

Nach den Soldaten erscheinen die Bilderhändler. Durch die Besatzung hat Picasso jeden Kontakt mit Paul Rosenberg verloren, der bereits zu Anfang des Krieges nach den Vereinigten Staaten geflüchtet war. Im übrigen bestand zwischen ihm und dem Händler, den er nicht liebt, nur eine mündliche Abmachung. Er war berechtigt, seine Werke auch an andere zu verkaufen oder sie – wie er es zur Zeit handhabte – überhaupt nicht zu veräußern. Da es ihm nicht an Geld fehlt, macht er sich ein satanisches Vergnügen daraus, Kahnweiler, der sich den ganzen Krieg über im mittelfranzösischen Maquis aufgehalten hatte, und Louis Carré gegeneinander auszuspielen. Er läßt beide im Vorzimmer warten, um sie sodann getrennt zu empfangen. Schließlich gewinnt Kahnweiler das Rennen! Picasso läßt sich wieder einmal von der Macht der Gewohnheit beherrschen. Louis Carré versucht mit mehr Erfolg sein Glück bei Jacques Villon und Fernand Léger.

Andere Bilderhändler bemühen sich ebenfalls um den Künstler. Einem amerikanischen Juden verspricht er ein Gemälde, wenn er ihm in London einen Borsolino, von der Art, wie er ihn trägt, besorgt. Picasso, der für Hüte eine Schwäche hat, ist von der vornehmen Kopfbedeckung seines Besuchers überaus beeindruckt. Dieser reist im Flugzeug nach London und überreicht dem Künstler triumphierend den gewünschten Hut. Picasso setzt ihn auf, betrachtet sich im Spiegel und wirft das seltene Stück in eine Ecke. Er ist offensichtlich zu klein! Das Geschäft mit den Bildern wird auf ein anderes Mal verschoben.

Die Befreiung macht aus Picasso einen »Weltstar«, wie Charlie Chaplin, Churchill oder Maurice Chevalier. Was er auch immer unternimmt, gibt zu Nachforschungen und Reportagen Anlaß. Illustrierte Zeitschriften und Filmreporter nehmen sich seiner an und machen seine untersetzte Figur, seinen blanken Schädel und seine von winzigen Falten umrandeten Augen auch dem Manne auf der Straße vertraut. Die kleinsten Vorfälle seiner Künstlerlaufbahn werden unter die Lupe genommen; seine Aussprüche und Bonmots erscheinen häufiger in der Klatschecke als in den Kunstrezensionen. Sein Leben spielt sich, wie seinerzeit das Ludwigs XIV., in der Öffentlichkeit ab. Alles wird aus dem Schatten ans Licht gezerrt, seine Liebschaften, seine Familie, ja sogar seine stillen Betrachtungen. Seine Worte werden analysiert und kommentiert; man sieht sie sich sozusagen von allen Seiten an, in der Hoffnung, ihnen das Geheimnis seines Genies abzuringen. Ein solches Unterfangen ist von vornherein zum Scheitern verurteilt und setzt bei Picassos Exegeten eine rege Phantasie voraus. Picasso ist kein Künstler, der sich in Worten gibt; er hat nichts von einem Matisse, der seine geringsten Ideen auf das ausführlichste darlegt. Er hält sich vor seiner Leinwand oder seinem Zeichenblock nicht mit Überlegungen auf. Er arbeitet drauflos und beginnt das Werk von neuem, wenn es ihn nicht befriedigt. So konnte er eines Tages, als er mit Vlaminck noch auf freundschaftlichem Fuße stand, zu diesem sagen: »Wie habe ich das nur fertiggebracht?« In Aussprüchen solcher Art enthüllt Picasso sein Innerstes, und man mag Françoise Gilot vorwerfen, ihm in ihren *Erinnerungen* eine Sprache in den Mund gelegt zu haben, die nicht die seine ist.

Der Hof, der im Winter und im Frühjahr 1944/45 den Künstler umschwärmt, ist ihm zugleich lästig und angenehm. Die vielen freundschaftlichen Besuche (Françoise zählt bis zu zwanzig GI's in seinem Vorzimmer, die dort gelegentlich einschlafen), tragen ihm die Bewunderung der ganzen Welt ins Haus, und das gibt ihm einen unglaublichen Auftrieb. Außerdem hat er so Gelegenheit, sich als Komödiant zu betätigen, denn er ist ein geborener Schauspieler. Was ihn im übrigen nicht daran hindert, den Empörten zu markieren, wenn ihm jemand seine großangelegten Werbeaktionen oder die Fotos vorhält, die ihn als Clown darstellen. Offenbar gibt er sich keine Rechenschaft über die Diskrepanz, die zwischen seinem Dasein als großer Künstler und seinen Hanswurstereien besteht. Immerhin scheint er sie doch gelegentlich einmal zu spüren, denn Françoise hat einen seiner Aussprüche notiert, der durchblicken läßt, was er in seinen lichten Augenblicken von sich selber denkt. Als er sich einmal in Anwesenheit von Françoise rasierte, malte er sich mit dem Rasierpinsel einen dicken Schnurrbart und zwei Schaumtränen ins Gesicht und rief aus: »Ich bin ein Hanswurst, diesem Schicksal kann ich nicht entrinnen!«

Sechs Wochen nach der Befreiung von Paris wird der erste »Salon d'Automne« der Nachkriegszeit eröffnet, der sich in Anlehnung an die Ereignisse der »Salon de la Libération« nennt. Jean Cassou war auf den Einfall gekommen, Picasso in den Empfangszimmern auszustellen, um ihn wegen seiner Haltung unter der deutschen Besetzung zu ehren und so den Schimpf wiedergutzumachen, dem er ausgesetzt war, als er auf die gegen ihn gerichteten Angriffe nichts erwidern konnte.

Picasso ist sich der Ehrung bewußt, die ihm widerfährt: Zum erstenmal im Leben nimmt er an einem Salon teil. (Von diesem Augenblick an wird man seine Bilder und Skulpturen häufig auf Ausstellungen bewundern können, vor allem im »Salon de Mai«.) Er schickt fünfundsiebzig Gemälde sowie fünf Statuen, die er während der Besetzung in Bronze hatte gießen lassen. Zur größten Verwunderung der Veranstalter wird die Ausstellung keineswegs ein Triumph, sondern sie erregt bei den Besuchern lebhaften Anstoß.

Das Publikum hat seit *Guernica* den Kontakt mit Picassos Werk verloren und ignoriert die schrecklichen Schöpfungen aus der Zeit der *Ungeheuer*. Besonders die verzerrten Bildnisse von Dora Maar rufen lebhafte Proteste hervor. Die Aggressivität dieser Kunst, ihr destruktiver Charakter, mißfallen den Besuchern und bringen ihnen die Kritiken von Vlaminck, Mauclair und Vanderpyl wieder in Erinnerung. In den ersten Tagen der Ausstellung erinnert die Atmosphäre an die Stimmung, die seinerzeit unter Napoleon III. im

»Salon des Refusés« geherrscht hatte. Die Leute waren empört und schrien: »Weg mit den Bildern! Zahlt uns das Eintrittsgeld zurück!«

Am dritten Tag nach der Eröffnung dringt ein Kommando von Kunststudenten in den Saal ein und beginnt die Gemälde abzuhängen. Es kommt zu einer Schlägerei mit den Bewunderern des Künstlers. Letzteren gelingt es mit knapper Mühe, die Bilder vor den Vandalen zu retten. In den folgenden Tagen bilden sich Gruppen, die freiwillig die Gemälde bewachen, während die konservative Kunstkritik Picasso hemmungslos als die Ausgeburt der Hölle verurteilt. Einige Rezensenten gehen so weit, ihre Verwunderung darüber auszudrücken, daß die Ausstellung unter dem Zeichen der »Résistance« steht, wo doch der Maler während der ganzen Besatzungszeit brav zu Hause gehockt und nicht im entferntesten daran gedacht hatte, sich als »Widerständler« zu betätigen. Die Verleihung der »Médaille d'argent de la reconnaissance française« an Picasso sollte seine Verleumder jedoch bald zum Schweigen bringen.

Picasso nimmt die Dinge nicht tragisch. Die Bewunderung seiner Freunde und der nicht enden wollende Strom der jungen Soldaten, die ihn in seiner Künstlerwerkstätte aufsuchen, geben ihm die moralische Kraft, das Ende des Sturmes abzuwarten. Die Ereignisse lassen bei ihm keinerlei Bitterkeit zurück, ganz im Gegenteil: Um sich Jean Cassou erkenntlich zu zeigen, schenkt er dem Pariser »Museum für Moderne Kunst« (dessen Leiter Jean Cassou ist) zehn seiner Gemälde, die seine verschiedenen Entwicklungsstadien repräsentieren. Georges Salles, der Administrator aller französischen Museen, stellt die zehn Gemälde neben den Kunstwerken des Louvre aus. Eine solche Ehrung war vor Picasso noch keinem Künstler zuteil geworden. Picassos Werke fanden neben dem *Heiligen Bonaventura* von Zurban, neben Gemälden von Delacroix, dem *Atelier des Batignolles* von Courbet und einigen Bildern von Paolo Uccello Platz. Picasso stellte mit Genugtuung fest, daß seine Schöpfungen sich durchaus mit denen seiner berühmten Vorgänger messen können.

Die Offensive der Feinde Picassos anläßlich des »Salon d'Automne« fand neue Nahrung in der Bekanntgabe seines Beitritts zur Kommunistischen Partei. Nicht Eluard, sondern Laurent Casanova, ein einflußreiches Mitglied des Zentralkomitees der Kommunistischen Partei Frankreichs, war es gelungen, den Künstler zu diesem Schritt zu überreden. Dieser hatte den feurigen Dialektiker korsischer Herkunft bei den Leiris kennengelernt, die ihn während der Besatzung versteckt hielten. Die Intelligenz, die geistige Größe dieses gehetzten Mannes hatten Picasso überaus beeindruckt. Nach zahlreichen Gesprächen mit dem Politiker war Picasso zu dem Entschluß gekommen, sich um die Mitgliedschaft bei der Kommunistischen Partei zu bewerben. Picasso war jedoch – wie immer – vorsichtig genug, erst einmal das Ende des Krieges abzuwarten.

Im übrigen schreibt sich Picasso nicht bei der französischen Sektion der III. Internationale, sondern bei der spanischen ein. Als ihn Pedro Florès, der bei ihm eine freimütige Sprache führen konnte, wie sie nur den Spaniern zugebilligt wurde, einmal fragte, warum er sich auf seine alten Tage noch zu diesem Schritt aufgerafft habe, antwortete er schlicht: »Ich fand dort meine Jugend wieder!« Françoise Gilot gab er dazu später folgende Erklärung ab: »Ich bin zur Kommunistischen Partei wie zu einem Brunnen gegangen.« Mit diesem Ausspruch traf er den Nagel auf den Kopf: Nicht doktrinale Erwägungen haben ihn zum Kommunismus geführt (er begnügte sich damit, in ziemlich kindischer Weise die Leitartikel der *Humanité* und des *Patriote* von Nizza nachzuplappern), sondern das ihm eigene Bedürfnis, in einem warmherzigen, brüderlichen Milieu zu leben. Die Freundschaft ist mit der Liebe eine der Triebfedern seiner künstlerischen Tätigkeit.

Für die Kommunistische Partei bedeutet der Beitritt des größten Künstlers der Gegenwart ein Atout, das sie bei jeder Gelegenheit ausspielt. Picasso gibt dutzendweise Zeichnungen, Lithographien, ja sogar Gemälde für die *Humanité*, die *Lettres françaises* und andere kommunistische Organe. Seine

Taube ziert die Teller, Aschenbecher, Schärpen und – als sich diese Mode verbreitet – Schlüsselanhänger, die auf kommunistischen Wohlfahrtsveranstaltungen feilgeboten werden. Bei besonderen Gelegenheiten tritt er als »Superstar« auf. So zum erstenmal beim Weltkongreß für den Frieden, der am 25. August 1948 in Warschau eröffnet wird. Picasso reist in Begleitung Eluards, Vercors und des getreuen Marcel, der inzwischen zum Leibwächter, Kammerdiener und Sekretär des Künstlers befördert worden war. Dabei hatte sich Picasso nicht so leicht zur Reise bewegen lassen. Reisen waren nicht sein Fall, er verabscheute Abenteuer und unbekannte Länder; außerdem gefiel es ihm besonders gut in Vallauris, wo er den Sommer genoß, wo ihn das Meer zum Bade lud, wo ihn Françoise mit ihren schönen Armen umfing. Als er sich aber erst einmal zum Reisen entschlossen hatte, findet er seinen Aufenthalt angenehm und besichtigt vor seiner Rückkehr nach Frankreich Warschau und Krakau.

Weniger als ein Jahr danach, im April 1949, besteigt er die Tribüne bei einem anderen Friedenskongreß, der ganz unter dem Zeichen der Taube steht. Das berühmte Plakat, das bald seinen Siegeszug über die ganze Welt antreten sollte, erinnert an die kleinen Bilder, die sein Vater in Picassos Kinderjahren malte und die der Knabe manchmal fertigstellen mußte. Man hat Parallelen zwischen der *Taube* und ähnlichen Vögeln Don Josés angestellt, die auf eine deutliche Verwandtschaft hinweisen. In Wirklichkeit lagen die Dinge folgendermaßen: Als Aragon Picasso bat, ein Plakat für den Weltfriedenskongreß zu entwerfen, der im Pariser »Salle Pleyel« stattfinden sollte, tat der Künstler, als verstehe er nicht recht, und gab eine ausweichende Antwort. Aragon war enttäuscht. Er wühlte ziellos in einer Mappe herum und zog eine Lithographie heraus, die Picasso vor kurzem bei Mourlot nach einer Ölstiftzeichnung ausgeführt hatte; sie stellte eine Taube dar, die Matisse ihm eines Tages geschenkt hatte. Aragon sagte: »Sie würde ein sehr gutes Plakat abgeben!« Der Künstler war heilfroh, einer lästigen Aufgabe entronnen zu sein, und bald erschien Matisses Taube auf allen

Mauern der französischen Hauptstadt. Der Erfolg dieser klassischen, leicht zugänglichen Arbeit war augenblicklich und weltumfassend. Überall tauchte Picassos Taube auf, in China wie in den Vereinigten Staaten: Sie wurde geradezu zum Symbol der Kommunistischen Partei und ersetzte vorteilhaft das etwas beängstigende Wahrzeichen mit Hammer und Sichel.

Die Beziehungen zwischen Picasso und der Kommunistischen Partei beruhten jedoch auf einem Paradox: Die Ästhetik Picassos stand im schroffen Gegensatz zum »sozialistischen Realismus«, den die Kommunisten predigten; man darf ruhig behaupten, daß Picassos künstlerische Ausdrucksformen gerade jene waren, die die Sowjets verurteilten. Auf dem Warschauer Friedenskongreß, auf dem der Künstler als Held gefeiert wurde, erklärte ihm der sowjetische Delegierte rundheraus, daß er seine Kunst nur wenig schätze. Picasso erhob sich ärgerlich von seinem Sitz und erwiderte, daß er solche Aussprüche bereits aus dem Munde der Nazis gehört habe. Man trennte sich mit verlegenen Höflichkeitsfloskeln. Die sowjetische Presse nahm jedoch seine Angriffe gegen Picasso sofort wieder auf und zitierte folgende Bemerkung des Akademikers Gerasimow: »Picasso ist ein hervorragender Friedenskämpfer, aber er ist kein Maler!«

Die Krise erreichte ihren Höhepunkt beim Tode Stalins, als Aragon, der Direktor der *Lettres françaises*, des literarischen und künstlerischen Organs der Partei, Picasso in Cannes anrief, um ihn eiligst um ein Bildnis des Diktators für die erste Seite der nächsten Nummer seiner Zeitschrift zu bitten. Picasso war zwar wenig begeistert, machte sich aber sogleich an die Arbeit: Er verfertigte nach einer dreißig Jahre alten Fotografie eine ausdruckslose, fade, schwache Zeichnung. Das Bildnis rief unter den kommunistischen Aktivisten einen Sturm der Entrüstung hervor: Diese weichliche Jammergestalt konnte nicht der geniale Genosse Stalin sein! Die Leser des Blattes fühlten sich schändlich betrogen und schrieben Tausende von Protestbriefen; das Zentralkomitee der Partei tadelte Aragon öffentlich, der – weidlich in die Enge getrieben – Picasso ohne Bedenken fallenließ und die aggressivsten Leserbriefe in den *Lettres françaises* abdruckte. Fougeron, einer der seltenen französischen Vertreter des »sozialistischen Realismus«, benutzte die Gelegenheit, um Picasso, obschon sich dieser über seine Ölschinken nachsichtig geäußert hatte, auch noch einen Stoß zu versetzen: »Meine Betrübnis ist um so tiefer, als die Tatsache, daß ein so großer Künstler im Jahre 1953 außerstande ist«, schrieb er, »die Züge des von allen Proletariern der Erde am meisten geliebten Mannes in sprechender und schlichter Weise zu porträtieren, das ganze Ausmaß unserer Schwäche auf diesem Gebiet zeigt; und dabei zählt die französische Malerei in der Vergangenheit die größten Porträtmaler der Welt ...«

Picasso war über diesen Sturm im Wasserglas ziemlich verärgert: »Ich habe ihn so gezeichnet, wie ich ihn sehe!« erklärte er. »Schließlich habe ich Stalin persönlich nicht gekannt!« Es dauerte aber nicht lange, bis der Wind umschlug; denn Chruschtschow unternahm wenige Wochen später die »Entstalinisierung«, und die *Lettres françaises* ließen es sich nicht nehmen, ebenfalls über den Tyrannen herzufallen. Die Versöhnung war das Werk Hélène Parmelins und Casanovas; ein persönlicher Besuch des Parteiführers Thorez besiegelte sie. Schließlich hatte Picasso durch sein mittelmäßiges Porträt des Diktators lediglich die politische Entwicklung in der UdSSR vorausgeschaut.

Die Niederwerfung des Budapester Volksaufstandes durch die Rote Armee sollte eine weitere Krise zwischen dem Künstler und der Kommunistischen Partei zur Folge haben. Unter dem Einfluß seines Freundes Pignon schrieb Picasso einen Brief, in dem er die Vergewaltigung der ungarischen Arbeiterschaft verurteilte. Sicherlich war es nicht die Liebe zum Kapitalismus, die ihm seinen Protest diktierte. Aber im Gegensatz zu den Mitunterzeichnern des Briefes trat er nicht aus der Partei aus. Ein neuer Besuch Thorez' stellte den Frieden wieder her. Diese verschiedenen Krisen, zu denen noch eine Reihe kleinerer kamen, entfremdeten Picasso mehr und mehr der Parteileitung. Nach dem Tode Thorez' hielt er sich, so gut er konnte, die kommunistischen Parteiführer vom Leibe, deren Reden und Manieren ihm auf die Nerven fielen. Mehr als einmal weigerte er sich rundheraus, bedeutende Parteigrößen zu empfangen, so zum Beispiel Adschubej, den Schwiegersohn Chruschtschows, der eigens an die Riviera gereist war, um ihn aufzusuchen. Ähnlich erging es Botschafter Zorin, der ihm den Leninpreis aushändigen sollte, zu dessen Überreichung er sich 1962 nicht nach Moskau bemüht hatte. Die Urkunde wurde ihm im April 1966 von seinem Freund Ilja Ehrenburg gebracht, dem er in seiner Jugend auf dem Montparnasse begegnet war; Ehrenburg hatte alle nur erdenklichen »Säuberungen« mitgemacht und war in Picassos Augen ein ehrenwerter Kommunist. Alle anderen behandelte er von oben herab, manchmal sogar mit beleidigendem Dünkel. Man fragt sich unwillkürlich, warum er einer Partei treu blieb, an der er weit mehr auszusetzen als zu loben hatte. Die Antwort ist immer die gleiche: Picasso haßt es, mit Gewohnheiten zu brechen, sich aus einem ihm vertrauten Rahmen zu lösen. Außerdem hatte ihm die kommunistische Presse, die gern in Superlativen schwelgt, Ehrungen zukommen lassen, die aus ihm einen Weltstar machten. Sonderbarerweise empfindet dieser anspruchslose, einfache Mann, der praktisch keinerlei materielle Sorgen kennt, stets das Bedürfnis, gelobt und beweihräuchert zu werden. Und das, obschon er nur allzu gut weiß, was von Lobsprüchen zu halten ist. Im übrigen genießt er mit sarkastischer Freude, daß er zu gleicher Zeit als kommunistischer Held gefeiert und in kapitalistischen Dollars bezahlt wird ... So rechtfertigt er, ohne es zu wollen, das bekannte Bonmot Dalis: »Picasso ist Spanier, ich auch; Picasso ist ein Genie, ich auch; Picasso ist Kommunist, ich auch nicht!«

Anfang Sommer 1945 beschließt Picasso, der ständigen Prozession von GI's zu entkommen und an die Riviera zu flüchten; er hat es über, bei »Sight-Seeing-Fahrten« als Touristenziel zu dienen. Der Krieg ist zu Ende, er fühlt ein lebhaftes Bedürfnis nach Ferien; er nimmt die rekonvaleszente

Dora Maar in den Süden mit, während Françoise ihre Ferien in der Bretagne verbringt, ohne das geringste Lebenszeichen von sich zu geben.

Marie Cuttoli, die Dora und Picasso in ihrem Besitztum einlädt, ist seit langem eine Freundin des Künstlers. Sie hat einen Politiker geheiratet und interessiert sich seit ihrer Jugend für die avantgardistische Kunst, teils, um ihrer konformistischen Familie eine Lektion zu erteilen, teils, weil sie sich von der modernen Kunst angezogen fühlt. Während der beiden Weltkriege hatte sie im künstlerischen Leben der französischen Hauptstadt eine bedeutende Rolle gespielt. Als Dekorateurin schuf sie den »Klinik-Stil«: kalkweiße Wände, schwarzbrauner Bodenbelag, Stahlrohrmöbel. Später eröffnete sie in der Rue Vigon eine Gemäldegalerie und verkaufte an ihre Kunden Bilder von Dufy und Gromaire, die sich damals wachsender Beliebtheit erfreuten. Sie hatte das ungewöhnliche Glück, Helena Rubinstein zu ihren Kundinnen zu zählen: Die Königin der Kosmetik kaufte ihr beinahe den ganzen Bilderbestand ab. Zu wirklicher Bedeutung gelangte sie jedoch erst später, als sie die Teppichkunst erneuerte und ihre Entwürfe bei Lurçat, Gromaire, Dufy und Rouault bestellte. Dank ihrer Initiative erlebte die Teppichmanufaktur von Aubusson einen neuen Aufschwung: Die Teppichweberei hörte auf, sich mit dem kümmerlichen Kopieren berühmter Gemälde zu begnügen, sondern wurde zu einer eigenständigen und echten Kunst.

Die Ferien, die Picasso in der weißen Villa Maria Cuttolis am Cap d'Antibes verbrachte, sollten von weiteren längeren Aufenthalten an der Riviera gefolgt werden. Die Feinde Picassos benutzten seine häufigen Reisen, um die Beschlagnahme seiner Pariser Wohnung in der Rue La Boétie unter dem Vorwand zu erwirken, daß er sie »nur zeitweilig bewohnte«.

Der Hauptleidtragende dieser Maßnahme war der unglückliche Sabartès, dem die undankbare Aufgabe zufiel, die Bestandsaufnahme des seit dreißig Jahren angehäuften Gerümpels vorzunehmen und seine Verpackung zu überwachen.

So wurden siebzig Kisten in Picassos Atelier in der Rue des Grands-Augustins geschleppt, das damit aufhörte, bewohnbar zu sein. Der Künstler sah sich gezwungen, in der Rue Gay-Lussac zwei neue Wohnungen zu kaufen, eine für Ines und ihre Familie, eine andere für sich selber, damit er während seiner vorübergehenden Aufenthalte in Paris über ein Quartier verfügte.

Picassos Rückkehr nach Paris im Herbst fällt mit einem neuen Wendepunkt seiner Kunst zusammen: Er entdeckt die Lithographie, oder genauer gesagt, er entdeckt sie neu und erforscht mit Leidenschaft alle Möglichkeiten einer Technik, der er bis dahin nur eine oberflächliche Aufmerksamkeit geschenkt hatte. Im Verlaufe von vier Monaten, von November bis März, erstellt er im Atelier des Lithographen Mourlot, in der Rue de Chabrol, unweit des Pariser Nordbahnhofs, fünfundvierzig Lithographien, um die sich die Liebhaber reißen. Picasso liebt seine neue Tätigkeit, er liebt das alte, verschmutzte Atelier, in dem alles noch genauso war wie zu Daumiers Zeiten, er liebt die Druckergesellen, die seit hundertfünfzig Jahren die gleiche Technik pflegen, er liebt vor allem den Eigentümer des Ateliers, den lautstarken, derben Fernand Mourlot, einen vollendeten Techniker und leidenschaftlichen Lithographen, einen jener Handwerker, ohne deren Beistand und Rat kein Künstler fruchtbare Arbeit zu leisten vermag. Ja, Picasso schafft gern in der trüben Atmosphäre der Werkstätte, wo sich ein jeder versonnen über seinen Stein oder seinen Abzug beugt, wo von Zeit zu Zeit eine an Eugène Sue erinnernde Pariser Straßenmelodie erklingt, wo man wie unter Brüdern diskutiert, wo eine wohlige Wärme herrscht. Er tritt um neun Uhr morgens seine Arbeit an und verläßt das Atelier erst bei Feierabend; er ist begeistert, in engem Kontakt mit Fachleuten arbeiten zu dürfen, die ihn trotz aller Bewunderung, wenn es sein muß, mit dem den Pariser Handwerkern eigenen Freimut kritisieren. Picasso ist besonders dankbar, sich endlich wieder seiner künstlerischen Tätigkeit hingeben zu können, ohne von Neugierigen und Besuchern aller Art belästigt zu werden; denn außer Françoise weiß niemand, daß er bei Mourlot arbeitet. Als sie nach den Ferien wieder in Paris auftaucht, kann sie feststellen, daß sie auf beinahe allen Steinzeichnungen des Künstlers figuriert. Ihr Bild hatte ihn also ohne Unterlaß verfolgt, als er mit Dora Maar unter einem Dache lebte.

Im folgenden Jahr hatte Picasso mit Dora endgültig gebrochen. Er fuhr in Begleitung von Françoise mit seinem inzwischen wieder in Betrieb genommenen Hispano in den Süden. Ehe sich die beiden an der Riviera niederließen, machten sie am Fuße des Lubéron halt, um das Haus einzuweihen, das Picasso im Vorjahre Dora Maar geschenkt und mit einem Aquarell bezahlt hatte. Françoise war wenig begeistert von der Behausung: Einmal, weil sie zu unmittelbar an Picassos ungalantes Benehmen gegen eine Frau erinnerte, zum anderen verabscheute sie die Primitivität des von Skorpionen heimgesuchten Gemäuers. Hier kam es zu den ersten heftigen Auseinandersetzungen zwischen ihr und dem Künstler. Die beiden schlossen jedoch bald Frieden und verbrachten in Golfe-Juan glückliche Ferien.

In Picassos Künstlerlaufbahn beginnt nun eine neue Periode, die man als die der »Lebensfreude« bezeichnen könnte. Am 8. September stellt der surrealistische Maler Joseph Sima dem Künstler eine Persönlichkeit mit hochtrabendem Namen vor: Jules-César Romuald Dor de la Souchère, ehemaliger Latein- und Griechischlehrer im »Lycée Carnot« von Cannes; er amtete damals als Leiter des Museums, das in den weiten Sälen des Grimaldi-Schlosses oberhalb der Stadtwälle von Antibes eingerichtet worden war. Dor de la Souchère war ein leidenschaftlicher Archäologe, der jeden Stein seines Departementes umdrehte und sorgfältig untersuchte. Er gab sich jedoch darüber Rechenschaft, daß sein Museum, in dem er neben archäologischen Überresten ein paar verstaubte Gegenstände über Volksbrauchtum zusammengetragen hatte, kaum irgendwelche Neugierige anzog. Im Verlaufe des Gesprächs eröffnete er sich darüber Picasso; da er den Künstler in aufgeschlossener Laune sah, ging er soweit, ihn um eine

Zeichnung zu bitten: »Hätte ich ihm seine Bitte abschlagen können?« erzählte Picasso später Brassai. »Außerdem fügte der Museumsleiter sofort hinzu, ›besser als eine Zeichnung wäre sicherlich ein Gemälde!‹ Ich habe mir die Angelegenheit überlegt und ihm einen anderen Vorschlag gemacht: ›Sie verfügen über große Wände in Ihrem Grimaldi-Schloß. Wie wäre es, wenn ich etwas auf diese Wände malte?‹«

So entstand das Picasso-Museum. Der Künstler hatte sich um so lieber mit dem Museumsleiter geeinigt, als er in der kleinen Wohnung am Hafen, die er vom Kupferstecher Louis Fort, einem früheren Mitarbeiter Vollards, gemietet hatte, über keinerlei Platz zum Arbeiten verfügte.

Am darauffolgenden Tag besichtigte Picasso die Räumlichkeiten, die ihm Dor de la Souchère zudachte. Praktisch alle Säle des zweiten Stockwerks. Da der ständige Sprühregen vom Meer nicht erlaubte, direkt auf das Mauerwerk zu malen, kaufte Dor alle Isorel- und Sperrholzplatten auf, die er in der Ortschaft bekommen konnte, und überreichte sie Picasso. Bald entstand auf dieser idealen Unterlage ein buntes Volk von Nymphen, Satyren und tanzenden, flötenspielenden Kentauren. Die Lebensfreude dieser Naturvisionen stand im schroffen Gegensatz zur Welt des Elends und des Jammers, das die jungen Pariser Maler unter dem Eindruck des Krieges und seiner Folgen auf die Leinwand bannten. Picasso ging ganz in der Wonne des Augenblicks auf, er hatte im Umgang mit Françoise die sinnliche Euphorie seiner früheren Liebschaften wiedergefunden und gab seiner Leidenschaft und seiner Lebensfreude in seiner Kunst Ausdruck. Die Schreckensbilder von *Guernica* waren verraucht; der Künstler wird nun mehrere Jahre seines Lebens der Verherrlichung des weiblichen Körpers beim Spiel, in der Ruhe und in der Liebe widmen.

Mit dem einbrechenden Winter legt er seinen Pinsel nieder und kehrt nach Paris zurück. Françoise, die ihm zunächst fasziniert bei der Arbeit zugesehen hatte, beginnt, sich in dem kleinen Fischerdörfchen zu langweilen, nachdem Picasso die Abfahrt von Woche zu Woche verschiebt. Die

Wohnung des Kupferstechers ist nicht nur äußerst unbequem, sondern auch häßlich und ganz besonders geschmacklos eingerichtet. Picasso lacht über die rotlackierten Möbel und die weißen Sterne, die Wände und Decken zieren. Ja, sie geben sogar zu amüsanten Effekten in seinen Aquarellen Anlaß.

Der lange Aufenthalt an der Riviera sollte sich jedoch für Picassos Schaffen in einer Weise auswirken, die an Bedeutung die »Periode der Lebensfreude« um ein weites übersteigt. Am Ende des Sommers unternahm der Künstler in Begleitung Françoises einen Ausflug nach Vallauris, um sich dort eine vom örtlichen Kunsthandwerk veranstaltete Keramik-, Korbwaren- und Parfümerieausstellung anzusehen. Was als ein Nachmittagstrip gedacht war, wurde der Auftakt zu einer der erstaunlichsten und fruchtbarsten Perioden im Leben des Künstlers. Mit fünfundsechzig Jahren machte sich Picasso an eine Aufgabe, die gereicht hätte, das gesamte Leben eines Künstlers auszufüllen, und hauchte einem sterbenden Kunsthandwerk eine neue Seele ein. Weniger bekannt ist, daß Picasso in Vallauris sich nicht nur der Keramik, sondern einer ganzen Reihe von anderen Tätigkeiten widmete. In einer Art schöpferischem Vulkanausbruch malt er einige bedeutende Bilder, stellt er großartige Skulpturen her, sticht er die Illustrationen zu den Gedichten Gongoras – die er mit eigener Feder abschreibt –, verfaßt er ein Theaterstück *Les Quatres Petites Filles*, zu dem ihm seine Kinder das Thema liefern. In seinen Mußestunden verfertigen seine nimmermüden Hände zahlreiche Gegenstände aus kleinen Kieselsteinen, vom Meer zerfressenen Knochen oder einfach aus Papierschnitzeln. Am Ende dieser Periode erklärt er Kahnweiler, der sich über seine Arbeitskraft gar nicht genug wundern kann: »Ich bin derselbe geblieben, der ich mit vierzehn war!« Seine Hast rechtfertigt er mit folgendem Ausspruch: »Im Augenblick können wir noch alles verrichten, was wir verrichten wollen: Aber wollen und nicht können! Gibt es etwas Entsetzlicheres?«

Bei seinem ersten Besuch in Vallauris, über dessen Tragweite er sich noch nicht die geringste Rechenschaft gibt, macht er bei »Madoura« halt, einer Töpferwerkstätte, die von einem Ehepaar aus Lyon, den Ramié, geführt wird; da es ihnen unter der Besetzung in Lyon an Arbeit fehlte, hatten sie in Vallauris ihr Glück versucht, wo sie sich die Vorteile zunutze machen wollten, die die Vichy-Regierung den handwerklichen Betrieben einräumte. Frau Ramié ist von Beruf Textilzeichnerin; als aktive, unternehmungslustige Künstlerin von nüchternem und sicherem Geschmack läßt sie sich nicht durch die Schwierigkeiten ihrer Aufgabe abschrecken und schafft Töpfereierzeugnisse, deren gediegene und einfache Linienführung von der örtlichen Kitschkeramik absticht, von den mimosen- und windröschengeschmückten Krügen, den Blumentischen mit Rosen- und Irisgewinden, den Vasen in Form von Zikaden.

Als Frau Ramié Picasso erkennt, gibt sie sich sofort über die Bedeutung des Besuches Rechenschaft und schlägt dem Künstler vor, einige ihrer Arbeiten zu dekorieren. Picasso findet diese Idee amüsant und zeichnet mit leichtem Stift Schattenspiele und Silhouetten auf irdene Teller und Vasen. Am Abend jedoch kehrt er nach Juan-les-Pins zurück und vergißt, was für ihn kaum etwas anderes war als ein Zeitvertreib. In den darauffolgenden Monaten widmet er sich ausschließlich seiner »Lebensfreude«.

Im nächsten Jahr jedoch erfährt Frau Ramié, daß Picasso sich wieder in Juan-les-Pins aufhält; sie läßt ihm sagen, daß seine Zeichnungen gebrannt seien und daß sie glücklich wäre, sie ihm vorführen zu dürfen. Der Künstler ist von diesem Vorschlag sehr angetan und begibt sich wieder zu »Madoura«. Obschon ihn das Ergebnis ein wenig enttäuscht, erkennt er dennoch die Möglichkeiten, die ihm die neue Technik eröffnet; sie interessieren ihn um so mehr, als er seine Tätigkeit im Grimaldi-Schloß beendet hat. Er fühlt sich von einem Werkstoff, von einer Arbeitsmethode angezogen, die unzählige Überraschungen in sich bergen und die einen Künstler bestechen müssen, der gern improvisiert und sich dem Zufall hingibt. Diesmal erklärt Picasso beim Abschied, daß er bereit sei, ernsthaft mit Frau Ramié zu arbeiten, wenn sie ihm einen Fachmann als Assistenten zur Verfügung stellen kann. Frau Ramié nimmt diesen Vorschlag mit großer Begeisterung an: ihr Sohn ist ein hervorragender Keramiker, der alle Geheimnisse der Töpferkunst beherrscht. So beginnt ein Abenteuer, das Picasso bis 1949 in »Madoura« zurückhält; aber auch später wird er häufig dort weilen.

Als Picasso seine ersten Versuche in der Töpferkunst unternimmt, ist die wirtschaftliche Lage in der kleinen Stadt dramatisch. Der Krieg hatte die Blumenzucht praktisch zum Stillstand gebracht, die soeben erst wieder reorganisiert wurde. Das Töpfereigewerbe, das ehemals Hunderten von Handwerkern Brot und Arbeit sicherte, lag seit zwanzig Jahren im argen. Die allgemeine Einführung von mit Gas oder Elektrizität betriebenen Kochherden hatte die Hausfrauen dazu veranlaßt, mehr und mehr auf Keramiktöpfe zu verzichten, die weder der Flamme noch der brutalen Hitze standhalten. In der ganzen Stadt waren nur noch drei Brennöfen in Betrieb, die Arbeitslosigkeit wütete, die Stadtverwaltung war in kommunistische Hände übergegangen, was in einem vorwiegend konservativen Departement kaum zur Verbesserung der Lage beitrug.

Picasso machte sich mit jener Intelligenz, die es ihm erlaubt, die Erklärungen bereits zum Teil vorwegzunehmen, mit den verschiedenen Techniken des Modellierens, Formens, Emaillierens und Glasierens vertraut; bald ist er in der Lage, die verschiedenen Verfahren so glücklich miteinander zu verbinden, daß er zu neuen Wirkungen kommt, von denen vor ihm in Vallauris niemand zu träumen gewagt hätte. George Ramié ruft voller Erstaunen aus: »Einen Lehrling, der so arbeitet wie Sie, würde man an die frische Luft setzen!« Picasso gibt sich jedoch nicht damit zufrieden, eine Technik zu verbessern, die so alt wie die Menschheit ist; er vergreift sich auch an den überkommenen Formen, die er für zu klassisch hält; auch hier entwickelt er ein neues Verfahren, das darin besteht, die halbtrockenen Tongegenstände so zu formen, wie es einem Künstlergeist vorschwebt. Er modelliert auf diese Art Frauenköpfe, Uhus, Fische, Tauben; mit sprudelndem Humor verziert er Teller und Schalen mit Stierkampfszenen, Faunen, Fischen, Seeigeln, Kentauren, Stieren, Ziegen und Nymphen.

In achtzehn Monaten formen seine Zauberhände zweitausend Gegenstände, von denen eine Auswahl im November 1948 im »Maison de la Pensée française« in Paris gezeigt wird. Sie erregen ein ungeheures Aufsehen, das sich auch in unzähligen Zeitungsartikeln niederschlägt. Von heute auf morgen wird der Name Vallauris in ganz Frankreich bekannt; das Städtchen zwischen den Hügeln mit seinen erloschenen Brennöfen erlebt einen blitzartigen Wiederaufstieg. Bald ist es neben dem Mont Saint-Michel und dem Place du Tertre eine der französischen Metropolen des Touristenzustroms und ... des Kitsches. Denn Picassos Initiative sollte bald zu Werbezwecken ausgeschlachtet werden und Dutzenden von Keramikern zum Vorwand dienen, die geschmacklosesten Machwerke feilzubieten. Immerhin ist Vallauris heute eine aufstrebende Stadt, in der mehrere kunsthandwerkliche Töpfereibetriebe florieren.

1950 wurde Picasso in Anerkennung seiner Verdienste die Ehrenbürgerschaft der Stadt Vallauris verliehen; sein *Homme au Mouton* steht auf dem Hauptplatz, und sein Geburtstag wird alljährlich mit großer Feierlichkeit begangen – obschon der Künstler häufig verzichtet, an dem ihm zu Ehren veranstalteten Volksfest teilzunehmen.

Ende 1948 siedelt Picasso nach Vallauris über, da ihn die täglichen Fahrten zwischen Golfe-Juan und seinem Arbeitsplatz ermüden. Auf diese Weise kann er morgens etwas länger im Bett liegen, und Françoise ist weniger den Belästigungen Olgas ausgesetzt.

Die Villa »La Galloise«, die er als Wohnsitz wählt, ähnelt jenen typisch französischen »Vorstadtpavillons«, wie man sie gewöhnlich nicht in Blumenfeldern und Orangenplantagen findet: Das Haus hätte Bonnard gefallen, der solche trostlosen Kästen liebte, wenn sie nur in einem großen Garten standen. Auch der Ausblick hat nichts Reizvolles: so weit das Auge reicht, Fabrikschlote und Dächer aller Art. Und dennoch gab er Picasso die Anregung zu dem Gemälde *Les Fumées de Vallauris*, das sicherlich nicht zu seinen gelungensten zählt.

Das schlecht möblierte, enge Haus bietet kaum hinreichenden Platz, um Picassos Familie unterzubringen; die Kinder müssen ihr Spielzimmer räumen, wenn Besucher erwartet werden. Als sich Picassos Leidenschaft für das Töpferkunsthandwerk etwas gelegt hatte und er wieder ans Malen dachte, sah er sich gezwungen, anderswo ein Atelier zu mieten. Seine Wahl fiel auf eine alte Destillerie auf dem Weg nach Fournas, die bald den Namen »L'Atelier des Fournas« annehmen wird. In diesen riesigen, baufälligen und von Winden durchwehten Räumlichkeiten schafft der Künstler eine Reihe von großartigen Kompositionen, die *Massacres de Corée (Massaker in Korea), La Guerre (Der Krieg), La Paix (Der Frieden)* und die reizvollen Bildnisse Sylvettes.

1950 beginnt für Picasso eine neue Schaffensperiode, aber die Bedeutung seiner Bilder nimmt in eben dem Maße ab, in dem sie die kommunistische Presse beweihräuchert; viele Lobsprüche der kommunistischen Kunstkritiker muten geradezu lächerlich an. In Wirklichkeit überwiegt in diesen späten Werken des Meisters ein summarischer, oberflächlicher Expressionismus, der alle künstlerischen Belange in den Hintergrund zu drängen scheint. Picasso kommt es offenbar nur noch darauf an, sich so schnell wie möglich der Visionen zu entledigen, die seinen Geist heimsuchen. Er nimmt zu einem Stil mit großen farbigen Kreisen, klecksigen Flächen und – trotz ihrer Grellheit – ausdruckslosen Farbgebungen Zuflucht.

Die *Massacres de Corée* wurden auf Anregung der Kommunistischen Partei gemalt, und das spürt man nur allzusehr; das Gemälde stellt Männer in der Rüstung dar, die mit sonderbaren Streubüchsen auf Frauen und Kinder schießen. Offensichtlich fühlte sich Picasso von dem Thema nur wenig angesprochen: Die Haltung und der Gesichtsausdruck der Figuren haben etwas Konventionelles, Unechtes, das merklich mit dem epischen Schwung kontrastiert, der aus *Guernica* eine leidenschaftliche Protestkundgebung machte. Die *Massacres de Corée* lassen in ihrer undynamischen Starrheit den Betrachter kalt; das Bild zeigt deutlich, wie lau die politischen Gefühle Picassos sind und wie ungern er ein aufgezwungenes Thema behandelt. Man hat ganz den Eindruck, als sähe man ihn beim Malen gähnen ... Ähnliches läßt sich von dem ärmlichen *Sturz des Ikarus* sagen, der die Eintrittshalle des UNESCO-Gebäudes schmückt.

Die *Massacres de Corée* befriedigen den Künstler nicht (das Bild soll nichts anderes als eine Studie sein, erklärt er Tristan Tzara später), und er skizziert zwei weitere Kompositionen zum Thema Krieg und Frieden. Man hatte ihm vorgeschlagen, eine nicht mehr für den Gottesdienst verwendete Kapelle unweit des Rathauses von Vallauris zu dekorieren; Picasso erinnert sich daran, daß Léger, Villon und Matisse ähnliche Aufträge erhalten hatten; er faßt den Entschluß, die Kapelle in eine Art Laienoratorium mit pazifistischen Motiven umzugestalten.

Die beiden großen Kompositionen von 5 × 10 Metern werden jedoch erst 1952 beendet. Obschon Picasso diesmal seine Themen frei bestimmte und Hunderte von Zeichnungen und Skizzen anfertigte, ist das Endergebnis kaum überzeugender als die *Massacres*. Der Künstler gibt sich darüber selber Rechenschaft. Er kehrt den beiden Werken ziemlich angewidert den Rücken und kommt nie mehr auf sie zu sprechen.

Diesen öden Elaboraten, die gewissermaßen auf einen toten Punkt in der schöpferischen Phantasie des Meisters hindeuten, folgen eine Reihe von Arbeiten, die wie ein Lächeln anmuten, nämlich die Bildnisse der Sylvette David. Das blonde Mädchen mit der Pferdeschwanzfrisur, dem kindlichen Schnütchen und der schelmischen Nase hatte Picasso durch ihre jugendliche Frische bestochen. Sie war die Tochter eines bedeutenden Pariser Bilderhändlers, die sich gerade mit der Absicht trug, einen jungen englischen Künstler zu heiraten. Obschon Françoise in ihren *Erinnerungen* unterstellt, daß sich Picasso nur für Sylvette interessierte, um sie, Françoise, eifersüchtig zu machen, da das gute Einvernehmen unter ihnen bereits der Vergangenheit angehörte, haben die Bildnisse des Nymphchens nichts Gekünsteltes oder Unnatürliches, sie atmen im Gegenteil Spontaneität und Anmut.

Nachdem der Künstler die Serie beendet hatte, schenkte er eines der Bildnisse Sylvette, die es mit seinem Einverständnis sofort veräußerte, um sich eine Aussteuer zu kaufen und ihren Engländer zu ehelichen.

Picasso schuf in Vallauris auch eine Anzahl von Skulpturen, von denen sich einige einer großen Beliebtheit erfreuen: *La Chèvre (Ziegenschädel und Flasche), La Femme enceinte (Schwangere Frau), La Grue (Der Kranich), La Guenon et son petit*, die alle aus Abbruchmaterialien zusammengebastelt waren. Der Künstler hatte sie bei seinen Spaziergängen aufgelesen und in einer Kammer aufgespeichert, aus der er sich je nach Bedarf versorgte. Ein Bambuskorb wurde der Bauch der Ziege, ein Palmblattnerv ihr Rückgrat, während Weinstockwurzeln die Hörner abgaben; eine Ölkanne mußte für den Bauch der schwangeren Frau herhalten, verrostete Gabeln für die Beine des »Kranichs«, ein Wasserhahn für seinen Kamm. Die Äffin wurde aus zwei Wägelchen gebildhauert, die sich Picasso zu Claudes großem Entsetzen von ihm »auslieh«.

In Vallauris spielte sich das Leben des Paares sozusagen auf dem Forum ab. Die Bewohner des Städtchens erkannten bereits von weitem die untersetzte Silhouette des Künstlers und wußten sich über seine Töpfertätigkeit zu informieren. Die geringsten Vorfälle wurden beobachtet und mit der den Südländern eigenen Schalkhaftigkeit kommentiert. In der Villa »Galloise« brach der Strom der Besucher niemals ab; es kamen Leute aus der Stadt, Verwandte, Freunde, Verleger, Bilderhändler, Techniker, ganz zu schweigen von den kommunistischen Abordnungen aus Frankreich und dem Ausland, die sich bei Picasso alle einfanden in der Hoffnung, irgendein »Andenken« zu ergattern, das sich in klingende Münze verwandeln ließe. Das Fehlen jedes Privatlebens war Françoise, der die Bewohner des Städtchens den Spitznamen »Picassotte« gegeben hatten, überaus lästig. Sie fühlte sich in keiner Weise dazu berufen, neben ihrem berühmten Geliebten die bescheidene Rolle einer Komparsin zu spielen.

So stellten sich bald – nach den Zänkereien, mit denen ihre Liebschaft begonnen hatte – ernstere Schwierigkeiten ein. Die Neigungen und Gewohnheiten der beiden Liebenden gingen viel zu weit auseinander, ihre sozialen und intellektuellen Belange waren zu entgegengesetzt, als daß es nicht zu Reibungen gekommen wäre. Picasso hatte bereits in Golfe-Juan das Gefühl gehabt, daß sich Gewitterwolken über ihrer Verbindung zusammenzogen; es war ihm dank seiner erstaunlichen Intuition klargeworden, daß Françoise ihr Gleichgewicht nur in der Mutterschaft wiederfinden könnte, und er hatte sie dazu überredet, Mutter zu werden. Claude, der nach dem heiligen Claudius, dem Schutzpatron der Töpfer, benannt worden war, erblickte am 15. Mai 1947 das Licht der Welt. Eine Zeitlang gab sich Françoise zwanglos und befriedigt dem Glück hin, Mutter und Geliebte zu sein. Da sich jedoch von neuem neurotische Symptome einstellten, schlug Picasso noch einmal das Heilmittel der Mutterschaft vor. Paloma wurde am 19. April 1949 geboren, als in Paris der Friedenskongreß begann: Sie erhielt den Namen Paloma in Erinnerung an die *Taube*, die als Wahrzeichen über dem Kongreß schwebte.

Picasso blieb auch diesmal der alte Kindernarr, der seine Nachkommenschaft mit leidenschaftlicher Hingabe beobachtete. Seiner Gewohnheit gemäß suchte er seine Gefühle zu verstecken, indem er zu Freunden sagte: »In meinem Alter ist es wirklich lächerlich, noch Kinder in die Welt zu setzen.« Aber seine Zärtlichkeit und Dankbarkeit drückte er dadurch aus, daß er Françoise unter den jugendlichen Zügen der Venus von Cranach darstellte und Claude und Paloma unzählige Male porträtierte, öfter als Paulo und Maia.

Françoise fand zwar in der Mutterschaft eine vorübergehende Beruhigung, aber letztlich fühlte sie sich unbefriedigt. Sie war nicht die Frau, deren Lebensaufgabe darin bestehen konnte, ihre Zeit mit Hausarbeit auszufüllen und auf die Wünsche ihres Herrn und Meisters zu warten. Sie griff trotz der Mühe, die es sie kostete, wieder zum Pinsel, aber die Kunst, die zu Beginn ihrer Liebschaft eine Brücke zwischen ihr und Picasso geschlagen hatte, erwies sich nun eher als ein Hindernis. Françoise malte, um ihre eigene Persönlichkeit gegen Picasso zu behaupten und ihre Unabhängigkeit kundzutun. Eine solche Reaktion war bei einer temperamentvollen Frau nur allzu natürlich.

Da sich das sinnliche Band zwischen Picasso und Françoise allmählich gelockert hatte, tauchten ständig Probleme und Schwierigkeiten auf, die die häusliche Atmosphäre vergifteten. Wie schon oft beurteilte Picasso auch hier die Lage wieder falsch: Er bildete sich ein, das Opfer einer Ungerechtigkeit zu sein, und seine beleidigte Haltung trug kaum dazu bei, Françoise versöhnlicher zu stimmen. Ähnlich wie bei seinem Zerwürfnis mit Olga und Dora Maar reagierte er seine Verwirrung und seinen Ärger auch diesmal wieder in seinen Werken ab: Wieder tauchen auf seinen Gemälden Ungeheuer auf. Stellen wir jedoch fest, daß die Aggression gegen die Gesichtszüge Françoises niemals die Form der grausamen Verstümmelung annimmt, wie dies bei Dora Maar der Fall gewesen war. Bei Françoise drückt sich die Verzerrung nicht in der Physiognomie, sondern in den extravaganten Posen aus, in denen die junge Frau beim Schein der Lampe lesend dargestellt wird. Die karikaturistische Absicht liegt zwar auf der Hand, aber der Künstler will Françoise nicht kränken. Nur haben diese Bildnisse nicht mehr das geringste mit der Darstellung der »Frau als Blume« zu tun.

Die internen Schwierigkeiten, die das gute Einvernehmen des Paares belasten, werden durch das Kleinstadtmilieu nur noch verschärft; dazu kommt die Anwesenheit Paulos, der nun wieder mit seinem Vater lebt und ihm zu mancherlei Sorge und Ärger Anlaß gibt. Der große freundliche Jüngling, der nicht das Zeug oder den Willen hat, irgendeine vernünftige Laufbahn einzuschlagen, der sich für nichts anderes interessiert als für Motorräder, streift müßig in der Gegend umher und widersteht nur schlecht den Einflüssen und Versuchungen der Riviera. Picasso, der im Grunde die kleinbürgerlichen Neigungen seiner Eltern teilt, ist untröstlich und versäumt es nie, seinem Sohn die Leviten zu lesen. Da er ihn nicht untätig herumstrolchen lassen kann, beschäftigt er ihn anstelle Marcels als Chauffeur. Marcel hat das unverzeihliche Verbrechen begangen, den wie einen Augapfel gehüteten Hispano zu beschädigen und das, was seinen Fall noch erheblich erschwerte, bei einer Spazierfahrt mit seiner Familie! Obschon er seit 1925 in Picassos Diensten stand, entläßt ihn der Künstler fristlos. So wird der Sohn an die Kandare genommen und streng überwacht. Um ihn geordneten Verhältnissen zuzuführen, sucht ihm der Vater eine Frau aus ... ein Vorgang, der sich fünf Jahre später wiederholen soll!

Die anderen Frauen, die im Leben Picassos eine Rolle spielten, tauchen wie Sternbilder von Zeit zu Zeit wieder am Horizont auf: Marie-Thérèse verbringt ihre Ferien mit Maia in Golfe-Juan. Außerdem schreibt sie Picasso glühende Liebesbriefe, die der Künstler mit sichtlichem Vergnügen Françoise vorliest. Er liest ihr auch die intellektuelleren, aber mit persönlichen Erinnerungen und intimen Andeutungen gespickten Briefe Dora Maars vor! Aber auch Olga weiß, wo Picasso zu finden ist: Sie erscheint eines Tages am Strand von Golfe-Juan, beschimpft über die Köpfe der Badenden hinweg den, der dem Gesetz nach ihr Mann ist, tritt absichtlich mit ihren Stöckelabsätzen auf die Hände Françoises. Um sie loszuwerden, muß Picasso den Polizeikommissar zu Hilfe rufen, einen seiner Stammtischfreunde, der ihn mit den schlüpfrigsten Klatschgeschichten der Riviera versorgt.

Olga stirbt im Februar 1955 völlig einsam und allein an Krebs im Krankenhaus von Cannes. Drei Personen begleiten ihren Sarg zum Gemeindefriedhof: Paulo sowie Herr und

Frau Ramié. Ihr letzter Wunsch, auf dem orthodoxen Friedhof ruhen zu dürfen, wurde ihr versagt. Picasso, der sich gerade in Paris aufhielt, erachtete es nicht für notwendig, einer Gefährtin, die er so innig und so lange geliebt hatte, das letzte Geleit zu geben. Dabei hatte ihn noch 1945 die Begegnung mit der jungen Tänzerin Marina Berg, die Brassai ihm eines Tages ins Atelier in der Rue des Grands-Augustins mitbrachte, tief ergriffen: Marina Berg sah wie Olga aus, als er ihre Bekanntschaft in Rom machte.

Trotz des Zustroms unzähliger Besucher spielt sich das Leben in der Villa »Galloise« keineswegs in jener fröhlichen Atmosphäre ab, die derzeit in der Rue des Grands-Augustins geherrscht hatte. Braque kommt, wenn er sich in den Süden begibt, nur noch selten zu Picasso, denn er möchte nicht als einer der Trabanten des Meisters gelten. Françoise Gilot schildert uns in ihrem Buch *Vivre avec Picasso (Leben mit Picasso)* eine Szene, die über die Beziehungen zwischen den beiden Männern erschöpfenden Aufschluß gibt. Picasso hatte sich zur Mittagszeit zu Braque begeben; da der verlockende Duft einer Hammelkeule in Schwaden durch das Atelier zog, setzte sich Picasso in den Kopf, seinen Besuch so lange auszudehnen, bis ihn Braque zum Essen zurückbehielt. Braque jedoch hatte sofort verstanden, worum es ging, und beschloß nicht ohne Arglist, seinem Besucher einen üblen Streich zu spielen. Er tat, als merkte er nicht, wie der Uhrzeiger voranrückte, und führte dem Spanier mit einer wohlberechneten Langsamkeit seine letzten Arbeiten vor. Um halb fünf nachmittags gab Picasso, vom Hunger überwältigt, das Rennen auf: Allerdings zog er mit dem tröstlichen Gedanken ab, daß die Hammelkeule inzwischen in der Ofenröhre verbrannt war. Er fand das ganze Abenteuer sehr lustig und sagte zu Françoise: »Ich bin ihm von Herzen zugetan, diesem Braque!« Es imponierte ihm offensichtlich, daß sein alter Kollege sich nicht hatte kleinkriegen lassen.

Picassos Verhältnis zu Matisse war sehr viel herzlicher, wenigstens äußerlich. Nach seiner Übersiedlung an die Riviera suchte der Spanier ihn häufig in Vence und später in

Cimiez, einem Vorort von Nizza, auf. Er ging sogar so weit, ihm einige seiner Bilder mitzubringen, die in Paris ausgestellt werden sollten und die er sich infolge seiner Erkrankung dort nicht ansehen konnte. Dasselbe gegenseitige Interesse, das die beiden Maler schon in ihrer Jugend verbunden hatte, blieb auch im Alter bestehen. So verließ Matisse mit großer Mühe sein Krankenlager, um in Antibes die Wandgemälde Picassos im Grimaldi-Museum zu betrachten. Er zeichnete einige sogar an Ort und Stelle ab. Trotzdem hatte Picassos Haltung etwas Sonderbares: Wenn er gerne mit Matisse »fachsimpelte«, wenn er Bilder mit ihm tauschte, so zeigte er sich doch häufig von einer kindischen Eifersucht und untersagte zum Beispiel Françoise, für ihn Modell zu stehen: »Wäre es mir vielleicht in den Sinn gekommen, Lydia zu porträtieren?« rief er ärgerlich aus. (Lydia war die Frau und Mitarbeiterin, mit der Matisse lebte.) Matisse wiederum versagte es sich nicht, Picasso gelegentlich ziemlich boshaft anzuschwärzen. So erzählte er von seinem Freund und Rivalen: »Neulich schickte er mir zwei Unbekannte mit fremd klingenden Namen ... sie kauften mir ein Bild ab, zahlten einen hohen Preis, bar und in Dollars ... Leider waren die Dollars falsch und die Bildersammler Betrüger!«

Die Beziehungen zwischen Picasso und Chagall waren trotz der Bemühungen des letzteren niemals wirklich herzlich. Als der russische Maler nach Vence übersiedelte, kam es zu einer Begegnung zwischen den beiden Männern. Man feierte ein freundschaftliches Wiedersehen, aber bald war von Künstlern die Rede, die sich im Augenblick der Gefahr nach Amerika »absetzten«, und von anderen, die der Kommunistischen Partei beiträten, aber lieber Dollars als Rubel einkassierten ... Man verabschiedete sich mit einem gezwungenen Lächeln ... Die beiden Künstler begegneten sich nur äußerst selten, hielten aber die Fiktion aufrecht, daß sie sich gegenseitig überaus schätzten.

Die Dichter, die Picasso bei seiner Ankunft in Paris gefeiert hatten, blieben ihm auch weiterhin treu. Breton allerdings hatte ihm die Freundschaft aufgekündigt; als er nach seiner Rückkehr aus den Vereinigten Staaten erfuhr, daß Picasso der Kommunistischen Partei beigetreten war, hatte er ausgerufen: »Ich will Sie nie wieder vor Augen sehen!« Aber Eluard und Aragon bezeugten ihm auch weiterhin ihre Bewunderung. Nach dem Tode Eluards und dem »Absprung« Aragons im Zusammenhang mit der Stalin-Porträt-Affäre beherrschte Cocteau allein das Feld: André Verdet, ein Heimatdichter, konnte ihm seinen Rang wohl kaum streitig machen. In Wirklichkeit hatte Picasso Cocteau stets mehr geduldet als geliebt; aber seine Nähe gab ihm Anregungen und brachte ihn in Stimmung. Cocteau wiederum fand, daß Picasso das rechte Publikum für ihn war; er wußte gar nicht, wie er sich vor ihm aufführen sollte, um ihn durch seine Kunststückchen zu blenden! Er verdankt Picasso, gegen Ende seines Lebens wie ein Komet noch einmal aufzuleuchten, denn er eröffnete ihm eine späte Laufbahn als Maler: Picasso hatte dem Dichter nach seinem ersten Herzinfarkt eine Schachtel farbige Kreiden geschenkt, und der Kranke, der nicht mehr schreiben konnte, stürzte sich mit jugendlicher Begeisterung in die Kunstmalerei. Er begann mit bunten Zeichnungen. Später schuf er die linearen Kompositionen für die Villa »Santo Sospir« und dekorierte die Kapellen von Villefranche und Milly-la-Forêt.

Bei der großen Schauparade, die das Leben Picassos in Vallauris darstellte, tauchten einige neue Köpfe auf: So der Maler Pignon, dem Picasso bereits fünfzehn Jahre früher begegnet war und den er einlud, mit seiner Frau bei ihm im »Atelier des Fournas« ein »echtes Malerleben« zu führen; Pignons Frau, Hélène Parmelin, eine Schriftstellerin und Journalistin, die damals die Rolle einer kommunistischen Vestalin spielte, verfaßte mehrere Werke über den Künstler, deren hagiographischer Ton zum ärgerlichen »Image« beitrug, das um den alternden Picasso geschaffen wurde. Noch erstaunlicher war die Gestalt des Nizzaer Schneiders Sapone, der für den Spanier die absonderlichsten Anzüge aus gestreiftem oder schottischem Tuch zurechtschneiderte. Arias, der spanische Figaro des Städtchens, frisierte ihn und durfte für ihn die letzten Stierkämpfe kommentieren. Die Fotografen Douglas Ducan und Edward Queen genossen in der »Villa Galloise« (wie später in der »Villa Californie« oder in »Notre-Dame-de-Vie«) das Vorrecht, den Meister bei seinen privatesten Verrichtungen aufzunehmen: in der Badestube, beim Rasieren, wenn er für die Kinder den Hanswurst spielte oder Aga Khan beim Gebet nachäffte. Manchmal spielte er ihnen seine Pantomimen vor oder gebärdete sich wie ein dummer August. Solche Aufnahmen fanden in Zeitungen und Illustrierten reißenden Absatz und bestärkten den Eindruck derer, die Picasso für einen Hampelmann hielten. Das alles sind wenig erfreuliche Aspekte seiner Art, sich zu geben.

In diesem Pandämonium überraschen zwei außergewöhnliche Gestalten: der Torero Louis Miguel Dominguin und seine Gattin, die entzückende italienische Schauspielerin Lucia Bose. Bei genauer Überlegung hat diese Freundschaft nichts Verwunderliches. Seit Picasso sich an der Riviera niedergelassen hat, besucht er während der Saison mit seiner Familie und seinen Freunden, das heißt manchmal mit einem Hof von zwölf bis fünfzehn Personen, die Corridas der Provence und des Languedoc in Nîmes, Arles oder Fréjus. Er veranstaltet in Vallauris mehrmals sogenannte »Charlottaden«, das heißt burleske Stierkämpfe, die ein zahlreiches Publikum anziehen mußten und Picasso Gelegenheit geben, sich selbst zu produzieren, was ihm stets besonderes Vergnügen bereitete.

Am meisten verwundert bei den Beziehungen zwischen Picasso und Dominguin, daß sich der Torero, der von Hause aus besser mit der Muleta als mit der Feder umzugehen weiß, unter dem Einfluß Picassos als ein gewandter Kunstkritiker entpuppt ...

Allerdings nur, um Picassos Lob zu singen!

10

Winterliebe

Am 30. September 1953 besteigt Françoise mit Claude und Paloma den Riviera-Expreß: Sie hat mit Picasso endgültig gebrochen und beschließt, sich in Paris eine neue Existenz zu schaffen. Als sich der Wagen, der Françoise und die Kinder nach Cannes bringen soll, in Bewegung setzt, ruft ihr Picasso von der Freitreppe der »Villa Galloise«, wo er stehengeblieben ist, die letzten Beschimpfungen nach. Dann tritt er ins Haus zurück . . .

Als fadenscheinigen Grund für ihre Abreise hatte sie die Notwendigkeit angegeben, den Kindern standesgemäße Studien zu ermöglichen; aber für die Umgebung des Paares war der Bruch keine Überraschung; seit der Geburt Palomas lag er sozusagen in der Luft; alles gab zu unerfreulichen Zwischenfällen, Zank und Schmollereien Anlaß.

Picasso hatte seine gewöhnliche Taktik zur Anwendung gebracht: Er zog sich, wenn irgend möglich, in sein Atelier nach Fournas oder nach »Madoura« zurück. Das eine oder andere Mal ergriff er auch die Flucht. Niemals war er öfter auf Reisen als während dieser Periode seines Lebens; er besuchte die Stierkämpfe in der Provence, logierte sich bei Freunden in der Nähe von Perpignan ein oder fuhr allein nach Paris. »Wohlmeinende« Klatschbasen oder »gutgesinnte« Freunde überbrachten Françoise, daß Picasso sie betrog. Er habe, so hieß es, in Paris ein Techtelmechtel mit einer jungen Philosophiestudentin, die in Françoises *Erinnerungen* unter dem Pseudonym »Chantal« erscheint. Offensichtlich hatte man sie ungenau unterrichtet. In Wirklichkeit hatte es Françoise nicht mit *einer* Rivalin, sondern mit einer ganzen Schar von eigennützigen Frauen zu tun, die sich gerne eines der berühmtesten Männer seiner Zeit bemächtigen wollten. So erhielt der Meister während einer seiner

Aufenthalte in Paris den Besuch einer gewissen Modezeichnerin; da er nicht zu Hause war, beschloß sie, auf ihn zu warten. Als Sabartès sie einen Augenblick allein ließ, lief sie ins Schlafzimmer, zog sich aus und legte sich in Picassos Bett. Picasso fand sie kurze Zeit darauf in dieser einladenden Positur. Offenbar hatte sie einen schlechten Tag gewählt. Der Künstler sagte nur: »Ziehen Sie sich an und hauen Sie ab!«

Bereits eine Woche nach der Abreise Françoises findet Picasso das Leben in der »Villa Galloise« unerträglich; die Kinder, ja, sogar seine aggressive Mätresse, fehlen ihm bitter. Der Künstler fühlt sich unglücklich und nimmt seinerseits den Zug nach Paris. Er ist vorsichtig genug, nicht in der Rue Gay-Lussac abzusteigen, wo sich Françoise einquartiert hat, sondern in seinem Atelier in der Rue des Grands-Augustins. Seine Versuche, Françoise zur Rückkehr nach Vallauris zu bewegen, schlagen fehl. Immerhin gelangen die beiden zu einer Art »Gentlemen's Agreement«: Als Picasso zwei Wochen später in die »Villa Galloise« zurückkehrt, kann er sich in der Hoffnung wiegen, daß alle Fäden noch nicht gerissen sind. Die Lokaldepeschen der Zeitungen machen die letzten Hoffnungen einer Wiederversöhnung zuschanden. So drucken mehrere Blätter einen boshaften Ausspruch Françoises ab, den diese hartnäckig leugnet, jemals getan zu haben: »Man kann nicht mit einem historischen Monument leben!«

In Vallauris glaubt man ganz allgemein, daß es zwischen Picasso und Françoise zu keiner Einigung mehr kommen kann. So ist die Reihe an Jacqueline Roque: Die kleine, rundliche Brünette von echt südländischem Typ, gehörte schon seit geraumer Zeit zum Freundeskreis Picassos. Picasso hatte sie anderthalb Jahre zuvor in »Madoura« kennengelernt, wo Frau Ramié sie als Empfangsdame beschäftigte. Die junge geschiedene Frau, die ein Töchterchen von sechs Jahren großzog, erfreute sich bald der Sympathie Françoises und Picassos. Picasso schien es ihr besonders hoch anzurechnen, daß sie dank ihrer Herkunft aus dem Roussillon spanisch sprach. Wenn er nach »Madoura« kam, pflegte er mit ihr stets ein wenig zu plaudern; man lud sie in die »Villa Galloise« ein, wo sie bald eine vertraute Erscheinung wurde. Die Freunde nannten sie »Madame Z« (nach dem Vorstadthäuschen »Le Ziquet« (auf provençalisch: »Das Zicklein«), das sie bewohnte.

Nach einer Legende, die von einigen Vertrauten der »Villa Galloise« bestätigt wurde, hätte Jacqueline Roque nach der Rückkehr Picassos aus Paris ausgerufen: »Man kann diesen armen Mann in seinem Alter nicht allein lassen! Ich werde mich seiner annehmen!« Sie gehorchte also einer durchaus selbstlosen Regung ihres Herzens, als sie den vereinsamten Künstler aufsuchte. Dieser war effektiv sehr niedergeschlagen, was deutlich aus den Zeichnungen hervorgeht, die er damals zu dem Thema *Der Maler und sein Modell* ausführte. Die Zeichnungen stellen meist eine Frau in strahlender Nacktheit dar, die vor einem verkrüppelten, lächerlichen, zwergenhaften Greis Modell steht: sie sind der Ausdruck der senilen Impotenz vor der Frau in der Blüte. Auf einer der Zeichnungen ist ein Affe an die Stelle des Greises getreten.

Die Ankunft Jacquelines in der »Villa Galloise« sollte unter den Damen ein einer Oper von Goldoni würdiges Versteckspielen zur Folge haben; es war beinahe so, daß sich die eine in einen Schrank verkroch, wenn die andere erschien. Auf jeden Fall mußte man sich immer auf einen Lauscher an der Wand gefaßt machen. Françoise tauchte mit Siegermiene zu Ostern auf und später noch einmal im Jahre 1954 während der Sommerferien. Als durchaus glaubwürdigen Vorwand nahm sie Picassos Wunsch, Claude und Paloma wiederzusehen.

Während die Wellen des Klatsches auf und nieder gingen, drängten sich die Frauen um Picasso: Man setzte wie bei einem Pferderennen auf diese oder jene. Aber die Stimmung war überaus heiter; es kam zu keinerlei Schwierigkeiten oder Zänkereien. Der Künstler zeigte sich bester Laune, er schlug seinen Freunden vor, die Abende in den Nachtlokalen von Juan-les-Pins zu verbringen, die er bis dahin stets gemieden hatte. Die erste Corrida, die er in Vallauris veranstaltete (in Wirklichkeit war nicht er es, sondern Paulo, der die Organisation übernommen hatte), wurde zu einem liebenswürdigen bunten Volksfest. Vallauris hatte keine Stierkampftradition, Stierkämpfe mit tödlichem Ausgang waren verboten*. So konnten die Corridas dort kaum etwas anderes sein als Persiflagen. Françoise war zur Ehrenpräsidentin der Corrida ernannt worden und erschien als die Königin des Festes, während Jacqueline sich bescheiden im Hintergrund hielt. So kamen die Leute zu der Auffassung, daß sie nur die Rolle eines Kometen gespielt und daß der »Sultan« seine Favoritin zurückgerufen hatte.

Aber der Schein trügte: Françoise wollte nur auf Kosten ihrer Nachfolgerin einen kleinen Triumph feiern. Sie hegte keineswegs die Absicht, das gemeinsame Leben mit Picasso wiederaufzunehmen. Sie hatte ihr Herz schon anderweitig verschenkt und reiste nach den Ferien sofort nach Paris zurück. Damit war der Weg für »Frau Z« frei. Alle Brücken zwischen Françoise, der »Frau in der Blüte«, und dem ältlichen Maler waren nun endgültig abgebrochen. Françoise heiratete einige Monate später einen Jugendfreund, den Maler Luc Simon, mit dem sie als blutjunges Mädchen einmal geflirtet hatte.

Aber auf einer sonnigen Jugenderinnerung allein läßt sich kein dauerhaftes Glück bauen: Trotz der Geburt eines kleinen Mädchens, Aurelia, war die Ehe kein Erfolg. Nach wenigen Jahren trennten sich die beiden Ehepartner. Françoise schreibt ihr Mißgeschick den Verfolgungen zu, die ihr Mann und sie selber von seiten der Freunde Picassos erdulden mußten.

An Françoises Stelle war nun endgültig Jacqueline getreten.

* Nach französischem Gesetz sind eigentliche Stierkämpfe nur in solchen Orten erlaubt, die eine ununterbrochene Corrida-Tradition nachweisen können. Die Zahl dieser Orte ist äußerst begrenzt worden. Anderswo dürfen blutige Stierkämpfe nicht veranstaltet werden. (Anm. d. Übers.)

Der deutlichste Beweis dafür ist, daß Picasso sie nun immer häufiger in seine Werke trägt. Er hatte sie das erste Mal am 3. Juli 1954 im Profil gemalt: Mit ihrer langen Nase, ihren hochgezogenen Brauen und ihren starren Augen haftet ihren Zügen etwas Tragisches an. Es ist das berühmte *Porträt der Madame Z,* das 1966 als Wahrzeichen über der »Ehrung Picassos durch die Stadt Paris« stand und Millionen von Parisern über die Maßen beeindruckte.

Picasso hat keine Frau so oft im Bilde festgehalten wie Jacqueline. Er malte sie in türkischer und provençalischer Tracht, mit einem Taschentuch auf dem Kopf, als Spanierin mit einer Mantille, stehend, sitzend, von vorn, von der Seite, als Haremsdame oder im Schaukelstuhl. Die Dreißigjährige stellt einen durchaus bodenständigen Typ dar; in gewissen Bildnissen erinnert sie an die Bäuerinnen von Gosol, die Picasso im Sommer 1906 porträtierte. Sie fällt dem Betrachter nicht durch ihre besondere Schönheit ins Auge, aber ihre ausgeprägten und dennoch feinen Züge, ihre blauen Augen, deren Feuer durch die hohen Brauen noch mehr hervorsticht, gehören zu der Formenwelt, die Picasso sein Leben lang gefesselt hatte.

Ihre Laufbahn weist keinerlei Besonderheiten auf. Sie hatte sich sehr jung mit einem Ingenieur verheiratet, die Ehe war jedoch gescheitert, und Jacqueline hatte sich von ihrem Mann getrennt und zog nun allein ihre Tochter Kathy auf. Die etwas blasse Frau, die nichts von der körperlichen Schönheit einer Marie-Thérèse, nichts von der Geistigkeit einer Dora Maar, nichts von der Raffinesse einer Françoise Gilot besaß, sollte die Gefährtin Picassos in seinen alten Tagen werden. Sanft, ergeben, bewundernd, findet sie Mittel und Wege, Picasso durch ihre stille Hingabe zu beeindrucken und seine Liebe zu gewinnen. Sie sitzt oft stundenlang auf einem Lehnstuhl und schaut ihm beim Arbeiten zu, ohne ein Wort zu sagen; ja, sie hält sogar ihren Atem zurück, um ihn nicht zu stören; aber beim leisesten Wink steht sie ihm zur Verfügung, bis er – manchmal erst beim Morgengrauen – seinen Pinsel niederlegt. Sie läßt sich weder von seinen Launen abschrecken, noch von seinen Zornausbrüchen beunruhigen. Sie wartet stets demütig und folgsam, bis sich der Sturm gelegt hat. Sie ist ebenso kritik- wie humorlos und treibt die Vergötterung ihres Idols bis ins Groteske, sie nennt ihn in der Öffentlichkeit »Monseigneur« und äußert sich über seine Werke in naiven Lobsprüchen, die ihren Gesprächspartnern regelrecht die Sprache verschlagen. Als sie eines Abends mit Freunden in einem Restaurant am Meer speiste, macht sie ihr Tischnachbar auf den herrlichen Sonnenuntergang aufmerksam; Jacqueline zeigt sich äußerst ungehalten: »Wenn man das Glück hat, Picasso gegenüberzusitzen, schaut man sich nicht die Sonne an!« Das sollte kein Scherz sein, sondern bitterer Ernst!

Allerdings ist Jacqueline eine ausgezeichnete Hausfrau. Sie versteht es, das häusliche Leben reibungslos zu organisieren und um Picasso eine friedliche Atmosphäre zu schaffen; Picasso rechnet es ihr hoch an, von dem Greis, der er schließlich ist, alle Sorgen und Scherereien des täglichen Lebens fernzuhalten. Seit seiner Trennung von Olga verfügt er zum ersten Mal über einen bürgerlichen Hausstand: Wenn er Wäsche braucht, findet er sie säuberlich im Schrank liegen, die Mahlzeiten stehen pünktlich auf dem Tisch, seine Taschen sind keine Siebe mehr. Da Jacqueline unkomplizierter als Françoise ist und ihre eigene Person niemals in den Vordergrund drängt, sorgt sie sich mit Hingabe um alle materiellen Fragen und richtet eine Art Sekretariat ein, das Picasso endgültig von jedem Kontakt mit Banken, Notaren, Lieferanten und Verlegern befreit. Sie beantwortet die an den Meister gerichteten Briefe und stellt eine Liste seiner Werke auf. Sie geht so weit, einen Pressedienst für Picasso einzurichten, indem sie Artikel, die ihn interessieren könnten, ausschneidet und die wichtigsten Stellen unterstreicht. In dieser Rolle übt sie auf den Künstler einen schlechten Einfluß aus, denn in ihrer fanatischen Bewunderung weist sie ihn auf die geringste Kritik, auf den geringsten Vorbehalt hin. Außerdem hat sie noch weitere Schwächen: Da im stillen eine heftige Eifersucht in ihr nagt, fürchtet sie, mit den anderen Frauen aus Picassos Leben verglichen zu werden und hält viele seiner Freunde fern, vor allem jene, die Françoise gekannt haben.

So konnte es nicht lange dauern, bis »Frau Z« eine Größe im Leben Picassos wurde, die nicht mehr zu umgehen war. Da man ohne ihr Zutun von Picasso praktisch nichts mehr erhalten konnte, wurde sie von morgens bis abends umschmeichelt und umworben. So dankte ihr André Malraux am Fernsehen, »die Ehrung der Stadt Paris an Picasso« unterstützt zu haben, während sie Jean Leymarie anläßlich einer anderen Fernsehsendung beweihräucherte.

Am 13. Dezember 1954 – alles im Leben Picassos trägt ein genaues Datum – beginnt der Künstler die Variationsreihe seiner *Femmes d'Alger (Die Frauen von Algier)*. Er wurde zu diesen Werken durch die Ähnlichkeit angeregt, die er zwischen Jacqueline und der *Frau mit der Wasserpfeife* von Delacroix bemerkt zu haben glaubte. Das letzte Bild der Reihe wird im Februar 1955 fertiggestellt, während Olga im Krankenhaus von Cannes mit dem Tode ringt.

Das Unternehmen steht in Picassos Leben nicht einzig da: Nach Kriegsende führte er bereits eine Reihe von »Variationen« aus, die die Venus von Cranach (das Original gehörte Marie-Laure de Noailles), das Porträt von Jorge-Manuel, dem Sohne Grecos, die *Demoiselles des bords de Seine* von Courbet zum Ausgangspunkt nahmen. Doch nun geht er in dieser Richtung einen Schritt weiter, die Zahl der »Variationen« nimmt ständig zu: So läßt er uns vierzehn *Femmes d'Alger*, fünfundvierzig *Ménines* (die er in seiner Besitzung »Californie« malte) sowie siebenundzwanzig *Déjeuners sur l'herbe*, die in Vauvenargues begonnen und in Mougins fertiggestellt wurden.

Man hat sich gefragt, was den Künstler wohl dazu trieb, sich mit den berühmten Werken der Vergangenheit zu messen. Vielleicht wollte er wie ein Kind »die Uhr auseinandernehmen«, um zu sehen, warum sie tickt ... und sie wieder zusammenbauen, um festzustellen, daß sie nicht mehr tickt.

Mir scheint es eher, als sei diese »Flucht nach vorn«, bei der jedes Bild nur noch eine Absicht verkörpert, eine Kundgebung seines Stolzes. Der Künstler scheint sagen zu wollen: »Warum sollte ich nicht das gleiche, oder besser noch, das Gegenteil davon zustande bringen?« Was Picasso Kahnweiler dazu anvertraut, bestärkt diese Hypothese: »Ich beginne mit einer Idee, aber bald wird sie zu etwas anderem. Was ist eigentlich ein Maler? Ein Bildersammler, der sich seine Sammlung zusammenstellt, indem er selber malt, was er bei den anderen liebt. So fängt alles bei mir an, dann wird es etwas anderes!« Mag sein! Ist aber das Ergebnis ein echter Picasso, ein eigenständiges Werk, wie beispielsweise die Teekanne auf dem abgeräumten Tisch von Bonnard? Die Frage stellen heißt bereits den Zorn der fanatischen Picasso-Freunde erregen.

Der mächtige Schaffensdrang, der Picasso zu dieser Zeit beseelt, ist wieder einmal dem Einfluß einer Frau zuzuschreiben. Wenn Picasso dieses Mal die Liebe auch mehr über sich ergehen läßt, so ist ihre belebende Wirkung letzten Endes doch dieselbe. Ja, sie hält sogar länger an als im Falle Françoises; denn Jacqueline, die sich niemals in den Vordergrund drängt, weiß um den Künstler eine Atmosphäre friedlicher Beschaulichkeit zu schaffen.

Die Abreise Françoise Gilots hat Picasso den Aufenthalt in Vallauris endgültig verleidet; Jacqueline ist ihrerseits bemüht, alles aus dem Wege zu räumen, was von nah oder fern an die »andere« erinnert. Sie verbringt mit dem Künstler einen ungemütlichen Winter in Paris, in der Rue des Grands-Augustins; im Frühjahr fahren beide nach Cannes, um sich dort nach einer neuen Unterkunft umzutun; zu Ostern finden sie auf einem Hügel namens »Californie« ein Besitztum, das ihren Bedürfnissen zu entsprechen scheint: Die sonderbare Villa, die im Zuckerbäckerstil der Jahrhundertwende von einem Schaumweinhändler errichtet worden war, besticht Picasso durch ihre bizarren Formen. Er findet es überaus belustigend, in diesem Überbleibsel aus der »Belle-Epoque« zu leben, die für ihn eine Zeit der Armut und des

Elends gewesen war. Außerdem ist der Ausblick von der Villa über die Bucht von Cannes, das Estérel-Gebirge und die Lerinischen Inseln von atemberaubender Schönheit. Ein verwunschener, mit hohen Palmen, Pinien, Zypressen und Schlingpflanzen übersäter Garten sicherte den Hausbewohnern Frieden und hielt ihnen Neugierige vom Leib.

Der summarischen Einrichtung sieht man die Eile an, mit der sie zusammengetragen wurde: Picasso geht es an erster Stelle darum, die pompösen, schweren Möbel beiseite zu schaffen, Stuck und Schnitzwerk weiß zu übertünchen, um so ihre protzige Aggressivität etwas zu dämpfen. Ein Sofa, ein Tisch, ein paar häßliche Polstersessel und Jacquelines Schaukelstuhl sorgen für ein Minimum von Bequemlichkeit. Picasso verwandelt die drei Prunkzimmer im Erdgeschoß sowie das ganze zweite Stockwerk in Ateliers. Bald häuft sich in den großen Räumen das Gerümpel aus der Rue des Grands-Augustins und Boisgeloup. Als der Künstler 1961 das Haus verläßt, stehen unzählige Kisten noch ungeöffnet herum.

In diesem Durcheinander tollten drei Hunde umher, der Dalmatiner »Perro«, der Boxer »Yan« und der Dackel »Lump«; außerdem lebt in »Californie« die Ziege »Esmeralda«, die unter den nachsichtigen Blicken Picassos an den Zeichnungen nagt: Sie ist ein Geschenk Jacquelines, das einen Ziegenbock ersetzen sollte, den »Schrecken der Villa Galloise«, von dem sich Picasso und Françoise nur mit großem Kummer getrennt hatten.

Noch ist die Einrichtung nicht beendet, als sich Picasso an die Arbeit macht. Mit vierundsiebzig Jahren scheint er unternehmungslustiger denn je. Matisse hat soeben für immer die Augen geschlossen ... Ahmt Picasso den Stil des verstorbenen Meisters nach, um ihn zu ehren oder um sich selbst zu beweisen, daß er in der von ihm eingeschlagenen Richtung sogar noch weitergehen kann? Als man ihm den Tod seines Freundes meldete, weigerte er sich hartnäckig, mit seiner Tochter Marguerite am Telefon zu sprechen. War es Herzenskälte, die aus seiner Haltung sprach? Ich glaube eher, daß sie eine panische Angst vor dem Tod verriet. Picasso bearbeitet sofort Motive, die als eine Spezialität Matisses galten: Odalisken und Interieurs. Zunächst porträtiert er Jacqueline in türkischer Tracht, dann führt er eine Reihe von »Ateliers« aus, die den Salon der Villa mit seinen eigenartigen, sich zum Garten öffnenden Fenstern zeigen. Um die Ähnlichkeit dieser Werke mit denen Matisses noch zu unterstreichen, benutzt er dieselben Malven- und Zitronentöne, dasselbe Blaß- und Dunkelgrün wie der verstorbene Meister. Im Sommer jedoch sollte er sich völlig neuen Aufgaben zuwenden, die ihm die Aufmerksamkeit auch wenig an Kunst interessierter Kreise eintrugen.

Filmregisseur Clouzot, der in der »Colombe d'Or« in Saint-Paul abgestiegen ist, möchte gern einen Kurzfilm über »das Geheimnis von Picassos Kunstschaffen« drehen. Im übrigen ist es nicht der erste Film, der den berühmten Künstler und seine Tätigkeit zum Gegenstand hat: Alain Resnais und Luciano Emmer hatten bereits Kulturfilme über Picassos Werk verwirklicht.

Picasso findet Clouzots Vorschlag um so interessanter, als ihm amerikanische Freunde vor kurzem farbige Tinten geschenkt hatten, mit deren Hilfe man durch einen Bogen Pauspapier den schöpferischen Vorgang zu beobachten vermag. Picasso hatte sich sehr richtig ausgedacht, daß eine hinter dem Pauspapier aufgestellte Kamera Schritt für Schritt der Entstehung der Zeichnung folgen könnte.

Die Aufnahmen beginnen bald darauf beim Licht der Scheinwerfer in den Filmstudios der »Victorine« in Nizza. Die Hitze ist unerträglich; obschon der Künstler mit nacktem Oberkörper in Shorts arbeitet, ist er schweißgebadet. Er läßt sich jedoch nicht entmutigen. Bereits die ersten Aufnahmen haben ihn überzeugt, er ist hellauf begeistert und beschließt nach ein paar Tagen mit Clouzot, statt eines Kurzfilms einen Cinemascopefilm von 90 Minuten zu drehen. Das letzte Drittel des Films zeigt die Entstehung eines Gemäldes, dieses Mal von der Seite des Künstlers her beobachtet.

Picasso unternimmt für den Film eine große Komposition, die das Badeleben am Strand der Garoupe in Cap d'Antibes, wo er selbst zu baden pflegt, zum Gegenstande hat. Das mühselige Unterfangen, das nicht weniger als dreitausend Schnitte und Neuaufnahmen erfordert, dämpft etwas den schöpferischen Elan des Künstlers. Nach einem besonders beschwerlichen und wenig fruchtbaren Tag gibt er sich dessen selbst Rechenschaft und erklärt den verdutzten Technikern: »Das hat nichts mit meinem Alter zu tun! Ich bin mit meiner Arbeit einfach nicht zufrieden. Aber um so besser, denn ich werde alles von vorn anfangen, und die Zuschauer werden sehen, daß Malen keine leichte Kunst ist!«

Am Tage darauf beginnt er sein Werk von neuem . . . aber Anstrengung und nervöse Spannung setzen ihm zu; als er sich nach vierzehnstündiger Arbeit um zwei Uhr morgens von seinem Schemel erhebt, taumelt er und droht zu stürzen; man eilt hinzu, um ihm zu helfen. Erst nach ein paar Tagen fühlt er sich wieder kräftig genug, um die Komposition zu beenden.

Zum ersten Mal im Leben ist er erschöpft; und die Erschöpfung hält längere Zeit an. Wochen vergehen, ehe er sich besser fühlt. Wie in seiner Jugend überkommen ihn Angstzustände. Die Last der Jahre macht sich zum ersten Mal bei ihm bemerkbar. Von nun an unterzieht er sich regelmäßig ärztlichen Untersuchungen; er greift zu Kräuteraufgüssen, Fruchtsäften, Pillen und Präparaten aller Art: »Er pflegt sich wie eine Portierfrau«, erklärt ein berühmter Arzt, den er zu Rate gezogen hat.

Im Winter ist er endlich wiederhergestellt; er macht sich mit um so größerem Eifer ans Werk, als er sich mehrere Monate lang hatte schonen müssen. Bis zu seinem achtzigsten Lebensjahr malt er Bilder, die die Periode der »Lebensfreude« zu verlängern scheinen; aber er malt nicht nur, sondern radiert, verfertigt Steindrucke und Keramiken, schafft eine gewaltige Komposition für den Sitz der UNESCO in Paris, die jedoch einen erschreckenden Verfall seiner künstlerischen Mittel verrät. Im übrigen treten auch sonst deutlicher all jene Schwächen hervor, die sich bereits bei den *Femmes d'Alger* bemerkbar machten. Die Kunstfertigkeit überdeckt mehr und mehr die geistige Leere.

Während er hastig Werk an Werk reiht, macht er sich auch wieder auf die Reise. Er besucht in Begleitung Jacquelines, Cocteaus, seiner Neffen und Kinder sowie seiner üblichen Trabanten die verschiedenen Stierkämpfe der Provence. Dort findet er mit Wonne die spanische Atmosphäre seiner Jugendzeit wieder; er gibt vor den Corridas große Essen, an denen auch die Manager teilnehmen, er verkleidet sich gern als »Aficionado«: In seinem blauen Sergeanzug, mit dem schwarzen Cape und dem großen, andalusischen Hut hätte er Don José sicherlich gefallen!

Bei einer burlesken Corrida, die er 1955 in Vallauris veranstaltet, feiert Jacqueline einen wahren Triumph. Tausende von Touristen waren herbeigeströmt, um an den harmlosen Vergnügungen teilzunehmen: Picasso erschien als geistvoller Spaßmacher inmitten einer Schar von Kindern und Poeten.

Während eines Aufenthaltes in Arles Ende September 1958 erzählt ihm ein englischer Bildersammler namens Douglas Cooper, der ebenfalls zu seinem Freundeskreis gehört, von einem phantastischen Schloß in der Nähe von Aix-en-Provence. Der Künstler besucht mehr aus Neugierde als aus Kauflust in Vauvenargues den ehemaligen Wohnsitz Luc de Clapiers', des Verfassers der berühmten *Maximen.* Das mächtige Gemäuer am Fuße des Sainte-Victoire-Berges, eine ehemalige Burg (eine sogenannte »Bastide«) mit vier Ecktürmen und einem prächtigen Renaissance-Tor, atmet eine etwas finstere Größe. Was Picasso besticht und zum Kauf des Schlosses bewegt, ist der Blick, den es über die Dächer des Dörfchens gewährt. Er mutet wie eine kubistische Landschaft an, wie die Dächer von Horta de Ebro: »Man könnte sich nach Spanien versetzt glauben!« ruft er entzückt aus, als er zwei Skorpione entdeckt. Sofort verständigt er fernmündlich Kahnweiler: »Ich habe den Ausblick Cézannes gekauft!« Am meisten aber freut es ihn zu hören, daß der Adelstitel dem jeweiligen Besitzer des Schlosses zusteht. Das sollte sich später allerdings als eine Falschmeldung erweisen. Beim Anblick der riesigen Schloßsäle faßt der Künstler kühne Entschlüsse: »Ich werde nun Pierro della Francescas malen!« In Wirklichkeit begnügte er sich mit der Reihe der *Déjeuners sur l'herbe.*

Die Übersiedlung Picassos nach Vauvenargues im Juni 1959 glich einem Zigeunerumzug. Eines Morgens verließ der Künstler in seinem schwarzen Hotchkiss, der an die Stelle des Hispano getreten war, mit Jacqueline, den Hunden und Lucienne, dem Dienstmädchen, sein Besitztum »Californie«; die Nähmaschine hatte man auf dem Wagendach verstaut. Es folgten zwei Lieferwagen, auf die man die im Garten zusammengesuchten Bronzefiguren, Bilder und einige unentbehrliche Hausgegenstände geladen hatte. Auf seine Knie hatte der Künstler – etwas kindisch – eine Dokumententasche gelegt, ein Geschenk Kahnweilers: Er hatte sie beim Einpacken – zwanzig Jahre später – unter einem Haufen von Bildern entdeckt und die Morgenpost sowie einen von Dominguin geschickten spanischen Schinken darin untergebracht.

Obschon Picasso erhebliche Summen in den Umbau des Schlosses und die Einrichtung einer Zentralheizung investierte, gefiel es ihm in Vauvenargues nicht lange. Anfangs vertrieb er sich die Zeit mit dem Auspacken der achthundert Gemälde seiner Privatsammlung, die er aus dem Safe der »Banque Nationale pour le Commerce et l'Industrie« hatte kommen lassen, sowie mit der Aufstellung seiner Bronzemenagerie. Um sich die Langeweile zu verscheuchen, macht er sich sodann an die Ausschmückung des Badezimmers. Er malt an eine Wand ein wildes Tier, das sich aus dem Dickicht auf den Badenden zu stürzen scheint. Dann aber packt ihn die Sehnsucht nach dem Meer, und er geht zurück nach Cannes; in Vauvenargues wird man ihn nur noch äußerst selten sehen. Er benutzt sein Schloß als Zufluchtsstätte, wenn er lästigen Besuchern zu entrinnen wünscht; gelegentlich läßt er auch einfach am Telefon sagen, »die Herrschaften seien nach Vauvenargues« abgereist.

In Vauvenargues verfertigte Picasso zahlreiche Studien

für seine *Déjeuners sur l'herbe;* die meisten Werke werden jedoch in »Californie« oder in »Notre-Dame-de-Vie« vollendet.

»Notre-Dame-de-Vie!« ... Wieder einmal heißt es umziehen! Als der Künstler das Angebot der Immobilienhändler ablehnte, die ihm für teures Geld das Gelände vor der Villa »Californie« verkaufen wollten, gab er sich über die Tragweite dieser Ablehnung keine Rechenschaft. Er war damals überzeugt, daß man ihn übervorteilen wollte. Aber ein paar Monate später wurden vor seinen Fenstern riesige Kräne aufgerichtet, und bald versperrte ihm ein Hochhaus die Aussicht, die er liebte. Die »Landschaft« bestand für ihn bald nur noch aus Küchen- und Badezimmerfenstern: »Ich wußte nicht, daß man mir mit dem Gelände auch den Himmel anbot!« stellte er nicht ohne Bitterkeit fest. Es blieb ihm jedoch nichts anderes übrig, als umzuziehen.

Die Wahl Picassos und seiner Gefährtin fiel auf ein Haus in Mougins, das sich oberhalb des Dörfchens auf einem Hügel inmitten eines Oliven- und Zypressengartens erhob; es bezog seinen Namen von einer etwas höher gelegenen Kapelle »Notre-Dame-de-Vie«. Das langgestreckte Bauwerk mit dem flachen Dach und den efeubewachsenen Mauern hatte früher einmal der Familie Guiness gehört. Picasso fand, daß sich das Anliegen trotz des hohen Preises – 1,8 Millionen Francs (= 1,2 Millionen DM) – »für ihn eignete«. Es verfügte in der Tat über zahlreiche Räume und ein riesiges Erdgeschoß, das Picasso sofort als Atelier einrichtete; ein wunderbarer, stufenförmig angelegter Garten schloß es ein.

Mougins erinnerte Picasso an die letzten, fröhlichen Bohemeferien, die er dort vor dem Krieg mit Dora Maar, Nush und Paul Eluard verbracht hatte. Er führte Jacqueline ins »Hotel du Vaste Horizon« und zeigte ihr das Zimmer, an das er ein so gutes Andenken bewahrte. Die sorgfältig behüteten Farbkleckse an der Wand zeugten noch immer von seinem damaligen Aufenthalt.

»Notre-Dame-de-Vie« gefiel Jacqueline. Sie fühlte sich mit Picasso zum ersten Mal in einem Hause wohl. Im übrigen hatte sie gute Gründe, zu frohlocken: Der Kaufvertrag trug ihren Namen, Picasso hatte sie am 2. März geheiratet. Die Ehe konnte mit Hilfe des kommunistischen Bürgermeisters von Vallauris, Paul Derigon, heimlich geschlossen werden. Da er auf jedes Aufgebot verzichtete, verhinderte er den Zustrom von Zeitungsmännern und Reportern.

Für Picasso verdiente das Haus wirklich seinen Namen »Notre-Dame-de-Vie« (etwa: Unsere liebe Frau die Lebensbringerin). Gleich nach seinem Umzug am 14. Juli 1961 läßt er die in Vauvenargues verbliebenen Bilder der *Déjeuner sur l'herbe*-Reihe kommen, um sie fertigzustellen und dann sogleich neue Arbeiten in Angriff zu nehmen. Ohne auch nur eine Minute zu verlieren, macht er sich an eine Reihe von Gemälden zu dem ewigen Thema *Der Maler und sein Modell;* er wendet sich nun auch dem Linoleumschnitt zu, dessen Technik er so vervollkommnet, daß man sagen kann, er hat ihn neu erfunden! Er sticht Kupferplatten, dekoriert Töpferwaren und Kacheln – mit bisweilen ausgesprochen erotischen Motiven –, er schneidet Figuren aus Blech, illustriert Bücher; er kommt überhaupt nicht mehr zur Ruhe, und man hat mehr und mehr den Eindruck, als sei es ihm mehr um die Konkretisierung seiner Ideen als um die Vollendung der Formen zu tun. Bald ist das Erdgeschoß des Hauses voll. Picasso weiß sich ein weiteres Atelier zu schaffen, indem er die Terrasse vor seinem Arbeitszimmer mit einem Dach versieht.

Der Künstler eignet sich in »Notre-Dame-de-Vie« einen gänzlich neuen Lebensstil an. Obschon ihm seine Besucher Neuigkeiten aus aller Welt zutragen, obschon er aufmerksam seine Post (die er allerdings nie beantwortet) und die von Jacqueline ausgesuchte Presseschau liest, verläßt er praktisch nicht mehr das Haus. Im Frühling fährt er ganz selten zum Baden nach Golfe-Juan, ehe der Touristenstrom die Riviera überschwemmt. Im Winter unternimmt er einige Fahrten ins Hinterland. Als ehemaliger leidenschaftlicher Filmliebhaber begibt er sich auch jetzt noch manchmal nach Cannes, bis ihm das Nachlassen des Sehvermögens jeden Lichtspielhausbesuch untersagt. Als Ersatz läßt er sich in seinem Atelier von Jacqueline aufgenommene, farbige Diapositive seiner eigenen Werke oder klassischer Gemälde an die Leinwand projizieren. Er findet an diesen Vorführungen ein lebhaftes Vergnügen und kommentiert jedes Bild.

Ganz selten nur sucht er eines der berühmten Restaurants der Riviera auf und erlaubt sich einen Verstoß gegen seine Diät. Er, der sich früher einmal mit einer Tomate oder einem Stück »Chorizo« begnügte, hat nun beinahe Feinschmeckerallüren angenommen. Trotzdem führt er ein überaus spartanisches, einzig und allein der Arbeit geweihtes Leben. Zwischen sich und der Welt hat er eine Art Barriere aufgerichtet: Es ist nicht mehr leicht, bei ihm Einlaß zu finden. Im Sommer wird die »Ziehbrücke« hochgezogen, um den Neugierigen den Zutritt zur Villa »Notre-Dame-de-Vie« zu verwehren; wenn man bei ihm anruft, hebt niemand den Hörer ab, oder der Gärtner meldet sich und erklärt, »die Herrschaften seien ausgegangen«. Außerhalb der Hochsaison muß man am Gartentor durch eine Sprechanlage seinen Namen und das Motiv des Besuches nennen. Viele Freunde, die bei Picasso früher einmal zwanglos einzutreten pflegten, nahmen an diesem Absperrsystem Anstoß. Francis Poulenc, mit dem der Künstler zur Zeit der »Russischen Ballette« auf freundschaftlichem Fuße stand, wurde dreimal fortgeschickt und erschien nie wieder. Der Dichter Paul Reverdy, dem Picasso bei einem seiner Aufenthalte an der Riviera sagen ließ, er solle ihn doch einmal besuchen, weigerte sich, nach Mougins zu fahren: »Wenn Pablo mich sehen will, soll er zu mir kommen. Ich habe keine Lust, bei ihm zu schellen, um mir sagen zu lassen, daß die Herrschaft nicht empfängt.« Picasso, von diesem Bescheid beeindruckt, begab sich in die Wohnung des Dichters.

Aber selbst solche Besucher, denen Einlaß gewährt wurde, sind nicht sicher, immer gut empfangen zu werden. Der Künstler ist überaus launisch. So schob er einmal einen amerikanischen Kunsthistoriker ab, der eigens aus New York gekommen war, um ihn aufzusuchen. Während der Abgewiesene am Eingangstor wütend und enttäuscht mit dem Gärtner diskutierte, unterhielt sich Picasso vertraulich mit einem Lieferanten, der ihm irgend etwas ins Haus gebracht hatte und dem er als Trinkgeld eine Zeichnung überließ. Picasso kann nicht vertragen, daß jemand etwas von ihm will; wenn er bei einem Besucher eine selbstsüchtige Absicht wittert, kann er eine teuflische Niedertracht an den Tag legen. So ließ er einmal einen Filmregisseur mit leeren Händen ausgehen, während er dessen Assistenten mit Geschenken überhäufte. Er ging so weit, den Filmregisseur bei sich einzuladen und ihm eine Reihe von Bildern zu zeigen, die er seiner Gewohnheit gemäß im Halbkreis um den Betrachter aufstellte:

»Welches Bild gefällt Ihnen am besten?« fragte er in liebenswürdigem Ton.

Der andere sah sich am Ziel seiner Wünsche; er überlegte und erklärte nach einigem Zögern: »Dieses da!«

»Mir auch!« erwiderte Picasso, indem er das Gemälde zur Wand drehte.

Seine Umgebung übt auf ihn nicht den besten Einfluß aus. Nach und nach verschwinden alle seine Weggenossen, Matisse, Braque, Cocteau ... Bei ihrem Tod verbarrikadiert sich der Künstler in seiner Villa, um der Horde von Journalisten zu entgehen, die ihm irgendwelche »Erklärungen« ablocken wollen. Wieder einmal gibt der Gärtner die stereotype Antwort: »Die Herrschaften sind ausgegangen!«

Der Tod Cocteaus geht ihm sehr nahe. Denn wenn er auch mit Braque keinerlei persönlichen Umgang mehr pflegte, so brachte ihm Cocteau mit seiner Fülle von Einfällen, Anekdoten und Projekten den Duft der weiten Welt ins Haus. Cocteau, der es verstanden hatte, auch Jacquelines Sympathie zu gewinnen (er übte auf Frauen eine ungewöhnliche Anziehungskraft aus), erheiterte durch seine Anwesenheit die häufig trübe und gedrückte Stimmung in Mougins. Nach seinem Tode umschwärmten den Künstler nur noch mittelmäßige Geister, Dichter zweiten Ranges, Kritiker, die eine barsche Abweisung als Kompliment auffaßten, Journalisten auf der Jagd nach Klatsch und Äußerungen berühmter Persönlichkeiten, Bilderhändler, die sich mit den bescheidensten Brosamen zufriedengaben. Um ihn freundlich zu stimmen und seinen Marotten zu schmeicheln, bringt man ihm Geschenke ins Haus: mexikanische Sombreros, amerikanische »Gadgets«, Sheriffpistolen, Negermasken. Von einem Amerikaner erhält er eine Taschenuhr, die anstelle der Ziffern die Buchstaben seines Namens trägt: PABLOPICASSO.

Der von Robert Capa geschickte Fotograf Douglas Duncan promoviert dank eines mit viel Gewandtheit dargebotenen Ringes zum »Kindheitsfreund«. Er wohnt mehrere Monate lang in der Villa »Californie« und später in »Notre-Dame-de-Vie«, wo er Picasso und Jacqueline von morgens bis abends fotografiert; seine in unzähligen Zeitungen und Zeitschriften veröffentlichten Aufnahmen haben nur wenig zum Ruhm des größten lebenden Künstlers beigetragen, ja, sie riefen bei vielen seiner Freunde und Bewunderer ein Gefühl der Peinlichkeit und des Zweifels hervor.

Der Riese unter den Zwergen versucht von Zeit zu Zeit, sich der Schmeichler zu entledigen, die ihn umschwärmen, und er zieht sich in seine Künstlerwerkstätte wie in eine Burg zurück. Aber bald beginnt das Spiel von neuem. Einige alte Freunde werden beiseite geschoben: Marie Cuttoli fällt für ein ganzes Jahr in Ungnade. Die alte Dame, die im gleichen Jahr wie Picasso geboren wurde, hat das unverzeihliche Versehen begangen, Jacqueline mit Françoise zu verwechseln. Gleich wird sie wie eine ungezogene Schülerin in die Ecke gestellt! Kahnweiler ergeht es nicht besser. Als er 1966 nach Monte Carlo reist, um dort einen Vortrag über Juan Gris zu halten, wird er in »Notre-Dame-de-Vie« einfach nicht vorgelassen: Er ist ja nicht eigens für Picasso an die Riviera gekommen. Soll er gefälligst nach Paris zurückkehren. Paulo und seine Frau werden ebenso ferngehalten wie die Vilato: Der Künstler hat alle Fäden mit seiner Familie abgeschnitten, an der er einstmals so sehr hing. Claude und

Paloma, die ihren Vater über alles lieben, werden ebenfalls die Opfer der Unverträglichkeit ihrer Eltern.

In einer Zeit, in der Picasso dem Ansturm der Mittelmäßigkeit nur mit Mühe standhält, erscheint die Feier seines achtzigsten Geburtstages wie ein Feuerwerk, das die Laufbahn des Künstlers krönt. Diesmal läßt er nicht die »Ziehbrücke« hochziehen, sondern nimmt leutselig an allen Kundgebungen teil, die ihm zu Ehren veranstaltet werden: »Heute ist meine Hundertjahrfeier!« beteuert er Sylvie Marion, die ihn interviewt. »Gäbe es keinen Spiegel, so wüßte ich nicht, wie alt ich bin und daß ich achtzig Jahre gebraucht habe, um endlich jung zu werden!«

Tatsächlich erscheint er voll jugendlicher Frische! Die fünfzehntausend Personen, die ihm während der Feierlichkeiten nahen, sind über seine Leistungsfähigkeit erstaunt. Im Ausstellungsgebäude von Nizza wirkt er jung und sportlich in seinem schwarzen Lederanzug; bis zwei Uhr morgens nimmt er an der zugleich burlesken und rührenden Ehrenkundgebung teil, die die Tänzer der Budapester Oper, schwarze Sänger und andalusische Volkstänzer mit Igor Markevitch für ihn aufgezogen haben.

Am darauffolgenden Tage wohnt er taufrisch der Eröffnung einer kleinen Ausstellung seiner Werke in Vallauris bei; er empfängt den goldenen Schlüssel der mit französischen und spanischen Fahnen festlich geschmückten Stadt; bei einem echten Stierkampf mit Töten der Tiere führt er den Ehrenvorsitz. Diese Corrida, die seinen achtzigsten Geburtstag würdig ehren sollte, war von den Departementsbehörden ausdrücklich verboten worden. Da sich Dominguin und Ortega über das Verbot hinwegsetzten, mußten sie eine Geldbuße von viertausend Francs für jedes getötete Tier entrichten!

Am Abend wurde in einem Restaurant der Umgebung eine große »Fiesta« veranstaltet. Nach dem Essen bestieg Picasso mit Jacques Duclos, dem Vertreter der Kommunistischen Partei, einen Tisch, und beide tanzten den Flamenco.

Kaum sind die letzten Funken dieses Feuerwerks zerstoben, als für Picasso eine Zeit der Aufregung und der Sorgen beginnt. 1965 wird seine Ruhe durch die Veröffentlichung des Buches von Françoise Gilot *Vivre avec Picasso* gestört. Das gefällige, in Zusammenarbeit mit dem amerikanischen Kunstkritiker Carlton Lake verfaßte Werk bringt bedeutsame Einzelheiten über das Leben Picassos, die auf gewisse Aspekte seines Werkes, besonders während der Kriegs- und unmittelbaren Nachkriegszeit ein klärendes Licht werfen. Wenn die ihm in den Mund gelegten Aussprüche auch in dieser Form sicherlich nicht von ihm stammen, so geben sie dennoch seine wichtigsten Gedanken zur Kunst wieder, soweit wir sie kennen. Françoise Gilot unterstellt Picasso weitschweifige Ausführungen, während er sich in Wirklichkeit vorzugsweise kurzer, häufig witziger Aphorismen bedient.

Das Buch hat den Fehler – der die bedingungslosen Picasso-Verehrer veranlaßte, es als »Racheakt« auszulegen –, unzähiige interne Probleme und Zänkereien der Öffentlichkeit preiszugeben. Man kann Françoise Gilot kaum Glauben schenken, wenn sie den Künstler als einen Geizhals schildert, wo er doch während des Spanischen Bürgerkrieges und auch später noch den Republikanern Millionen zukommen ließ und niemals aufhörte, zahlreiche Mitglieder seiner »Sippe« durch monatliche Zuwendungen zu unterstützen. Man möchte auch bezweifeln, daß bei allen seinen amourösen Auseinandersetzungen alle Schuld ausschließlich bei ihm lag! Das Buch hätte an Überzeugungskraft und Würde gewonnen, wenn die Verfasser nicht gelegentlich bei kleinlichen und viel zu intimen Geschichten stehengeblieben wären.

Wie dem auch sei, *Vivre avec Picasso* kann bei den Lesern, die nicht den Künstlerkreisen angehören, kaum Ärgernis erregen; im Gegenteil, es bietet der breiten Masse ein durchaus sympathisches Bild des berühmten Malers. Picasso hätte das Buch einfach ignorieren können und ignorieren müssen: Im übrigen wäre das sicherlich seine Reaktion gewesen, wenn er seiner eigenen Eingebung gehorcht hätte. Aber die mondäne Riviera-Fauna, die Linksjournalisten, die das Weihrauchfaß schwenkenden Kunstkritiker, die mehr oder weniger kommunistenfreundlichen Damen und Klatschbasen ließen nicht ab, Picasso die Hölle heiß zu machen und den Zwischenfall aufzuputschen. Der Künstler erhielt soviel Briefe und Bittschriften, daß ihm schließlich nichts anderes übrigblieb, als einen Prozeß anzustrengen.

Und so kam es, daß Picasso den ihm aufgezwungenen Prozeß in allen Instanzen verlor. Die Urteilsbegründung fiel für ihn besonders ungünstig aus und enthielt einige elementare Wahrheiten: »Die im Buche veröffentlichten Erinnerungen wurden von Françoise Gilot im Verlaufe eines zehnjährigen Zusammenlebens gesammelt und sind also für einen Teil ihr Eigentum«, heißt es im Urteil des Berufungsgerichtes. »Das Werk erweckt nie den Eindruck, Anstoß erregen zu wollen, sondern es schildert einen Mann, der sich dem Geist des Lesers als eine sympathische Persönlichkeit einprägt.«

Das Jahr 1965 stand für Picasso offensichtlich unter einem schlechten Stern. Soeben war seine Klage rundweg abgewiesen worden, als er sich im November einer schweren Operation unterziehen mußte. Die Krankheitssymptome hatten sich bei ihm schon seit einiger Zeit bemerkbar gemacht, da er jedoch seinen Arbeitsrhythmus in keiner Weise verlangsamte, war niemand in seiner Umgebung auf den Gedanken gekommen, er könne ernstlich krank sein. Denn Picasso hatte die Gewohnheit, bei der geringsten Erkältung das Bett zu hüten und sich mit Arzneien und Pillen zu pflegen. Obschon er niemals wirklich krank war, griff er seit seiner Jugendzeit zu Hausmitteln und Medikamenten. Schon Fernande hatte sich über seine Hypochondrie lustig gemacht. Diesmal jedoch war seine Gesundheit wirklich angegriffen. Sein Hausarzt sowie ein aus Paris gerufener Facharzt diagnostizierten eine Gallenblaseninfektion und eine Entzündung der Prostata.

Am 18. November wird er in der amerikanischen Klinik in Neuilly (bei Paris) von Dr. Hepp operiert. Der Eingriff verläuft planmäßig. Jacqueline gelingt es außerdem, die Operation völlig geheimzuhalten: Weder seine Kinder noch seine Verwandten und Freunde erfahren irgend etwas. Man will um jeden Preis den Zulauf der Journalisten verhindern. Der Künstler und seine Gattin hatten den Zug nach Paris in Saint-Raphaël bestiegen, weil sie fürchteten, in Cannes erkannt zu werden. Da der Zufall wollte, daß eine Freundin Picassos im Nebenabteil reiste, hatte das Ehepaar in Paris gewartet, bis alle Reisenden aus dem Zuge gestiegen waren.

Die Presse erfuhr erst von Picassos Krankheit, als jener die Klinik bereits verlassen hatte. Er verbrachte seine Rekonvaleszenz im Landhaus seines Arztes und kehrte erst zu Weihnachten zwar noch etwas müde, aber auf dem besten Wege zur Genesung nach »Notre-Dame-de-Vie« zurück. Der Eingriff hinterließ bei dem eher zimperlichen Mann keine allzu schlechte Erinnerung: »Man hat mich wie ein Huhn ausgenommen!« erzählte er stolz seinen Besuchern, wobei er das Hemd hochzog und ihnen die vom Brustbein bis zum Unterleib reichende Narbe zeigte.

Er kam nur langsam wieder zu Kräften: Ein Jahr nach seiner Operation hatte er noch immer keinen Pinsel zur Hand genommen. Außerdem ließ sein Sehvermögen nach, und er konnte nur noch mit einer Brille lesen und zeichnen. Da er die Untätigkeit nicht ertrug, verlegte er sich wieder einmal aufs Schriftstellern; diesmal paraphrasiert er im poetisch-epischen Stil der *Bestattung des Grafen von Orgaz.* Die Anwesenheit in seinem Hause der Brüder Cromelynck, der Söhne des Dramatikers, sorgt jedoch für eine Atmosphäre schöpferischer Aktivität. Beide sind hervorragende Fachkräfte; Picasso hatte sie zu sich gebeten, damit sie seine Stiche druckten. Durch ihre Arbeit angeregt, unternimmt der Künstler bald eine Reihe von Radierungen; im Frühjahr 1967 greift er auch wieder zum Pinsel und beginnt die Reihe der *Mousquetaires.*

Die Erinnerung an das schwarze Jahr 1965 verblaßte jedoch hinter den Ehrungen, die Picasso 1966 zur Feier seines fünfundachtzigsten Geburtstages aus aller Welt entgegengebracht wurden. Der Künstler feiert wieder einmal sein »hundertjähriges Jubiläum«. Allerdings verläßt er diesmal nicht Mougins. Von Fiesta, Stierkämpfen und Flamencos ist keine Rede mehr! Die vergangenen fünf Jahre haben den Künstler stark belastet und mitgenommen. Er sieht sich nun gezwungen, bei allen seinen Schritten und Unternehmungen seinem hohen Alter Rechnung zu tragen. Er begibt sich auch nicht, wie vereinbart, zur Ausstellung seiner Werke im Großen und Kleinen Palais von Paris, der Stadt, der er so unendlich viel verdankt.

Diese schon seit zwei Jahren geplante Ehrung hätte beinahe durch die Schuld des Künstlers nicht stattgefunden: Wieder einmal trat Picassos Starrsinn zutage. Freilich, die Veranstalter hatten sich ihm gegenüber nicht gerade sehr diplomatisch gezeigt. Alles wäre sicherlich reibungslos verlaufen, hätte André Malraux seine empyräischen Gefilde verlassen, um mit dem Künstler die Angelegenheit persönlich auszuhandeln, anstatt ihm die Beamten seines Ministeriums ins Haus zu schicken.

Jean Laymarie, dem die Freundschaft seiner Tochter mit Catherine, der Tochter Jacquelines, den Zugang zur Villa »Notre-Dame-de-Vie« erleichterte, konnte die Schwierigkeiten im letzten Augenblick aus dem Wege räumen. Am 8. September, zwei Monate vor der Eröffnung der Ausstellung, setzte sich Picasso über seine Bedenken hinweg und beschloß, mit allen seinen Kräften am Gelingen des Unternehmens mitzuarbeiten: Er stellte den Veranstaltern Hunderte von Zeichnungen, Stichen, Gemälden, Skulpturen und Keramiken zur Verfügung, die er in seinen Mappen und Ateliers aufbewahrte.

Die Ausstellung wurde zu einem gewaltigen Erfolg: 850 000 Besucher fanden sich im Großen und im Kleinen Palais ein, eine für Paris einmalige Zahl; die elf Jahre zuvor veranstaltete Picasso-Ausstellung, auf der *Guernica* zu sehen war, hatte kaum ein Zehntel dieser Besucherzahl angelockt. Drei Monate lang sprach man in Paris nur noch von Picasso. Neben den beiden »Palais« und der Nationalbibliothek brachten zwanzig Privatgalerien zum Teil bedeutende Werke von ihm.

Ein solches Ereignis mußte natürlich eine Schwemme von Artikeln, Reportagen und Aufsätzen zum Thema Picasso zur Folge haben; dabei zeigten sich zwei dem Maler feindliche Tendenzen. Das breite Publikum, das aus Neugierde oder Sensationslust herbeigeeilt war, bekundete seine Verständnislosigkeit um so unverhohlener, als es sich bei Fernseh- und Rundfunkinterviews nicht des Künstlerjargons bediente; die unabhängige Kritik hingegen meldete Vorbehalte an, die mit den Siegeshymnen der kommunistischen Presse kontrastierten. Man begann, das Werk Picassos nach neuen Maßstäben zu messen, und Jacquelines Presseschau setzte sich nicht mehr ausschließlich aus blumigen oder fanatischen Lobsprüchen zusammen. Einige Stimmen klangen wie ein Nachruf: »Wir haben es hier mit einem Werk zu tun, das uns weniger eine ursprüngliche Aussage, als eine Art Latwerge aus den verschiedensten Kunstregeln vermittelt«, schrieb Claude Lévi-Strauss, »eine Interpretation zweiten Grades, eine glänzende Darlegung der malerischen Ausdrucksmittel weit mehr als eine Darstellung der Welt . . .«

Jean Clair formulierte das Problem mit großer Akribie in der *Nouvelle Revue Française:* »Sind wir sicher, daß die Improvisation, das Jonglieren ebenso dauerhafte Kriterien für ästhetische Werte sind wie das geduldige Experimentieren und das Vertiefen?«

So begann man, vor den Augen dieses faszinierenden Mannes, dessen lebenssprühende Persönlichkeit oft die Beurteilung seines Werkes verfälscht hat, die Bilanz einer Laufbahn zu ziehen. Das Bild, das sich im Verlauf eines langen, von liebenswürdigen Frauen und Freunden begleiteten Lebens abrundet, erscheint bunt und vielgestaltig, wie von Spiegeln gebrochen. So ist Picasso vielerlei, ein verbummeltes Genie, ein Intellektueller, der an vielen Quellen schöpft, ein Rachsüchtiger, der mit denen gehässig sein kann, die ihn seiner Meinung nach nicht hinreichend ehren, ein empfindsamer und großherziger Künstler, ein Mann, der lange nur eine ziemlich primitive Sinnlichkeit befriedigen will, ein Eitler, der im Zeitgeschehen gern die ersten Plätze einnimmt, ein stiller, heimlicher, verschämter Eigenbrötler, der vom Tode angezogen wird und zugleich den Tod fürchtet: »Ich denke ohne Unterlaß an den Tod, der Tod ist der einzige Getreue, der mich nie verläßt!«

Dem, der von sich selber sagte: »Mein Steckenpferd ist ebenfalls die Malerei«, wird man noch häufig die Frage stellen: »Wer sind Sie, Herr Picasso?«

ENDE

Bibliographie

Erinnerungen

BELAVAL, Y.: *La Rencontre avec Max Jacob.* Paris: Charlot 1946
BERNIER, R.: *48 Passes de Gracia.* In: L'Œil v. 15. 4. 1955
BESSON, G.: *Article sur Picasso.* In: Le Point Nr. 42 (1952)
BRASSAI: *Conversations avec Picasso.* Paris: Gallimard 1964
CARCO, F.: *L'Ami des Peintres.* Paris: Gallimard 1964
CARCOS, F.: *De Montmartre au quartier latin.* Paris: Albin Michel 1927
CHASTENET, J.: *Quand le bœuf montait sur le toit.* Paris: A. Fayard 1958
DESNOS, Y.: *Les Confidences de Youki.* Paris: A. Fayard 1957
DORGELÈS, R.: *Bouquet de bohème.* Paris: Albin Michel 1947
DUNCAN, D.: *Le Petit Monde de Pablo Picasso.* Paris: Hachette 1959
EMIE, L.: *Dialogues avec Max Jacob.* Paris: Corréa 1954
FILLACIER, S.: *Chante cigale.* Paris: La Table Ronde 1960
FOURNIER, G.: *Cors de chasse.* Genève: Cailler 1957
GILOT, F.: *Leben mit Picasso.* München: Kindler Verlag 1965
GIMPEL, R.: *Journal d'un collectionneur.* Paris: Calman-Lévy 1963
HALICKA, A.: *Hier Paris:* Editions du Pavois 1946
HEMINGWAY, E.: *Paris, ein Fest fürs Leben.* Hamburg: Rowohlt 1965
KAHNWEILER, D.-H.: *Entretiens avec Francis Crémieux.* Paris: Gallimard 1961
LAURENCIN, M.: *Le Carnet des nuits.* Genève: Cailler 1956
LEVEL, A.: *Souvenirs d'un collectionneur.* Paris: Alain C. Mogo 1959
MARRERO, V.: *Visite à Picasso.* Paris: La Table Ronde (1959) Oktober
MOLLET, J.: *Les Mémoires du baron Mollet.* Paris: Gallimard 1963
OLIVIER, F.: *Picasso et ses amis.* Paris: Stock 1933
PIGNON, É.: *Souvenirs sur Picasso.* In: Le Point (Souillac) Nr. 42 1952
QUINN, E.: *Picasso à l'Œuvre.* Zürich: Manesse 1965
RAY, M.: *Autoportrait.* Paris: Robert Laffont 1964

Sabartès, J.: *Picasso, Gespräche und Erinnerungen.* Zürich: Verlag Die Arche 1956

Sabartès, J.: *Picasso, documents iconographiques.* Genève: Cailler 1956

Sachs, M.: *Der Sabbat.* München: Piper 1967

Salmon, A.: *Souvenirs sans fin.* 3 Bde. Paris: Gallimard 1955–1961

Salmon, A.: *L'Air de la Butte.* Paris: Éditions de la Nouvelle Franc 1945

Stein, G.: *The Autobiography of Alice B. Toklas.* New York: Harcourt, Brace and Co. 1933

Vlaminck, M. de: *Tournant dangereux.* Paris: Stock 1929

Vlaminck, M. de: *Portraits avant décès.* Paris: Flammarion 1948

Vollard, A.: *Souvenirs d'un marchand de tableux.* Club des Libraires

Warnod, A.: *Ceux de la Butte.* Paris: Julliard 1947

Warnod, A.: *Fils de Montmartre.* Paris: Fayard 1955

Warnod, A.: *Les Berceux de la jeune peinture.* Paris: Albin Michel 1925

Warnod, A.: *Les Peintres de Montmartre.* Paris: La Renaissance du Livre 1928

Weill, B.: *Pan dans l'œuil.* Paris: Lipschutz 1933

Biographien

Barr, A.: *Picasso Fourty Years of His Art.* New York: 1946

Billy, A.: *Apollinaire.* Paris: Seghers 1956

Boeck, W.: *Picasso.* Mit einer Lebensbeschreibung von J. Sabartès. Stuttgart: Kohlhammer 1955

Bolliger, H., und Geiser, B.: *Das graphische Werk.* Stuttgart: Hatje 1955

Buchheim, L.-G.: *Picasso. Eine Bildbiographie.* München: Kindler 1966

Cassou, J.: *Pablo Picasso.* Paris: Braun 1954

Cirici-Pellicer, A.: *Picasso avant Picasso.* Genève: Cailler 1950

Cooper, D.: *Picasso, Les Déjeuners.* Paris: Le Cercle d'Art 1962

Craste, V.: *Préface à l'exposition Manolo.* Paris: Galerie Louise Leiris 1961

Crespelle, J.-P.: *Vlaminck fauve de la peinture.* Paris: Gallimard 1958 (L'Air du Temps)

Daix, P.: *Picasso, Blaue und Rosa Periode.* München: Bruckmann 1966
Diehl, G.: *Picasso.* München: Südwest-Verlag o. J.
Dominguin, L. M.: *Picasso, Toros y toreros.* Paris: Le Cercle d'Art 1962
Dufour, P.: *Picasso 1950–1968. Biographisch-kritische Studie.* Genève: Skira 1969
Elgar, F.: *Picasso.* München: Droemer 1956
Escholier, R.: *Matisse, ce vivant.* Paris: Fayard 1956
Georges-Michel, M.: *De Renoir à Picasso.* Paris: Fayard 1954
Henze, A.: *Picasso.* Köpfe des XX. Jahrhunderts. Berlin: Colloquium 1959
Jaffé, H. L. C.: *Picasso.* Köln: DuMont Schauberg 1964
Jakowski, A.: *Picasso.* In: La Marseillaise, v. 9. Mai 1965
Jardot, M.: *Les Peintures de Vauvenargues, préface au catalogue.* Paris: Galerie Louise Leiris 1962
Kahnweiler, D.-H.: *Juan Gris, Leben und Werk.* Stuttgart: Hatje 1968
O'Hana: *Préface au catalogue de l'exposition de la période bleue.* Paris: Galerie Motte, 1960
Parmelin, H.: *Les secrets d'alcôve d'un atelier.* 3 Bde. Paris: Le Circle d'Art 1964–1966
Penrose, R.: *Picasso, Leben und Werk.* München: Piper 1961
Raynal, M.: *Picasso. Biographisch-kritische Studie.* Genève: Skira 1953
Sabartès, J.: *Les Ménines.* Paris: Le Cercle d'Art 1958
Sachs, M.: *Picasso.* Paris: NRF Juli 1934
Stein, G.: *Picasso.* Paris: Floury 1938
Vallentin, A.: *Picasso.* Paris: Albin Michel 1957
Zervos, Ch.: *Catalogue de l'œuvre.* Paris: Éditions des Cahiers d'Art 1932–1961

Essays

Apollinaire, G.: *Sur le cubisme.* Paris: NRF Dezember 1962
Apollinaire, G.: *Chronique d'art.* Paris: Gallimard 1960
Breton, A.: *Der Surrealismus und die Malerei.* Berlin: Propyläen 1967
Cabanne, P.: *L'Épopée du cubisme.* Paris: La Table Ronde 1963

CASSOU, J.: *Panorama des Arts Plastiques.* Paris: Gallimard 1963
CHAMPRIS, P. de: *Picasso, ombre et soleil.* Paris: Gallimard 1960
GIEURE, M.: *Initiation à l'œuvre de Picasso.* Paris: Éditions des Deux Mondes 1951
HUYGHE, R.: *L'Art et l'âme.* Paris: Flammarion 1946
JUNG, C. G.: *Picasso.* Paris: Cahiers d'art 1932, 8–10
KOCHNO, B.: *Le Ballet.* Paris: Hachette 1954
LEM, F. H.: *Le Mythe Picasso.* In: Défense de l'Occident November 1961
LÉVI-STRAUSS, C.: »*Arts*«, 16. 9. 1966

Namensregister

Bitte beachten Sie die folgenden Seiten. Die dort angegebenen Preise entsprechen dem Stand vom Herbst 1973 und können sich nach wirtschaftlichen Notwendigkeiten ändern.

Goldmann GELBE

W. SOMERSET MAUGHAM

W. Somerset Maugham (1874–1965) ist durch seine besonders scharfe Beobachtungsgabe, seinen skeptisch-ironischen Ton und seine große Geschicklichkeit im Erfinden kritischer Situationen einer der bedeutendsten und erfolgreichsten Schriftsteller.

Der rote Ted. Erzählungen. Band 2352. DM 3.–

Mit erregender Anschaulichkeit schildert Maugham in diesem Band das Leben in der malaiischen Inselwelt. Mit scharfem, geübtem Blick entlarvt er die Schwächen und Eigenarten und damit den wahren Kern des Menschen.

Dort oben in der Villa. Roman. Band 2492. DM 3.–

2 Tage hat eine junge Frau Bedenkzeit, bevor sie sich entschließen kann, den 25 Jahre älteren Mann zu heiraten. Diese 48 Stunden voll Aufregung und Gefahr haben über das zukünftige Leben der jungen Frau entschieden.

Fußspuren im Dschungel. Erzählungen. Band 2326. DM 3.–

3 Erzählungen, die in der malaiischen Welt spielen. Ausgezeichnet dringt der Erzähler in die Gefühlswelt ein, in der Liebe, Ehe und Leidenschaft den Lauf des Schicksals bestimmen – eines Schicksals, wie es nur in den Tropen möglich ist.

WILHELM GOLDMANN VERLAG MÜNCHEN

Goldmann GELBE

Lauft Füße, lauft. Von Fred Bodsworth. Ein Indianerschicksal in gnadenloser arktischer Weite (2956) DM 4.–

Jacob Atook und seine junge Frau Niska, kanadische Indianer, sind die Helden dieses Romans. Verstoßen von ihrem Stamm, den Strapazen eines grimmigen Winters ausgeliefert, von Hungersnot bedroht, stemmen sie sich gegen das drohende Schicksal an. Nicht nur gute, spannende Unterhaltung wird hier geboten – auch sachliche Information über ein wildes Land, seine Menschen und Tiere.

Im Lande der lebenden Toten. Von Frank Straass. Der geheimnisvolle Vodu-Kult auf Haiti. Roman (2924) DM 7.–

Auf Haiti gerät der in das Eingeborenenmädchen Destine verliebte deutsche Journalist Peter Düren in das Spannungsfeld zwischen moderner Zivilisation und altem afrikanischen Geisterkult. Zambis, »Lebende Tote«, durch eine Droge ihres Bewußtseins beraubt, stellen sich dem unbequemen Zeitungsmann entgegen. Ein vor Spannung knisternder Roman – stets am Puls der Wirklichkeit.

Der Gefangene der Wüste. Von Henry Pahlen. Roman einer gefährlichen Mission (2545) DM 6.–

Der junge Arzt Dr. Bender soll eine geheimnisvolle Krankheit erforschen, die in den Ölbohrstationen der Sahara grassiert. Liebe, Leidenschaft und Haß brennen in diesem dramatischen Roman heiß wie die afrikanische Sonne in der erbarmungslosen Wüstenlandschaft.

WILHELM GOLDMANN VERLAG MÜNCHEN

Goldmann GELBE

Mit dem Herzen einer Wölfin. Von Ruth Freeman-Solomon. Das Schicksal der schönsten Frau Rußlands (2946) DM 7.–

Der ungekrönte ›König der Ukraine‹ und seine schöne Frau Ronja geraten in die Vorwehen der russischen Oktoberrevolution. Wie eine Wölfin kämpft Ronja, um mit ihrer Familie nach Amerika fliehen zu können. Liebe, Haß, Leidenschaft und Lebenslust durchdrängen jede Seite dieses außergewöhnlichen Romans.

Der Mann in der Mondsichel. Von Juliana von Stockhausen. Roman eines deutschen Arztes und der Geisha Sonoogi (2896) DM 5.–

Die Lebensgeschichte eines Mannes, der im Auftrag der holländischen Regierung das abenteuerliche Japan bereist. Sein unersättlicher Forscherdrang bringt den Arzt in Konflikt mit den starren Traditionen des Landes und wird ihm und seiner geliebten Frau, der Geisha Sonoogi, schließlich zum Verhängnis.

Gesang zur Regenzeit. Von David Rubin. Roman aus dem modernen Indien (2935) DM 5.–

Nach elfjährigem Englandaufenthalt kehrt die junge Anglo-Inderin Kay in das weltoffene Haus ihrer indischen Großeltern zurück. Die hier verkehrenden Europäer, Amerikaner und emanzipierten Inder spiegeln durch ihr Verhalten die vielschichtigen Probleme des Landes wider. Indien wird für den Leser sichtbar – in all seiner Widersprüchlichkeit und Größe.

WILHELM GOLDMANN VERLAG MÜNCHEN

Verehrter Leser,
senden Sie bitte diese Karte ausgefüllt an den Verlag. Sie erhalten kostenlos unsere Verlagsverzeichnisse zugestellt.

WILHELM GOLDMANN VERLAG · 8 MÜNCHEN 80

Bitte hier abschneiden

Diese Karte entnahm ich dem Buch

Kritik + Anregungen

Ich wünsche die kostenlose und unverbindliche Zusendung des Verlagskataloges und laufende Unterrichtung über die Neuerscheinungen des Wilhelm Goldmann Verlages.

Name

Beruf Ort

Straße

Ich empfehle, den Katalog auch an die nachstehende Adresse zu senden:

Name

Beruf Ort

Straße

Goldmann Taschenbücher sind mit über 3700 Titeln (Ende 1973) die größte deutsche Taschenbuchreihe. Jeden Monat etwa 25 Neuerscheinungen. Gesamtauflage über 135 Millionen.

Aus dem WILHELM GOLDMANN VERLAG
8 München 80, Postfach 80 07 09 bestelle ich
durch die Buchhandlung

Anzahl	Titel bzw. Band-Nr.	Preis

Datum: Unterschrift:

4535 · 7039 · 3.000

Bitte mit
Postkarten-
Porto
frankieren.

Wilhelm Goldmann Verlag

8000 MÜNCHEN 80

Postfach 80 07 09